《地方法制文丛》
LOCAL LAW SERIES
华南理工大学广东地方法制研究中心

青少年权益保障实证研究

基于陕西省的政策和法律实践（2011—2015）

共青团陕西省委　陕西省预防青少年犯罪研究会　组　编

段小龙　单舒平　主　编

褚宸舸　林显春　执行主编

中国民主法制出版社
2016年·北京

图书在版编目（CIP）数据

青少年权益保障实证研究：基于陕西省的政策和法律实践：2011—2015/段小龙主编. --北京：中国民主法制出版社，2016. 12

（地方法制文丛）

ISBN 978-7-5162-1449-7

Ⅰ.①青… Ⅱ.①段… Ⅲ.①未成年人保护法—研究—陕西—2011—2015 Ⅳ.①D927. 410. 274

中国版本图书馆 CIP 数据核字（2016）第 326437 号

图书出品人： 刘海涛
出 版 统 筹： 赵卜慧
责 任 编 辑： 唐仲江　程王刚

书名/ 青少年权益保障实证研究——基于陕西省的政策和法律实践（2011—2015）
作者/ 段小龙　单舒平　主　编
　　　　褚宸舸　林显春　执行主编

出版·发行/ 中国民主法制出版社
地址/ 北京市丰台区玉林里 7 号（100069）
电话/（010）63292534　63057714（发行部）　63055259（总编室）
传真/（010）63056975　63292520
http：//www. npcpub. com
E-mail： flxs2011@ 163. com
经销/ 新华书店
开本/ 32 开　880 毫米×1230 毫米
印张/ 12　**字数/** 290 千字
版本/ 2016 年 12 月第 1 版　2016 年 12 月第 1 次印刷
印刷/ 三河市航远印刷有限公司

书号/ ISBN 978-7-5162-1449-7
定价/ 48. 00 元

本书编委会

主　编

段小龙　单舒平

执行主编

褚宸舸　林显春

编　委

段小龙　徐永胜　贾　琳　单舒平

赵大胜　韩永安　魏清利　马随法

杨建科　郝鹏涛　冯　伟　任荣荣

总　序

　　与许多同行的视角不同，近年来，我们对中国法治发展状况及相关基本理论的研究，聚焦于"地方"。一方面，是因为我们生活、工作在这个曾经或许现在依然权力高度集中的国家的相对边缘的位置——地方，会很自然地注意、关心身边发生的一切，包括它的制度状态。另一方面，更重要的是，我认为法治本来就是一个世俗化的、去中心的运动。所谓世俗化，与神圣化相对，是指摆脱心理和体制依附的过程。每个人都确信自己的理性，并有条件、有可能依据自己的理性，决定自己的行动。哪怕是犯错误，只要他愿意承担后果。或许是翻译的原因，我并不赞成伯尔曼的名言"法律必须被信仰，否则它将形同虚设"。我确信，人们遵守法律不是因为信仰法律，而是因为他的理性告诉他，遵守法律在当下是正确的；信仰难免盲从。由于法律的存在，每个普通人都具备了依法自主采取行动的可能性。所谓去中心，就是在法治状态下，我们每个人都是中心，所谓"此心安处是吾乡"。人治下形成的单一权力中心被人人为中心、自我为中心的状态所逐步取代。基于这个理由，我认为，地方才是法治建设的主战场，是千千万万普通人的生活实践造就了法治。研究中国法治，从"地方"的视角，或许会得出更为真切的结论。

　　"法制"一词多年来一直被认为是法律与制度的总称。地方与法制联结考察，有助于帮助人们从地方层面制度建设的角度观察中国的法治发展。地方一级在中国并没有完整意义上的立法权，地方立法更多地与政府管理工作相关，许多人因此而把地方法制理解为地方立法及其实践。实际上，由于法律是在实践中被赋予生命活力的，所以地方法制研究给我们提供了一个观察中央集权国家推动法治建设的独特方法，即地方层面是如何通过包括地方立法在内的立法、行政、司法、法律监督、社会领域的相应的制度建设来实施中央立法的。我同样确信，法律是在一定的制度环境下实现的，人们运用法律，离不开具体的制度环境。法律是否有用、可用，根本上取决于实施法律的制度是否完备、便捷。尤其是在我们这个高度科层化的中央集权的国家，地方创设的规则和制度对于法律的实施具有关键性作用。而且，老百姓对法律的认识、判断乃至信赖，更多情况下，并不是基于法律而发生的，而是来自对实施法律的制度的直观。

基于上述理由，我们期待通过对中国地方层面的法制状态研究，参与到法治中国的进程之中，也希望更多的同仁关注这个领域。

2015 年 9 月 27 日于杭州月轮山

前　言

当前，陕西共青团正在深入贯彻中央和省委党的群团工作会议精神，凝心聚力，正本清源，谋划和推进全省共青团改革发展。习近平总书记在中央党的群团工作会议上深刻指出，服务群众、维护群众权益的大旗要牢牢掌握在我们手中，哪里的群众合法权益受到侵害，哪里的群团组织就要站出来说话。同时，做这些工作不能站在纯服务、纯业务的角度，必须同群团组织履行政治职责紧密联系起来，高举旗帜，巩固阵地，争取人心。维护青少年合法权益，是团组织的四项基本职能之一，构建"大权益"工作格局，是落实习近平总书记、中央和省委重要指示精神，围绕"凝聚青年、服务大局、当好桥梁、从严治团"共青团改革整体部署的重要举措。

《中共中央关于加强社会主义协商民主建设的意见》明确提出，要围绕做好新形势下党的群众工作开展协商，更好组织和代表所联系群众参与公共事务，有效反映群众意愿和利益诉求，发挥人民团体作为党和政府联系人民群众的桥梁和纽带作用。全团从 2008 年起开展的"共青团与人大代表、政协委员面对面"活动，就是借助人大、政协的社会利益表达功能，发挥共青团"代言"作用的制度化渠道之一。活动中团组织牵头在青少年中广泛开展调查研究，了解掌握他们的普遍性利益诉求，在此基础上由人大代表、政协委员按照法定途径在"两会"上提交建议或提案，推动有关青少年普遍性权益问题的解决。活动开展 9 年来，已经成为权益战线的品牌工作，随着社会主义协商民主建设不断发展，其未来的作用和影响力还将进一步显现。

2011年以来，围绕"面对面"活动主题，共青团陕西省委和陕西省预防青少年犯罪研究会成立课题组，由团省委权益部牵头并联合研究会副秘书长、西北政法大学教授褚宸舸及其团队，先后在青少年成长发展的多个领域共同开展调研活动，形成多篇研究报告；并在此基础上，通过人大代表、政协委员向全省"两会"提出了一系列有建设性的建议或提案。今年，我们委托专家对相关"面对面"主题调研报告以及实证研究资料进一步修订完善，形成专题性的研究专著。这是对近年来维护青少年权益理论研究工作的梳理总结，也期"抛砖引玉"，使维护青少年权益、青少年成长发展得到更多理论、实务和社会各界人士关注。陕西共青团组织也将盯牢青少年所急、党政所需、共青团所能的领域，不断完善青少年维权机制，畅通渠道，搭建平台，使团组织成为广大青少年遇到困难时想得起、找得到、靠得住的力量。

段小龙

共青团陕西省委书记、党组书记

2016年11月1日

目　录

第一章
新生代农民工精神文化需要和文化权利研究

新生代农民工是指年龄在 16 至 35 岁，来到城市从事非农业工作，暂居半年以上且未取得工作地城市户籍或居住证的农村户籍公民。2009 年全国农民工总数 2.3 亿人，新生代农民工占一半以上。陕西省 2009 年农民工总数有 642.9 万人，其中新生代农民工超过 390 万人，占 60.66%。省会西安是陕西省新生代农民工最集中的地区，截止到 2011 年 3 月，西安市农民工总数约为 103 万人，其中新生代农民工占一半以上。

文化是新生代农民工融入城市的桥梁，对增强其归属感、尊严感和幸福感具有重要作用。马克思曾指出，劳动力再生产不仅是维持生存需要，而且包括精神、心理、社会关系、智力等的再生产。为使劳动者成为全面自由发展的人，"工人必须有时间满足精神的和社会的需要，这种需要的范围和数量由一般的文化状况决定"。精神文化在新生代农民工融入城市中发挥重要的作用。

新生代农民工的市民化和全社会的和谐、稳定、发展关系紧密。繁荣新生代农民工精神文化生活，充分满足其精神文化需要和文化权利，是深入贯彻党的十七届六中全会关于深化文化体制改革、推动社会主义文化大发展大繁荣的精神，落实科学发展观的必然要求，也是坚持文化与经济、政治、社会以及生态文明等建设协调发展的重要内容，具有重要意义。但是，长期以来全社会特别是学界，对新生代农民工的关注主要侧重经济和社会保障方面，对精神文化生活的重视不够。

由于陕西省新生代农民工精神文化需要和文化权利的社会实证研究尚属空白，2011 年下半年，受共青团陕西省省委权益部委托，课题组进行调研。在全省问卷调查、访谈数据以及前期调研报告基础上，本章主要聚焦陕西省新生代农民工精神文化生活方面的特点，精神文化需要方面的诉求以及文化权利行使方面的困境，对陕西省新生代农民工精神文化需要和文化权利进行实证研究，分析相关因素，提出对策建议，希望对进一步推动新生代农民工文化建设有所裨益。

一、文献综述、调研实施和样本概况

（一）文献综述

二十余年来，一些社会事件频频引发全社会对农民工的关注，大量政策、法规随之出台，也催生了相关研究的开展。关于农民工问题的研究在我国具有周期性。有研究表明，晚近对农民工研究的高潮始于 2002 年，主要是在"三农"、"三个代表"、执政为民、和谐社会、新农村建设等理念指导下进行的。研究旨趣出现了从城市到"三农"、从吸引投资到劳资冲突、从效率到公正、从维护稳定到和谐社会建设的转变。时至今日，关于农民工问题的社会学、法学、经济学、管理学论著汗牛充栋，让人目不暇接。但是，与平等就业、劳动报酬、社会保障、职业培训、权益救助等研究热点相比，我国对农民工精神文化需要及文化权利的社会实证研究起步较晚且重要成果很少。

文化部文化市场司和华中师范大学联合课题组出版的《当代中国农民工文化生活状况调查报告》未专门研究新生代农民工，而且在"分省研究"部分中也没有陕西省的数据。

中国青少年研究中心等组编的《新生代当代中国青年农民工研究报告》虽然研究了新生代农民工的发展需要及利益诉求、社会认知、社会保障、城市接纳、心理健康和文化娱乐等方面，但也缺乏对陕西省的专门研究。

至今，已经发表有重庆市、浙江省、河南省、山东省、青岛市、上海市长宁区、豫皖贫困地区、南宁市、沈阳市等地的实证研究论文。但是，有关陕西省及省内城市新生代农民工精神文化需要，特别是文化权利的研究至今还阙如。

我国近年来曾进行过四次规模相对较大的新生代农民工调查。一是，2009年全国总工会研究室组织对千家已建工会企业进行的问卷调查。二是，2010年深圳市总工会对深圳新生代农民工的调查。三是，2010年中国人民大学团委和城市规划与管理系通过寒假返乡学生，对全国28个省、自治区、直辖市共1595名新生代农民工的问卷调查。四是，2010年共青团中央及各省（自治区、直辖市）团委关于新生代农民工社会融入问题的调查。

关于陕西省省内农民工的问卷调查，近年来主要有以下成果：一是，2009年陕西省社科联和政协社会和法制委员会的《X市区农民工生存状况调查研究》。该研究虽涉及和精神文化生活相关的居住、教育培训等问题，但调研对象没有覆盖全省，也未专门针对新生代农民工。二是，2010年X市总工会关于农民工合法权益、农民工居住状况的调查。但调查范围限于X市，主要针对全体农民工，也未专门针对新生代农民工。三是，2010年共青团陕西省省委课题组的《陕西省新生代农民工社会融入调研报告》。

已有相关研究泛泛研究的多，难以显示调查对象之间的差异性。有些调研未采用严格的社会科学方法，在资料运用、统计分析、结论归纳、行文表述等方面比较随意。同时，缺乏多学科、多视角的考察，对现象的描述不够客观，解释尚欠严谨。在上述研究基础上，本章将对陕西省新生代农民工的精神文化需要和文化权利进一步深入探究。

（二）调研实施过程

调研主要采用问卷调查方法。为弥补问卷调查的不足，课题组走访了西安市区八个企业，和新生代农民工以及部分用工单位管理人员、负责人召开座谈会。此外，还采用文献法，参考前文所述相关文献，并从西安市总工会、陕西省人社厅、西安市人社局等单位调取部分数据和相关资料。

　　问卷调查的过程如下：第一，根据调研目的拟定问卷。在团中央所建议的问卷题目之外，根据陕西省实际增加了 20 道左右题目，共计 57 道题，以"精神文化活动的特点、文化需要的诉求和文化权利的困境"作为具体问题。所有题目经过试测，信度和效度符合要求。第二，2011 年 9 月下旬，课题组对全省各市（区）参与调研的团委干部三十余人进行了专项培训，内容涉及抽样方法、问卷内容和调研注意事项等。2011 年 10 月中旬至 11 月上旬，依靠这些干部进行历时一个月的问卷调查。第三，通过分层、多阶段、整群随机的抽样方法选定调查对象。在填写问卷时，主要采取当面访问的方法，以保证填写质量。首先，进行配额抽样，按照各市（区）的新生代农民工的人口比例和具体状况进行配额（X 市 200 份，BJ 市、XY 市、WN 市、YA 市、YL 市、AK 市、SL 市各 100 份，Y 示范区 50 份），总计需完成 1150 份问卷。其次，各市（区）团委按照新生代农民工从事行业大类的比例进行配额抽样。再次，以随机抽样的方法选取在正式企业就业的新生代农民工填写问卷。经过抽查，大部分地区调研实施过程规范，采集到的数据可信度较高。为进行数据的对照测试，课题组对前述所走访的西安市区八个企业进行问卷调查，并对同企业的非农民工按照同比例进行问卷抽样调查。第四，所有问卷汇总并剔除无效问卷后，获得各市（区）有效问卷共计 958 份。西安市区农民工对照组有效问卷回收 127 份，西安市区非农民工对照组有效问卷回收 60 份。所有问卷由课题组录入电脑，利用 Excel 软件对有效问卷建立数据库，在此基础上，进行统计分析。而后，课题组历时一个月完成四万余字的调研报告。

　　（三）调查问卷的样本概况

　　958 份陕西省新生代农民工样本的基本情况如下：第一，性别比

例方面，女性（55%）多于男性（45%）。第二，年龄构成方面，21
岁至30岁年龄段的新生代农民工所占比例较大。16岁至20岁的有
11%，21岁至25岁的有37%，26岁至30岁的有27%，31岁至35
岁的有25%。第三，政治面貌方面，52%的样本是非党团员的普通
群众，有30%是共青团员。第四，受教育程度方面，高中学历比例
最高（占40%），初中学历占25%，大专学历占24%，本科及以上
学历占11%。第五，从事行业方面，住宿和餐饮业占23%，制造业
占18%，批发和零售业占16%，居民服务和其他服务业占15%，建
筑业占13%，交通运输、仓储及邮政业占9%，采矿业占4%，农、
林、牧、渔业占2%。第六，单位类型方面，以私营个体企业为主
（占68%）。此外，国有企业（含国有控股）占13%、集体企业占
7%、外商投资企业占3%、其他占9%。第七，被访者在单位中地
位，以生产一线的普通职工为主（占68%）。其他依次是一般管理
人员（占14%）、专业技术人员（占9%）、中层管理人员（占7%）
和高层管理人员（占2%）。第八，婚姻状况方面，多数属于未婚
（53%），如果算上离婚（1%）和丧偶（2%），目前单身者占总数
56%。另有5%的未婚同居者。西安市区新生代农民工的对照组问
卷，未婚者占77%，远高于全省数字。虽然全省有42%已婚的新生
代农民工育有子女，但西安市区的新生代农民工育有子女的比例仅
为19%，远低于全省水平。这可能和大城市生存压力较大有关。比
较西安市区同单位同年龄段的非农民工对照组群体，未婚者占55%，
远远低于未婚新生代农民工77%的比例。这说明在结婚方面，大城
市中的新生代农民工确有困难。第九，经济收入方面，有半数以上
（55%）的新生代农民工的月收入在800元至1600元之间。但是，
部分新生代农民工已具备一定的文化消费能力。在西安市有48%的
受访者月收入在1200元至1600元之间，有22%的受访者月收入在
1600元至2400元之间。

二、新生代农民工的精神文化生活

珠三角农民工调查曾发现，农民工在城市的消费是一种以生存型低水平的日常消费为主导、拓展性消费极其缺乏的模式。本调研也证明了此点。一个人的精神生活与其文化水平有很大的关系。文化水平越高，其娱乐方式和渠道就越多，克服、应对现实生活中的困难与挫折就能够找到更多的方式宣泄，不断超越和完善自己，精神文化活动也就越丰富多彩。新生代农民工由于自身文化素质相对较低，无力完成技术含量高的工作，从事体力劳动时间长，闲暇时间少，这直接影响了其文化消费，对道德的恪守、美的需要、生活意义的追问、理想信仰的向往等高层次精神生活明显不足，读书、写作、绘画、发明等发展型、超越型休闲娱乐活动比较缺乏。

（一）文化生活的消费

（1）多数人对文体娱乐零消费或低消费。有24%的受访者每月平均用于文体娱乐的消费为0元，如果算上30元以下（占18%）和31元至50元（占19%），共计有近三分之二的新生代农民工在文体娱乐方面是零消费或者较低消费。

（2）主要消费是手机话费、上网和购买书报杂志。新生代农民工远离层次较高的文化消费和奢侈消费。在看电影、购买书报杂志、上网、去录像厅歌厅舞厅、支付手机费用、图书馆、文化馆、博物馆、纪念馆、公园以及各种演出演唱活动门票等项目中，支出最多的三项依次为：支付手机费用（37%）、上网（29.6%）、购买书报杂志（24.4%）。80%被访者的手机主要用途是打电话、发短信，而通过手机上网（查寻信息、聊天）、听音乐、看电视等用途都在7%以下。有60%被访者经常（每周至少3次且每次超过2小时）上网，X市区的新生代农民工该项比例达到80%，这与大城市网络文化的发达和便利有很大关系。使用互联网的诸多用途中（如阅读新闻消息、收发电子邮件、看电影电视剧、与熟人聊天、与不熟悉的网友聊天、写网络日志、微博、博客等、学习知识、与家人联系、交异性朋友或征婚、玩网络游戏、购物等），陕西省新生代农民工最主要做三类：阅读新闻消息（占 35.2%）、与熟人聊天（占 29.3%）和看电影电视剧（占 26.5%）。在书报杂志消费中，新生代农民工主要是购买报纸杂志，而购置图书的支出极低。每年购买图书的支出，高达 51% 的人在 50 元以下，其中有 18% 为 0 元（参见表 1-1）。这和近 50% 的陕西省新生代农民工每月话费在 50 元以上（参见表 1-2）相形见绌。

表 1-1　陕西省新生代农民工每年在购置图书方面的支出

支出金额	所占样本的比例
0 元	18%
50 元以下	33%
50 元—100 元	27%
101 元—200 元	13%
200 元以上	9%

表 1-2　陕西省新生代农民工每月在手机话费方面的支出

支出金额	所占样本的比例
0 元	5%
30 元以下	11%
30 元—50 元	35%
51 元—80 元	28%
80 元以上	21%

（二）文化生活的形式

（1）看电影电视、上网和听音乐是主要形式。陕西省新生代农民工闲暇时间主要的三项文化娱乐是：看电影电视（占 54.8%）、上网（占47.7%）和听音乐（占36.5%）。这和珠三角的一般农民工稍有不同，后者闲暇时间主要是看电视（占57.5%）、睡觉（占53%）、读书看报（占43.8%）、逛街逛公园（占40.2%）。陕西省新生代农民工文化活动同其职业也有相关性。餐饮店的员工在中午两点至四点这段时间，主要是在店内打牌和聊天。工作在闹市区的员工主要选择逛街，而建筑工人则主要是打牌和睡觉。

（2）网络是文化活动的主要载体。陕西省新生代农民工最经常去的休闲场所是网吧（占44%），次之为影剧院（27%）和图书馆（16%）。西安市区的新生代农民工也把网吧作为首选（占43%），但次选项为图书馆（20%）和公园（20%），这和省会城市在图书馆和园林方面的设施较多且大多免费有很大关系。

（3）最喜欢的个人、集体文化活动分别是看电视电影和节庆活动。在个人文化活动中，新生代农民工最喜欢看电视、电影、戏剧，占近半数（48%），最喜闻乐见的城市集体性文化活动则是节庆活动（占27%）。

三、新生代农民工的精神文化需要

精神文化生活、精神文化需要和文化权利是三位一体互相影响的统一体。精神文化生活是以精神文化需要作为心理与生理根源的。人类精神活动的广泛性、复杂性决定了人的精神文化需要是一个复杂的、动态的系统，带有时代的烙印。精神文化需要的内涵比较宽泛，一般包括求知、娱乐、审美、信仰和道德的需要，也可类型化为求知、归属、交际、道德、娱乐、审美、发展、理想、信念等九类需要。但是，所有的需要只有进入法律领域变为法定的权利，才具有制度意义。精神文化需要一旦法律化、权利化，就会建构出一种具有强制力的以权利义务为特征的法律关系，同时也就具备塑造、影响包括精神文化生活和精神文化需要在内的社会现实的强大功能。

（一）精神慰藉和情感交流的需要

文化水平制约新生代农民工的心理素质，总体而言，造成其心理适应能力和情绪控制能力不强，自信心和信任感缺乏。另外，生存环境使新生代农民工承载较重的精神负担，加之交往空间狭小（只局限在同事或同乡之间），便易产生畏缩、消沉、急躁、自责等负面情绪，对未来生活缺乏热情和信心。有农民工反映，其平时经常感到身心疲惫、失眠、烦躁易怒、前途渺茫和生活艰难。这时若再碰到其他困难或遭受不公正对待，极易产生孤独、压抑和怨恨的心理。

前文关于手机话费大量支出的数据间接证明新生代农民工对沟通和倾诉的渴求。反映"远离家人没有朋友感到孤独"和"感觉被人看不起"分别占受访者的21.6%和13.9%。"感觉被人看不起"，反映了农民工在城市中只有劳动身份，而缺乏公民或市民身份的被排斥和被剥夺感。"远离家人没有朋友感到孤独"则反映了新生代农民工正处在人生交友、恋爱、结婚高峰期，情感沟通、交流的需要很强烈。但是，由于工作、生活空间与城市居民相对隔离，交往对象具有局限性。特别是，因为背井离乡，不能经常与家人、亲朋见面，缺乏情感宣泄的机会和对象。因此，"回家探亲"和"与朋友聊天"已成为陕西省新生代农民工节假日主要做的事情，分别占到受访者总数的63.9%和33.1%。

已婚新生代农民工还经常面临两地分居的困境。能否和子女在一起生活是衡量其亲子关系以及家庭关系融洽度的重要指标。对"是否至少有一个子女随同您目前在一起生活"这个问题，X市区对照组（即非农民工）回答肯定的比例高达95%，全省已生育的新生代农民工67%回答肯定，X市区的农民工却只有34%的受访者回答肯定，只有全省数据的一半比例。

　　父母周末能否照顾陪伴子女是反映亲子关系的另一个重要指标。在非农民工的对照组中，没有时间的仅占6%，而在全省与子女生活的新生代农民工中，有23%没有时间照顾陪伴子女（参见表1－3）。在西安市区新生代农民工中，该比例达到16%。这说明亲子关系方面，新生代农民工和非农民工相比是处于弱势地位的。

表1－3　陕西省新生代农民工周末照顾陪伴子女的时间

时　间	所占样本的比例
0 小时	23%
1 小时	13%
2 小时	18%
3 小时	14%
4 小时	9%
5 小时	6%
6 小时以上	17%

　　农民工因外出务工的客观制约而缺少必要的亲情互动，极易酿成亲子关系的紧张，造成一些家庭矛盾的发生。如2011年11月，陕西省XY市农民工的13岁儿子投河自尽事件，其根源就在于亲子关系的恶化。

　　（二）参加文体娱乐和接受教育培训的需要

　　新生代农民工的文化需要具有两面性。一方面，乡土社会的小农意识在其进入城市后和城市现代文明会发生文化的冲突。一些新生代农民工存在的黄赌毒、迷信等违法行为以及其他不良习惯，也和城市现代文明背道而驰。另一方面，城市文化也潜移默化地影响其审美格调和文化生活。浙江的新生代农民工调查显示，8.6%的人订阅报纸、7.2%的人经常买书报杂志，超过一半的人每天至少花半小时阅读。

　　（1）通过文化活动缓解心理压力。听音乐（52.1%）和找朋友倾诉（34.3%）是新生代农民工选择缓解心理压力的主要方法，看电影电视、上网聊天、户外活动等也是重要方法（参见表1-4）。这说明文化娱乐活动可促进新生代农民工心理问题的缓解。

表1-4 陕西省新生代农民工缓解心理压力的方法

方　　法	样本人数（单位：人）
听音乐	500
看电影或电视	250
上网浏览或聊天	216
睡觉	218
喝酒或下饭馆	104
找朋友倾诉	329
向父母或亲人诉说	134
去户外活动	189
参加体育比赛等	64
沉默	143
哭泣	31
加入某个社团组织	12
其他	11

大多数新生代农民工愿意帮助同事或朋友解决心理困惑。近半数（47%）的受访者表示非常愿意，34%的受访者认为要视情况和与当事人的关系而定，12%的受访者勉强愿意，只有7%的人表示明确拒绝。

（2）大多数人有接受教育培训的需要。绝大多数新生代农民工有接受教育培训的文化需要，表示不需要和很不需要的仅有11%。全省问卷中回答迫切需要和比较需要的比例比西安市区非农民工的对照组共高出8%，这说明新生代农民工的文化知识技能需要更强烈。南京师范大学2009年关于江苏新生代农民工价值观的调研也证明了此点。25.8%的新生代农民工对自己接受的教育状况表示"满意，所学知识能胜任工作"，53.1%的表示"不满意，还需要继续学习"，21.1%表示无所谓。

但是，政府和社会提供的教育培训机会、条件却十分有限，远不能满足需要。公民的精神文化生活及其需要的满足是一国文化建设的立足点和着眼点。把精神文化需要提升到国家制度和文化政策层面，就体现为文化权利的行使和义务的承担问题。

四、新生代农民工行使文化权利的困境

文化权利是公民享有的一项基本权利。1948 年《世界人权宣言》第 27 条就提到文化权。我国政府 1997 年签署、2001 年 2 月 28日批准的《经济、社会及文化权利国际公约》（联合国大会 1966 年12 月 16 日通过）已成为我国现实和有效的法律规范。该公约第 15条规定，公民的文化权利包括参加文化生活，享受科学进步及其应用所产生的利益，对其本人的任何科学、文学或艺术作品所产生的精神上和物质上的利益，享受被保护等权利。

从国内法来看，我国现行宪法第 46、47 条明确规定了公民有受教育的权利和义务，以及进行科学研究、文学艺术创作和其他文化活动的自由。第 22 条规定，国家发展为人民服务、为社会主义服务的文学艺术事业、新闻广播电视事业、出版发行事业、图书馆博物馆事业和其他文化事业，开展群众性的文化活动。国家保护名胜古迹、珍贵文物和其他重要历史文化遗产。第 4 条规定，国家根据各少数民族的特点和需要，帮助各少数民族地区加速经济和文化的发展。各少数民族都有使用和发展自己的语言文字的自由，都有保持或者改革自己的风俗习惯的自由。上述是我国根本法规范中关于文化权利的权威表述。

文化权利主要设定了国家义务，特别是法律保障义务。《经济、社会及文化权利国际公约》第 2 条规定，缔约国承担尽最大

能力，采取步骤，以便用一切适当方法，尤其包括用立法方法，逐渐达到本公约中所承认的权利的充分实现，即该公约和我国宪法上述规定要通过教育、劳动、文化等领域具体法律法规予以落实。例如我国劳动法就规定，劳动者享有平等接受职业技能培训的权利，国家发展社会福利事业，兴建公共福利设施，为劳动者休息、休养和疗养提供条件。除了法律的保障，还要有具体制度的保障。

公民文化权利的行使要求政府积极有效地去创造条件保障其实现，要建立公共文化服务体系。该体系是为了满足社会的公共文化需要和保障公民文化权利，向公众提供公共文化产品和服务的相关制度与系统的总称，具体包括制定文化政策、设置文化设施、提供并保障文化资金、培养造就文化人才、进行文化监督和评估等。就目前而言，我国公共文化服务体系存在以下问题。

（一）政府等主体履行义务程度不够

（1）城市公共文化设施不能满足需要。虽然陕西省地方政府近年来加大了对公共文化设施的投入，开放公园和文博场所，使公共文化设施逐渐大众化和完善。但是，城市文化设施的现状和人民的需要之间还有较大的差距，特别是城市文化设施存在严重的不均衡现象。全省的主要文化资源和设施集中在省会 X 等大城市，小城镇比较薄弱。西安的公共文化设施则主要集中在南郊和老城区交通便利的繁华地带，在农民工较多的城东、城西以及一些新兴工业园区，公共文化设施还相当匮乏。

36% 的受访者对自己文化生活状况不满意或很不满意（参见表1－5）。近三分之一受访者对所在城市文体、娱乐设施给予否定性评价，半数受访者对城市文体、娱乐设施评价一般。给予肯定性评价（满意或很满意）的仅占 18%，而作出否定性评价（不满意或很不满意）的则占 31%（参见表1－6）。

表 1-5 陕西省新生代农民工对自己文化生活的评价

评 价	所占样本比例（%）
很满意	5
比较满意	16
一般	43
不满意	24
很不满意	12

表 1-6 陕西省新生代农民工对城市文体、娱乐设施的评价

评 价	所占样本比例（%）
很满意	3
比较满意	15
一般	51
不满意	20
很不满意	11

（2）新生代农民工所在单位的文化活动严重缺乏。新生代农民工虽然希望所在单位为其提供更多的文化娱乐条件，丰富其精神文化生活，舒缓工作压力，增进同事之间的沟通交流，但这种愿望与客观现实差距较大。

首先，近半数的单位未开展过文体活动。对单位的文体活动，70%以上受访者给予负面评价；46%的受访者表示单位没有任何文化、娱乐活动；24%的受访者认为单位文体活动的内容单一贫乏，不能满足其需要。其次，新生代农民工单位文体活动的参与度需增强，形式需改进。虽然作为经营实体，单位不可能经常组织文体活动，但也有四分之一左右的单位每月可以组织一次活动。可是，参与单位文化娱乐活动的新生代农民工不多，四分之一的受访者表示没参加过，超过半数的受访者表示每年仅参加过一至二次。在单位的文体活动中，从类型上来看，排前三位的主要是文体类比赛或文娱活动、知识技能培训、看电影演出（参见表 1-7）。

表1-7　陕西省新生代农民工所在单位经常组织文体活动的类型

活动类型	人　数
参加文体类比赛	169
参加知识技能培训	132
看电影、看演出	84
爬山、旅游等户外活动	62
参加社会公益活动	34
提供阅览室、借书等服务	27
野外拓展训练	22

新生代农民工希望参加的文化活动，排前三位的是爬山、旅游等户外活动，看电影、看演出以及参加知识技能培训（参见表1-8）。单位开展文体活动的类型和农民工的愿望相比，似应加强户外型文体活动这类年轻人喜闻乐见的形式。

表1-8　陕西省新生代农民工希望单位组织文体活动的类型

活动类型	人　数
参加文体类比赛	364
参加知识技能培训	392
看电影、看演出	418
爬山、旅游等户外活动	517
参加社会公益活动	248
提供阅览室、借书等服务	210
野外拓展训练	258
其他	36

单位的共青团和工会，甚至同乡会有时也组织一些活动。但是，在建有团组织的单位中，分别有11%和39%的受访者表示共青团从未组织和偶尔组织文化活动。

（二）民生问题是行使文化权利的主要障碍

工作不稳定收入无保障（占54.9%）、生活成本太高（占

50.9%）、住房困难（占48%）是困扰新生代农民工城市生活的三大民生问题。也有高达34.4%的受访者将缺少文化娱乐生活作为其城市生活的困扰。另外，认为父母子女无人照顾、子女就学困难的分别有21.3%和17.7%，认为看病难（患病无钱医治、出了工伤事故无法医治）的有19.9%（参见表1-9）。

表1-9　陕西省新生代农民工认为自己城市生活的主要困难

情　形	人数（单位：人）
工作不稳定、收入无保障	526
生活成本太高	488
住房困难	334
缺少文化娱乐生活	330
远离家人、没有朋友、感到孤独	207
父母或子女无人照料	206
子女在城里就学困难	170
总感觉被人看不起	134
患病无钱医治	111
出了工伤事故无法医治	80
其他	8

（1）较大经济压力对文化权利的限制。收入是影响新生代农民工精神生活的决定性因素。经济状况差造成新生代农民工精神文化生活整体受到制约。经济状况使其开支主要用于生存消费，而在文化生活方面的支出微乎其微。同时经济状况的不佳还会连锁引起在文化娱乐时间、居住状况、子女受教育方面的诸多桎梏，对其精神文化生活产生不可忽略的影响。例如，新生代农民工并不能享受城市所提供的情感生活场所，公园和商场等免费场所成为新生代农民工恋爱时最经常去的地方（参见表1-10）。近年来，由于大多数城市公园免费向公众开放，公园成为新生代农民工谈恋爱的主要场所。

表 1-10　陕西省新生代农民工恋爱时主要去的场所

场　　　所	所占比例（%）
公园	39
商场	14
自己或对方住所	13
影剧院	8
歌舞厅、酒吧	5
图书馆、博物馆等	2
饭馆	12
其他	7

（2）缺乏参加文体娱乐和教育培训活动的时间。闲暇时间是劳动力再生产所依托的时间，体力的恢复、精神状态的改善、文化消费活动都要在闲暇时间里完成。具有自由支配的闲暇时间是进行精神文化活动及消费的重要条件之一。陕西省新生代农民工除工作时间和睡眠时间之外，每天可自由支配的闲暇时间 2 小时以下的占半数以上，其中 23% 没有闲暇时间，根本谈不上参加文化娱乐和教育培训活动。闲暇时间过少也间接证明陕西省新生代农民工加班普遍、工作时间较长，劳动负荷强度较大。据陕西省社科联调研数据，西安市农民工平均每周工作 6.4 天，每天工作在 10 个小时左右，有的多达 15—17 小时，有 20% 的受访者表示企业一月休假一天，采用双休日的企业不到 5%。在缺乏闲暇时间的情况下，精神文化活动和消费通常无法开展。"平均每天参加文体娱乐活动的时间"这个问题高达 37% 的受访者回答为零（参见表 1-11）。在西安市区，也有 44% 的受访者回答为零。

表 1-11　陕西省新生代农民工每天参加文体娱乐活动的时间

时间（小时）	所占比例（%）
0	37
1	37

续表

时间（小时）	所占比例（%）
2	18
3	8

由于闲暇时间不足，陕西省新生代农民工每周参加教育培训活动的时间，有40%的受访者回答为0小时，29%的受访者表示只有1小时（参见表1-12）。X市区的新生代农民工没有时间参加教育培训活动的比例高达57%。

表1-12　陕西省新生代农民工每周参加教育培训活动的时间

时间（小时）	所占比例（%）
0	40
1	29
2	19
3	6
4	3
≥5	3

（3）较差的居住环境对文化权利的制约。农民工群体在城市中的居住模式通常有三类：一是如北京"浙江村"那样以地缘为纽带的外来人口聚居区，二是聚集在城中村这种"都市里的村庄"，三是经济开发区或工业园区中与本地社区分割开来的工厂宿舍。在珠三角，农民工的居住方式基本是资本主导型（企业负责提供食宿，工作和生活一体化）或社会主导型（通过房屋租赁市场解决）的劳动力日常再生产模式。

陕西省新生代农民工居住的主要类型是单位或雇主提供的职工宿舍、合租住房、独立租赁住房，自购房的比例只有10%。有8%的受访者直接居住在生产经营场所（参见表1-13）。建筑施工单位主要是在施工现场搭建宿舍，条件好的项目部搭建彩钢活动房。无法搭建足够宿舍的施工单位则以施工队为单位集体租住民房。餐饮单位一般都提供集体宿舍,条件较好的单位在营业场所内设置宿舍区,规模较小或营业面积紧张的单位则会租用单元房或招待所供集体住宿。市政施工单位一般也为工人提供集体宿舍,在工程较小用工较少的情况下,会安排工作车接送工人;当工程较大工期较长时,一般会在施工现场搭建宿舍。洗浴单位通常在店内为员工提供住宿。商贸单位普遍不为员工提供住宿。各类单位提供的宿舍只针对单身职工,双职工或已结婚职工仍需由自己解决住宿。租住民房的新生代农民工多没有购置电视,工余时间主要是找老乡聊天或是到附近闲逛,由于生活单调,再加上多为分散居住难以管理,很容易引发事端。

表 1 - 13　陕西省新生代农民工的居住状况

居住类型	所占比例(%)
单位或雇主提供的工人宿舍	34
直接在生产经营场所居住	8
与人合租住房	17
独立租赁住房	24
自购房	10
其他	7

居住状况亟待改善是农民工面临的普遍问题。空间的局促对新生代农民工精神文化生活的影响很大:不仅没有文化活动的必要场地,也很难使其接受到城市文化的辐射,妨碍了新生代农民工文化权利的实现。

五、新生代农民工精神文化需要和文化权利的社会支持网络

前文虽然是针对陕西省新生代农民工进行社会实证研究,但窥

斑见豹也折射出一些普遍性问题。下面将进一步分析能够支持新生代农民工精神文化需要和文化权利的因素，并提出加强新生代农民工文化建设的对策和建议。

在现实生活中，诸多因素可能影响精神文化需要的满足和文化权利的享有。从国家层面看，有政府的政策制度、经济发展水平、城市文化等；从社会层面看，有企业文化、社会组织、社区建设等；从个人层面看，有居住状况、经济收入、婚姻家庭结构、亲子关系等。在此仅从新生代农民工社会支持网络的角度，对一些主要因素进行简要分析。

通过社会支持网络的帮助，新生代农民工可以更好地解决生活中的问题和危机，从而维持日常生活的运转。社会支持网络可以分为正式和非正式的两类，前者主要来自政府、单位、人民团体，后者主要来自家庭、亲友、社会、同事以及社会民间组织等。

近半数新生代农民工遇到困难时最主要的倾诉者是"亲友或同乡"（占48%），这说明其解决心理困惑的途径还比较单一，遵循着乡土社会的差序格局。选择"自己去解决"和"默默忍受"的分别占25.1%和4.8%，表明其心理的支持主要是求诸己，向内部而非向外部求助。如何将新生代农民工社会支持网络的差序格局转变为一种多元化、多样化的模式，是社会管理创新的重点。目前，5.53%的受访者会求助网友或在网上发帖求助，但是求助党组织（占3.86%）、政府部门（占1.14%）以及团组织（3.75%）工会（1.77%）组织的比例很小（参见表1-14）。

表1-14　陕西省新生代农民工遇到困难时的倾诉者

倾诉者	样本数（人次）
亲友或同乡	469
自己去解决	241

倾诉者	样本数（人次）
党组织	37
团组织	36
工会	19
单位领导	28
政府部门	11
新闻媒体	7
网友（上网发帖求助）	53
默默忍受	46
其他	11

（一）国家政策和制度

按照国际公约的规定，文化权利应普遍享有，不得有歧视。新生代农民工应和市民享有同样的文化权利。但是，1958年建立并沿用至今的户籍制度作为一种社会屏蔽制度，将农民工屏蔽在城市资源之外。户籍成为某种身份的标志，成为农民工市民化、城市化的最主要体制性障碍。虽然目前户籍管理制度在个别地方有了一定的松动，但是短期内难以有实质性的突破，该制度引发的歧视将继续对新生代农民工造成伤害，这在就业、教育和社会保障（养老、医疗、失业和低保）领域较为明显。

近年来，国家农民工政策已出现转变。2006年3月，国务院《关于解决农民工问题的若干意见》规定了"公平对待，一视同仁""强化服务，完善管理""立足当前，着眼长远"等原则，提出要尊重和维护农民工的合法权益，消除对农民进城务工的歧视性规定和体制性障碍，使他们和城市职工享有同等的权利和义务（即市民化的待遇），逐步实行城乡平等的就业制度。其中，和文化权利相关的规定，如落实农民工培训责任，把农民工纳入城市公共服务体系，保障农民工子女平等接受义务教育，引导农民工全面提高自身素质，发挥社区管理服务的重要作用等，尚需要进一步落实。

2011 年 9 月 25 日，文化部、人力资源和社会保障部和中华全国总工会联合下发《关于进一步加强农民工文化工作的意见》，首次对农民工文化建设进行全面部署。该意见提出，到 2015 年我国要形成相对完善的"政府主导、企业共建、社会参与"的农民工文化工作机制，建立相对稳定的农民工文化经费保障机制。农民工文化服务将纳入公共文化服务体系建设。要推动农民工文化工作的规范化、制度化和常态化；即建立以公共文化服务体系为支撑，以城市基层社区、用工企业为重点，以社会力量为补充的机制；加大政府对农民工文化工作的支持；发挥公益性文化单位的骨干作用；等等。上述意见若能切实落实，将会对未来新生代农民工文化权利的行使产生较大促进作用。

（二）家庭亲友

如前所述，大多数新生代农民工比较看重家庭，节假日首选是和亲友团聚，有了困惑也一般向亲友倾诉。受访者均认为来自家庭和亲友的社会支持比较重要。新生代农民工未婚者占多数，其情感和性的需求强烈，有38%的受访者在城市中谈过恋爱。没有渴望和较少渴望男（女）友或配偶的仅占19%。全省和西安市区已婚和未婚同居的被访者中，同配偶或男（女）友经常在一起生活的分别占80.3%和66.6%。

（三）自发组织和宗教组织

新生代农民工最经常参加的组织是老乡会、同学会，这说明其乡土观念比较重，人际关系主要是地缘性的。但是，较多人参加文体休闲爱好兴趣团体和社会公益慈善类组织，说明都市民间组织已经开始影响新生代农民工生活，并且在其精神文化生活中发挥重要作用（参见表 1 - 15）。

表 1 - 15 陕西省新生代农民工参加自发组织和宗教组织文体娱乐活动情况

类　　型	样本数
文体、休闲、学习等兴趣爱好团体	469
社会公益慈善类组织	417
打工者协会、民工协会	248
老乡会、同学会	512
维权性质的组织	228
宗教组织	134

陕西省是宗教大省，五大宗教信众至少有 160 余万。新生代农民工参与宗教组织活动的达到受访总数的占 13%，正式加入宗教组织的占 8.87%。这说明宗教组织在农民工精神文化生活方面发挥了不容忽视的作用。

（四）单位

单位是加强新生代农民工文化建设的增长点。新生代农民工每天绝大多数时间是在工作场所度过，其所在单位是重要的支持因素。单位虽然有时能够提供一些基本的生活条件（如居所），但是，很多单位不重视农民工的精神文化生活。大多数企业没有建设文化娱乐设施；部分单位虽然有文化活动，但次数很少，投入资金有限。在市场化环境下，政府如何激励、督促、引导企业重视新生代农民工的文化建设，是值得研究的问题。

（五）群团和公益性文化组织

工会、共青团、妇联等群团组织以及公益性文化单位本应是新生代农民工的重要社会支持力量。但是，目前群团组织并未发挥应有的作用，尚有加强工作的空间。而且，我国文化体制和事业单位改革也正在进行中，公益性文化单位将来为农民工服务的机制和方式方法，还需要进一步探索总结。

（六）社区

"移民"如何融入社会是一个复杂的课题。大多数新生代农民工的社交圈子在其群体内部，所谓和"城市中的老乡"形成"城市中的村庄"。他们虽然居住在城市，但和市民却难以互动。能够经常参加社区文体活动的陕西省新生代农民工只有9%，有31%的新生代农民工根本不知道社区还组织文化娱乐活动，有27%的受访者知道社区组织活动，但没有参加过。这说明目前城市社区对农民工精神文化生活的支持是非常不够的。社会管理创新重头在社区，因此还需要加强社区文化建设。

六、加强新生代农民工文化建设的对策与建议

（一）加强政府支持力度和制度性保障

（1）加强对新生代农民工文化投入的财政保障。在新生代农民工已成为农民工主体的背景下，因为其对精神文化生活需要程度加大，需要层次提升，需要政府不断加大对农民工文化建设的投入力度，特别是建立经费保障机制。

（2）建立新生代农民工文化权利的社会保障体系。农民工文化生活涉及体制内一些根本制度的改革。解决农民工文化权利问题必须有一套系统的方案。第一，要健全和完善政府公共文化管理体系，以保证农民工在文化权利上的机会平等。第二，逐步改革户籍制度，保证农民工获得体制和社会的认同，享有法律上的平等。第三，政府相关职能部门和社会团体要办好公共文化事业，并鼓励、扶持企业或农民工自己组织文化活动，实现农民工文化活动的多元化和多样化。改善、提升新生代农民工的精神文化生活是企业文化建设的重要组成部分，也是企业人力资本的投资。政府要鼓励和引导企业加强新生代农民工文化建设。首先，督促用工企业加强农民工文化权益保障，但不应单纯使用行政命令的方式，而是要利用市场和立

法、政策等方法予以调控；其次，群团组织或公益性文化单位不仅要配合企业加强新生代农民工文化活动，而且要对新生代农民工加强心理辅导，关注其心理健康，帮助其养成健康向上的生活情趣。第四，切实提高新生代农民工的收入水平和福利待遇。全社会应关心新生代农民工在城市所面临的各种困难，并予以帮助、解决。改善新生代农民工精神文化生活匮乏问题，必须从提高其经济收入、加强物质保障入手。政府要加强制度建设，逐步缓解其看病难、看病贵、子女上学难等问题。同时，新生代农民工也要不断努力改善自己的经济状况。群团组织则可积极开展交友联谊活动，为其解决婚恋困难创造有利条件。

（3）拓宽教育培训渠道提升新生代农民工的精神文化素质。如前所述，89%的新生代农民工有接受教育培训的文化需要，而政府、企业、相关组织为其提供的教育培训资源却非常有限，这在很大程度上限制了新生代农民工自身精神文化素质的提升。全社会要引导新生代农民工接受知识、文化素质和实用技能的培训，使其有机会成为专业技术人员和管理人员，从而拓展个人发展空间，更好地融入城市生活。政府首先应该出台法律、政策开展各种形式的新生代农民工教育培训活动，同时鼓励、支持群团组织和社会教育机构协助政府和企业做好新生代农民工教育培训工作。

（二）推动城市社区文化建设

新生代农民工工作之余的主要生活、活动场所在城市社区，因此要将社区作为丰富新生代农民工精神文化生活的重要阵地，搭建起社会为新生代农民工提供公共文化服务的平台。

（1）以城市社区作为新生代农民工精神文化生活的重要平台。因为社区在满足新生代农民工精神文化需要方面有很多便利因素，所以三部门《关于进一步加强农民工文化工作的意见》明确提出，要以城市社区为主要平台和载体，促进农民工融入城市。城市社区要充分考虑辖区内农民工的情况和文化需要，科学规划、合理配置社区文化设施和服务，构建以社区文化设施为载体的农民工文化服务平台，增强城市社区面向农民工的公共文化服务能力。为了增强农民工文化活动参与能力，城市社区还可以有针对性地举办各种文化活动，激发农民工的兴趣和热情，改变其文化生活的封闭性。

（2）建立社会工作为新生代农民工充权的机制。充权也叫增权、激发权能、强化权能等，是社会工作的重要理论。"权能"在社会学中指掌控自己生活与发展的各种有利动力。近十年来，充权理论在特定人群（如青少年、老人、艾滋病患者、成瘾者、社区矫正者）中已有不少实践，其发展方向是服务弱势群体。新生代农民工作为社会弱势群体之一，其无权状态使得他们很难依靠自身力量实现主动充权，因此需要社会工作者的帮助。一方面，社会工作者可以为其提供心理及教育方面的服务，从外部给予其心理支持，向其倡导合理的行为，鼓励其自强自立、克服困难。另一方面，社会工作者可以帮助新生代农民工整合和提取社会、家庭、自身的各种资源，引导和协调其人际关系，从而促进其适应城市生活。

当前，陕西省急需一批对新生代农民工有爱心、工作责任心强的基层社会工作者队伍。需要注意的是，建立一套行之有效的模式和工作机制，应重视民办公助、社会参与、长效运转。按照国际标准，每千人中应有 2 至 2.5 名社会工作者。但针对本省生源，2011年招收社会工作专业的陕西省高校只有 6 所，招收学生 280 人（同年广东省 17 所高校招收其本省生源有 1265 人）。而且，由于陕西省专业社工组织还在萌芽阶段，专业学生能否在本地获得对口就业机会前景黯淡。据外省有关资料的统计，由于岗位不稳定、薪酬水平低、社会认知不强、职业价值难以体现等原因，社会工作专业大学生毕业后从事本专业的不足 10％。由于待遇、岗位编制等原因，专业社工往往留不住，而社区又急需这些人才。因此，地方政府需要把培育、孵化文化方面的社会工作者组织、民间社团的工作提上议事日程。

（三）营造良好社会氛围，加强对新生代农民工的引导

（1）注重主流意识形态与核心价值观的引领。要加强对新生代农民工精神文化生活的引导，为其融入城市提供价值指引；帮助新生代农民工以社会主义核心价值主导其精神文化生活；加强对他们的人文关怀、心理疏导以及价值观的塑造，引导他们按照现代城市的要求规范行为，提高文化和心理素质；针对新生代农民工使用手机、互联网比例较高的现实，要特别重视应用新媒体进行价值观的引导。

（2）引导新生代农民工正确看待宗教信仰并规范宗教行为。针对新生代农民工参与宗教组织的活动和正式加入宗教组织的比例达到13%和8.87%，有关部门应当正确引导、帮助新生代农民工正确认识我国有关宗教信仰自由的法律和政策，使其依法参加各类宗教活动，远离邪教，规范其行为，增强其甄别非法宗教、迷信活动的能力。

（3）社会合力培育新生代农民工文化繁荣的土壤。媒体要对农民工进行正面宣传，让人们认识到他们在城市经济建设和社会文明进程中起到的积极作用。城市居民要消除对新生代农民工的歧视与偏见。群团组织要加强对新生代农民工的人文关怀和心理疏导。

总之，维护新生代农民工的文化权利，满足其精神文化需要，进行文化建设，是一项长期且艰巨的系统工程，需要全社会的共同努力。

第二章

青年创业政策研究

推动青年创业日益成为世界各国政府改变经济增长方式、促进社会创新、解决青年失业问题的一个重要路径。"大众创业、万众创新"是经济发展的动力之源，其不仅对推动经济结构调整，走创新驱动发展道路具有十分重要的意义，而且是稳增长、扩大就业、激发亿万群众智慧和创造力，促进社会纵向流动、实现公平正义的重大举措。

受 20 世纪 80 年代美国大学校园创业活动的启发，我国从 20 世纪末期开始就逐步从政策层面有意识地推动青年（大学生）创业活动。总体而言，经过了 1999—2002 年的"以高校自由探索为主，提倡大学生高科技创业"，2003—2006 年的"提倡创业优惠政策，重视普遍的创业活动"，以及 2007—2011 年的"更多部门参与，重视全面改进创业环境"这几个典型时段，青年（大学生）创业活动进入了前所未有的良好发展阶段。[1] 2012 年之后，国家层面全面深化改革的举措使得青年创业途径变广，创业机会变多。党的十八大报告指出："鼓励多渠道多形式就业，促进创业带动就业。全党都要鼓励青年成长，支持青年创业。" 2013 年 11 月的十八届三中全会强调，要健全促进就业创业体制机制，特别提出完善扶持创业的优惠政策，形成政府激励创业、社会支持创业、劳动者勇于创业的新机制。2014 年之后，全国各地都积极出台了相关政策，为青年群体创业提供便利。2015 年 3 月，国务院总理李克强在《政府工作报告》中明确提出"大众创业、万众创新"。国务院办公厅下发了《关于发展众创空间推进大众创新创业的指导意见》《关于进一步做好新形势下就业创业工作的意见》《关于大力推进大众创业万众创新若干政策措施的意见》等文件，就促进创业采取了一系列政策措施。

---

〔1〕 参见夏人青、罗志敏、严军：《中国大学生创业政策的回顾与展望（1999—2011 年）》，《高教探索》2012 年第 1 期。

为了响应国家政策，更好地促进本省青年群体的创业工作，陕西省也出台了一系列创业政策来推动青年创业。此类政策既有针对大学生的，又有针对农民工，农村留乡、返乡青年，复转军人等其他社会青年的；既涉及创业指导，又涉及创业服务、创业贷款等。这些政策在推动陕西省青年创业过程中发挥了举足轻重的作用。为了摸清陕西省青年创业政策的现状，明晰其特点与效果，探析青年创业者的政策需求，进而剖析政策的设计、内容及实施过程中存在的问题，并据此提出有针对性的意见和建议，以期更好地促进本省青年创业活动的开展。课题组主要以问卷调查与深度访谈的方式，对陕西省青年创业政策进行了实证研究。

一、研究过程、数据和方法

总体来看，课题组实证调查的数据来源包括以下三类：第一，本课题组所开展的问卷调查。2015 年 10 月至 11 月，在编制《陕西省青年创业调查问卷》（下文简称 A 问卷）的基础上，课题组以网络调查形式对陕西省 39 岁以下的青年创业者（主要是社会青年，不包含在校大学生）的需求和政策扶持情况进行了实证调查。调查历时 20 天，回收问卷 563 份，其中有效问卷 543 份，有效回收率为96.4%。第二，陕西省教育厅所开展的高校毕业生创业工作情况调查。2014 年，全省有毕业生的院校共 95 所[1]，共有普通高校毕业生306023 人[2]，共涉及 459 个研究生专业，275 个本科专业，282 个高职（专科）专业。为深入了解陕西省高校毕业生创业工作情况，增强促进高校毕业生创业工作的针对性和实效性，2014 年 7 月，陕

---

[1] 其中部属本科院校 6 所，省属公办本科院校 28 所，民办（本专科）院校 17 所，公办高职（专科）院校 27 所，成人院校 7 所，独立学院 10 所。

[2] 其中博士生 1237 人，硕士生 24762 人，本科生 151568 人，高职（专科）生 128456 人。

西省教育厅组织开展了该调查。调查要求各高校组织本校自主创业的在校生及毕业生在网上填写《大学生自主创业状况调查问卷》及《大学生自主创业意愿调查问卷》（下文简称 B 问卷），共有 60 余所院校参与此项调查，调查所抽取的学生样本覆盖了各校主要科类及学生学历层次。两项调查最终回收的有效问卷分别为 33744 份和 5357 份。本课题组的成员也参与了该项调查，并获得了相关一手数据。第三，深度访谈。在编写访谈提纲的基础上，课题组以深度访谈的方式分别针对三家创业"孵化器"（CT、A 空间、K 投资管理有限公司）的负责人、工作人员、创业者，以及 X 市西部众筹创业中心的创业导师 K 先生、创业教育培训机构"西部创业"（X 市大学生创业培训基地）和 X 市投融资担保有限公司（X 市大学生创业贷款担保机构）的负责人进行深度访谈。并且，课题组还对陕西省人社厅劳动就业服务局进行了走访调研，访谈对象共计 12 人。

除此以外，课题组还通过文献研究，查阅相关著作近十本，论文、调研报告 100 余篇，其中包括共青团陕西省委主要领导和相关部门同志撰写的调研文章和报告。结合上述实证调查和文献资料，课题组内部又召开多次会议，对问卷、提纲、初稿进行讨论，形成以下报告。

二、青年创业政策的概况

陕西省是西部大开发的前沿阵地，从整体的创业氛围来看，虽和上海、广东等经济发达的沿海地区还有差距，但在西北地区仍是青年创业的首选地。党的十八大以来，陕西省促进青年创业的政策进入黄金时期，省内出台了一系列促进青年创业的政策，各类创业政策亮点纷呈，整体创业氛围走在西北地区前列，全省呈现创业环境不断优化、创业服务渐趋完善、创业愿望明显增强、创业活动显著增多的态势。据团省委 2015 年上半年的调研，"大众创业、万众创新"的理念深入青年的心。大学生、返乡青年成为创业的生力军，"互联网＋"成为青年创业的重要方向，城市的互联网创业、农村的新农人群体崛起，创新创业融合趋势明显。青年创业由传统的单打独斗正在向团队创业转型，支持青年创业的政策体系正在逐渐形成。

（一）创业政策体系逐渐形成

近年来，国家和省内出台的各类创业政策已涵盖创业环境、创业培训、贷款融资、税费减免等领域；从省级到市级、区县级均有具体的促进创业的举措；政府的人社、工商、税务、教育系统均出台一系列促进创业的办法；政策关注的人群已覆盖了高校毕业生、复转军人、城镇困难人员、留乡青年、返乡农民工等重点群体；"大学生创业引领计划""留学人员回国创业启动支持计划""扶助小微企业专项行动"等计划、行动层出不穷；各类创业培训、创业大赛、路演活动屡见不鲜；各类众创空间、孵化基地数量持续上升；普惠性的创业政策体系正在逐步形成。限于篇幅，下文主要在简述国家政策基础上，详细梳理省级政策，而对省内各地市、区县级的政策不作探讨。

（1）国家政策。总体指导性的政策有《国务院关于进一步做好新形势下就业创业工作的意见》（国发〔2015〕23 号）、《关于发展众创空间推进大众创新创业的指导意见》（国办发〔2015〕9 号）等。相关领域的具体政策主要有《国务院办公厅转发人力资源社会保障部等部门关于促进以创业带动就业工作指导意见的通知》（国办发〔2008〕111 号）、《国务院关于批转促进就业规划（2011—2015年）的通知》（国发〔2012〕6 号）、《人力资源和社会保障部关于推进创业孵化基地建设进一步落实创业帮扶政策的通知》（人社部函〔2012〕108 号）、《关于认真做好小型微利企业所得税优惠政策贯彻落实工作的通知》（税总发〔2015〕108 号）、《财政部、国家发展改革委关于对从事个体经营的下岗失业人员和高校毕业生实行收费优惠政策的通知》(财综〔2006〕7号)等。具体针对不同创业人群的政策有:第一,在大学生创业领域,自2003年国家工商总局出台优惠政策以来,各级政府和职能部门每年都会出台一些扶持创业的优惠政策。特别是2014至2015年间,国务院和相关部委相继出台了三十余个促进大学生创业的文件,内容包括促进大学生创业的总体战略布局、发展方向、环境优化、政策协同,以及简政放权、金融支持、税费减免、创业服务等具体的扶持政策,初步形成了促进大学生创业的政策框架。第二,在返乡青年创业领域,主要有《国务院办公厅关于支持农民工等人员返乡创业的意见》(国办发〔2015〕47号)等文件。第三,在复转军人创业领域,主要有《关于自主择业的军队转业干部安置管理若干问题的意见》(国转联〔2001〕8号)、《关于扶持城镇退役士兵自谋职业优惠政策的意见》(国办发〔2004〕10号)和《关于调整完善扶持自主就业退役士兵创业就业有关税收政策的通知》(财税〔2014〕42号)等文件。

(2)省级政策。第一,整体的创业指导性立法和政策。地方性立法有《陕西省就业促进条例》,政策主要有《陕西省人民政府关于进一步做好全民创业促就业工作的指导意见》(陕政发〔2007〕55号)、《陕西省人民政府关于当前做好稳定和扩大就业支持创业工作的指导意见》(陕政发〔2009〕7号)、《关于进一步做好新形势下就业创业工作的实施意见》(陕政发〔2015〕26号)等。其中2007年的文件较早强调要建立创业孵化基地,在当时看来确有一定的前瞻性[1] 第二,关于就业服务、社会保险、创业孵化的政策。主要有

---

〔1〕 该文件指出:各设区市要积极鼓励和引导经济技术开发区、工业园区、高新技术园区开辟下岗失业人员、失地农民、回乡创业人员、复转军人和高校毕业生、留学回国人员初次创业基地或创业孵化基地,劳动保障、银行、财政、工商、税务等有关部门应提供"一站式"服务,以免费或低价租赁方式提供创业场地。

省人社厅、财政厅印发的《关于推进陕西省创业孵化基地建设的指导意见》（陕人社发〔2013〕59号）、《陕西省就业基本公共服务规范化指导意见（试行）》（陕人社发〔2015〕14号）《关于做好新形势下失业保险促进就业创业工作的通知》（陕人社发〔2015〕56号）、《陕西省劳动和社会保障厅、财政厅、人民银行西安分行关于进一步推进创业促就业工作的通知》（陕劳发〔2006〕117号）等。第三，关于创业培训的政策，主要有《陕西省就业（创业）培训管理试行办法》（陕人社发〔2009〕82号）。第四，关于创业贷款的政策，主要有《关于进一步规范创业促就业小额担保贷款财政贴息资金管理有关问题的通知》（陕财办金〔2013〕52号）、《关于建立规范小额担保贷款基金筹集补充机制的通知》（陕财办金〔2014〕52号）、《关于依托创业孵化示范基地加大创业担保贷款扶持力度有关问题的通知》（陕人社函〔2015〕556号）等。第五，关于税费优惠政策，主要有《关于落实促进就业税收优惠政策有关具体问题的通知》（陕人社发〔2011〕28号）、《陕西省对从事个体经营的下岗失业人员和高校毕业生实行收费优惠政策的通知》等。

（二）创业政策的着力点

1. 关注重点人群的创业活动

近年来，陕西省连续出台一系列政策，从各个方面明确了对一些重点人群的鼓励扶持政策。

第一，关于大学生创业政策。省级、市级、区县级、各高校层面均出台了一系列政策和办法促进大学生创业，目前，促进毕业生创业的政策体系已基本建立。总体指导性的政策主要有省人社厅、发改委、教育厅、科技厅、财政厅等13个部门联合制定印发的《陕西省大学生创业引领计划实施方案（2014—2017)》、《陕西省人民政府办公厅关于促进普通高等学校毕业生就业工作的实施意见》（陕政办发〔2009〕27号文件）。具体的政策有陕西省工商局《关于进一

步支持高校毕业生创业就业的实施意见》（陕工商发〔2013〕41
号）、《陕西省高校毕业生创业基金管理章程（试行）》（陕人社发
〔2010〕50 号）、《陕西省高校毕业生创业基金贷款延期还款处理办法
（试行）》等。

第二，关于返乡青年创业政策。《陕西省人民政府办公厅关于支
持农民工等人员返乡创业的实施意见》（陕政办发〔2015〕88 号）
全面落实扶持农民工、大学生和退役士兵等人员返乡创业政策，重
点实施 7 个"行动计划（2015—2017 年）"，大力支持返乡创业。该
意见在降低返乡创业门槛方面，进一步放宽市场准入条件；允许农
民以土地承包经营权和林权出资设立农民专业合作社或家庭农
（林）场；支持农民专业合作社跨地域、所有制和行业经营；将返
乡人员创业纳入社会信用体系。在税费减免政策和财政支持方面，
对返乡创业实体 3 年内免收属于省内权限的管理类、登记类和证照
类等有关行政事业性收费。在金融服务方面，对信用社区和信用
乡村推荐的符合条件人员，可取消反担保；建立和完善贴息资金
市、县（区）周转制度。返乡青年不再等同于传统意义上的农民，
很多人在城市学习生活经历中，掌握了必要的知识和技能。他们
在年龄、知识、技术、能力等方面有相当潜力，创业愿望比较强
烈，能力也较强，完全可以作为建设社会主义新农村的生力军，
为推动城镇化发展、促进农村全面小康建设起到重要作用。在政策
上如何把返乡青年人力资源转化为"三农"的内生发展动力，是青
年创业工作需要关注的重点。2014 年 5 月，共青团陕西省委、省农
业厅下发新一轮次农村青年增收成才工作意见，首次提出结合一村
一品发展，大力促进青年农村电商创业，并启动一村一品青年电商
创业系列培训活动，同时还在各类农村青年致富带头人培训中加入
农村电商创业内容。

第三，关于复转军人返乡创业政策。《关于贯彻〈关于自主择业

的军队转业干部安置管理若干问题的意见〉的实施意见》（陕军转联字〔2001〕7号）提出为复转军人提供住房补贴、医疗保障、养老保险、就业培训、就业指导等服务。前述陕政发〔2007〕55号文件鼓励复转军人自主创业，要求"认真落实扶持高校毕业生和复转军人自主创业的政策措施，落实好复转军人自谋职业补助金制度，鼓励高校毕业生和复转军人主动走向社会创办实业"。该文件不仅将小额担保贷款扶持范围扩大到复转军人，同时还对复转军人规定了一些税费减免的政策。

组织实施了重点群体的创业专项行动，为不同的重点人群创业提供了政策支持。这些政策重视青年群体在年龄、知识、技术、能力等方面的差异，通过政策扶持、挖掘潜力，帮助他们成为社会创新的生力军。

2. 执行性与创新性相结合

第一，大部分政策属于贯彻国家有关文件精神而制定的。对于中央提出的全局性、战略性政策或举措，陕西省进行积极的对接和融入。例如2015年5月1日，《国务院关于进一步做好新形势下就业创业工作的意见》（国发〔2015〕23号），强调要深入实施就业优先战略，积极推进创业带动就业。陕西省政府于2015年7月8日结合省内实际就下发了《陕西省人民政府关于进一步做好新形势下就业创业工作的实施意见》（陕人社发〔2015〕56号）。X市结合实际情况于10月10日发布《X市人民政府关于进一步做好新形势下就业创业工作的实施意见》（市政发〔2015〕29号文件）。省内各地市均在落实国家战略中捕捉发展机遇，对于中央有明确规定和要求的政策，进行不折不扣的执行，提出具体贯彻落实的方案和意见。第二，对于中央提出原则性、方向性意见，允许和鼓励地方探索创新、先行先试的政策，陕西省政府及各地市、各部门结合自身实际提出具体化、可操作的措施，进行细化和创新。例如，前述陕人社发

〔2015〕56 号文件，省政府从四个方面对 12 项政策进行细化，从九个方面对 28 项政策进行创新，大胆探索，努力形成可复制、可推广的经验和模式，具有鲜明的导向性。

3. 注重发挥市场在资源配置上的主体性

创业是一种经济活动，催生的是市场主体，必须遵循市场规律。目前市场创业资源开放度还不够，市场化运营力度还有待改善，同时缺乏社会力量、相关企业参与的有效机制，政府资金的"药引子"作用和基金的杠杆作用没有得到充分发挥。为防止政策措施浮在表面，出现"两张皮"现象，2014 年，省政府决定"以引导鼓励民营经济参与大学生创业孵化工作为切入点，利用政府有限的扶持资金，撬动市场资源"。通过民营企业实现政府与市场的对接，以在民营企业创建大学生创业孵化基地工作为重点和突破口，在政策和资金上给予全力支持和倾斜，利用政府有限的扶持资金撬动庞大的市场资源，激活创业链条上各个要素的市场活力，更好地发挥了市场在配置资源上的主体作用，达到四两拨千斤的效果。

截至目前，陕西省已在全国率先从省级层面建立起一批以企业和其他市场力量为主体，市场化运作，综合运用创业扶持政策，提供个性化、差异化服务的创业孵化基地。其中，引导鼓励市场主体参与大学生创业孵化工作，已引起了社会各界的高度重视，各类市场主体热情高涨。陕西 D 集团、陕西 C 医药集团，以及 X 交大、X 翻译学院、X 思源学院等一大批企业和院校纷纷表示，愿意参与到大学生创业孵化工作中来。2014 年，X 外事学院被认定为省级大学生创业孵化示范基地后，将"鱼化龙大学生创业基金"由 500 万元追加到了 800 万元。2015 年 1 月 21 日，S 微软创新中心被授予省级创业孵化示范基地。作为陕西省政府与微软（中国）合作的重点项目之一，陕西微软创新中心建筑面积达 2545 平方米，可容纳 120 余家创业经济实体。成立之初，该中心就确立了"从项目到企业、从企业到产业"的孵化思路,建立了"孕育、孵化、加速"这一基于企业全生命周期的孵化体系。在打造成熟、灵活、高效的市场化创业孵化模式方面走在了全国前列。

（三）创业政策的成效

近年来,陕西省政府坚持把大众创业作为经济增长的新引擎和扩大就业新的增长点,以市场化创业孵化基地为载体,以创建创业型城市、实施大学生创业引领计划为抓手,不断完善政策支持体系和创业公共服务体系,有效优化了创业环境,营造了浓厚的创业氛围,使创业带动就业倍增效应充分显现。目前,全省呈现创业环境不断优化、创业服务渐趋完善、创业愿望明显增强、创业活动显著增多的态势:2012 年,X 市、BJ 市、WN 市荣膺"全国创业先进城市";2013 年,XY 市、H 市成功创建省级创业型城市;2014 年,T 市、A 市、L 市和 Y 示范区被确定为第二批省级创建创业型城市;截至 2013 年 9 月底,全省累计发放创业担保贷款 378.69 亿元,扶持创业 50.15 万人,带动就业 169.38 万人。2014 年,陕西省创业对新增就业的贡献率达到 45% 以上,全省城镇新增就业 43.6 万人,完成全年目标任务的 121.11%。[1]

在支持青年创业方面,政策"暖风"频吹,让青年感受到政府的态度与力度。陕西省团组织在创业政策的指导下,已初步建立起包括创业培训、典型选拔、平台搭建、活动组织、资源对接、代言发声等内容的青年创业工作体系。青年创业理论宣讲与创业培训力度明显加大,共青团开展的"创业英雄进校园"受到大学生欢迎,青年电商创业培训报名场面火爆;创业担保贴息贷款由原来的面向失业群体逐渐扩展到城乡创业青年群体,青年创业就业基金、高校毕业生创业基金等相继设立;青年创业园区、孵化基地大量涌现,

---

[1] 《市场主体参与创业孵化助大学生"圆梦"》,《陕西日报》2015 年 3 月 27 日,第 2 版。

全省各类青年创业协会组织已达 59 个。陕西省农村电商发展增速很快，2013 年陕西省农产品淘宝（天猫）平台销售额列全国第 17 位，高于店铺数排名，单店销售高于平均水平；销售增速高达 219%，列全国第二。

省内高校出台本校学生创业扶持政策。较为典型的有：一是，建立大学生创业园或创业实践基地。[1] 二是，广泛开展大学生创业实践教育。[2] 三是，开展大学生创业竞赛。[3]

三、青年创业政策的服务对象及其需求

青年创业政策的服务对象主要是 39 岁以下的青年创业者。通过对创业者群体基本特征和需求的了解和分析，有助于我们认识陕西省青年创业政策中的深层次问题。以下主要关注的是创业者群体的性别特征、年龄结构、创业领域、创业经历、创业资金保障以及创业者的教育培训等方面，结合 A、B 问卷的数据进行分析，从不同侧面梳理本省青年创业者的政策需求。

（一）青年创业者的特征

第一，男性占到创业者总体的 2/3 以上。A 问卷 543 份社会青年有效样本中，男性占 67.8%，女性占 32.2%。B 问卷显示，自主创业的高校毕业生中男性占 70.5%，女性占 29.5%。第二，近六成的创业者的年龄在 26—35 岁之间。据 A 问卷，26—30 岁年龄段的创业者是

---

〔1〕 1997 年年初，X 交通大学就开始建设交大科技一条街。1999 年 12 月被国家科技部、教育部批准试点，2001 年 5 月被两部正式认定为"国家大学科技园"。此后在陕其他高校都陆续建设大学生创业园，做"创业孵化器"。

〔2〕 例如，XB 农林科技大学将创业课程纳入人才培养体系，面向全校学生开设创业选修课。目前大学生创业实践教育工作在陕西省大部分高校都全面铺开，各校不断深化教育教学改革，通过创业立项、创业培训等手段，提升学生创新创业能力。

〔3〕 例如，2014 年由 XB 工业大学承办的"创青春"陕西省大学生创业大赛共有 41 所高校的 695 个项目参赛。XB 政法大学连续多年在校内举办 X 大学城创业大赛；X 石油大学承办陕西省高校电子商务创业实战大赛等。

整个青年创业群体所占比例最大的一个年龄段（占32.1%），其次是31—35岁年龄段（占26.1%）。第三，创业者大多在毕业之后才开始创业。毕业生自主创业率极低。据B问卷，2014年省内高校应届毕业生自主创业人数只有95人。这个比例远低于全国大学毕业生自主创业平均比例（2.9%）。[1] 其中，硕士生占8.4%，本科生占75.8%，专科生占15.8%。理工类专业的大学生有着更高的自主创业率（占50.5%），文史类和艺术类只有34.7%和14.7%。理工类、艺术类专业毕业生从事自主创业的行业大部分和自身专业相关；文史类专业毕业生从事自主创业的行业则和自身专业相差较远。第四，2/3的青年创业者处于初期创业阶段，其创业活动持续的时间在1—3年之间，绝大多数的青年创业者有1—2次创业经历。创业时间和次数是考察样本创业经历的指标。据A问卷数据，创业时间在1年以内的占样本总数的37.6%，1—3年的占28.7%，3—5年的占14.9%，5年以上的占18.8%。首次创业的占总数的44.4%，创业过两次的占总数的33.7%，创业过3次的占总数的17.1%。创业过4次的所占比例最小，占总数的1.7%。创业过5次及5次以上的占总数的3.1%。这表明很多青年创业者尚未经历过多次创业失败，创业经验尚不成熟。第五，创业领域倾向于多元化。据A问卷统计，创业广泛分布于批发与零售业、居民服务和其他服务业、公共管理和社会组织、住宿和餐饮业、科技服务、信息传输、计算机服务和软件业、

---

[1] 自主创业是指毕业生毕业时已创立企业（取得企业资质），且为该企业的所有者或合伙人。我省大学生自主创业率远远低于全国平均水平，其中原因很复杂，但以下因素是需要考虑的：第一，教育部门统计口径中的时间节点为毕业当年的7月中旬。一些实际在创业，却没注册或正准备创业的学生没有统计在内。第二，省内大学生创业的社会文化整体环境相比京、沪、粤、浙等省市相差较远。第三，学生缺乏创业意识，平时以专业课学习为主，较少接触社会。第四，创业教育整体滞后。在课程设置上，一些高校没有开设创业教育课程，一些高校将创业课程融入就业指导课程中，但从课程设置到授课阶段都没有给予足够的重视。

网络媒体等诸多领域，但教育和培训（占 15.5%）、电子商务（占 15.1%）等行业备受青睐。据 B 问卷，大学生自主创业的行业中最多为批发和零售业（占 18.9%），其余是居民服务和其他服务业（占 13.7%）、住宿和餐饮业（占 13.7%）、信息传输、软件和信息技术服务业（占 9.5%）、租赁和商务服务业（占 7.4%）、教育行业（占 7.4%）。

（二）青年创业者的需求

（1）希望了解和熟悉创业政策。据 B 问卷的调查，在校大学生中有 60.0% 的人表示有创业意愿，但仅有 8.5% 的人表示毕业后先创业。创业意愿与创业行动之间所存在的明显错位说明，尽管在校大学生已有较强的创业意愿，但能将创业意愿付诸实践的却相对鲜见。究其原因，有受访者表示失败的后果难以承担（29.2%），有人表示可以找到合适的工作（24.8%），还有人表示对创业前景持悲观态度（16.6%），等等。据 A 问卷的调查，更深层次的原因可能仍在于青年创业者对政府扶持青年创业的优惠政策的不了解（不了解的占 76.4%，参见表 2-1）、低关注度（占 63.6%，参见表 2-2）和低熟悉度（78.6%，参见表 2-3）。因此，了解、关注、熟悉本省青年创业的优惠政策，事实上已成为我省青年创业者的基本需求之一。只有积极加强对青年创业者创业活动的宣传和引导，帮助其了解、熟悉本省青年创业的优惠政策，才能有效地将潜在的创业动机发展为切实的创业行动。

表 2-1　您是否了解政府扶持青年创业的优惠政策？

是否了解	频次	百分比（%）
是	128	23.6
否	415	76.4
总计	543	100.0

表 2-2 您对政府扶持青年创业的优惠政策的关注程度如何？

关注程度	频次	百分比（%）
经常关注	198	36.5
偶尔关注	293	54.0
不关注	52	9.6
总计	543	100.0

表 2-3 您对政府扶持青年创业的优惠政策的熟悉程度如何？

熟悉程度	频次	百分比（%）
很熟悉	15	2.8
比较熟悉	101	18.6
不太熟悉	329	60.6
很不熟悉	98	18.0
总计	543	100.0

（2）希望提升创业教育的质量。B 问卷的调查显示，大学生对高校开展的创业指导工作的总体评价相对偏低。其中，有 68.9% 的受访者对学校创业服务工作表示不满意或低满意度（参见表 2-4），有 79.0% 的受访者对学校创业指导课程的效用性评价较低（参见表 2-5）。同时，有 74.9% 的受访者则表示学校的创业教育既存在"缺少创业实践机会"，也存在"只注重书本知识，针对性不强"方面的问题（参见表 2-6）。

表 2-4 您对学校创业服务工作的总体评价是？

总体评价	频次	百分比（%）
不满意	3249	9.6
一般	20018	59.3
比较满意	8540	25.3
非常满意	1937	5.7
总计	33744	100.0

表2-5 您对学校的创业指导课程的总体评价是?

总体评价	频次	百分比（%）
没什么用，不满意	3866	11.5
很枯燥，缺乏针对性	4943	14.6
一般	17836	52.9
很有用	5971	17.7
其他	1128	3.3
总计	33744	100.0

表2-6 您认为学校的创业教育是否存在以下问题?

存在的问题	频次	百分比（%）
老师的知识和能力不足	1599	4.7
只注重书本知识，针对性不强	7164	21.2
缺少创业实践机会	18136	53.7
无	6399	19.0
其他	446	1.3
总计	33744	100.0

此外，当问及"造成创业困难的主要原因"时，受访者中认为个人能力不足的占17.9%，缺乏创业经验的占26.2%，缺乏有效创业指导的占14.6%，三者合计占58.7%（参见表2-7）。可见，有相当数量的青年创业者认为，创业技能与经验的缺乏、创业指导工作的不足是阻碍其创业的重要原因。由此可见，提升创业教育的质量事实上已成为青年创业者的需求之一。《关于做好2014年全省普通高等学校毕业生就业创业工作的通知》（陕政办发〔2014〕65号）中明确指出，要开展创新创业教育，深入开展创业培训进高校活动。应切实落实该文件规定，加强、提升高校创业服务的针对性和有效性，以提升青年创业者对此项工作的满意度。

表2-7 您认为造成大学生创业困难的主要原因是?

主要原因	频次	百分比（%）
个人能力不足	15657	17.9
缺乏创业经验	22831	26.2
缺乏有效创业指导	12732	14.6
行政审批手续繁琐	5740	6.6
缺乏创业场地	2829	3.2
资金缺乏	16374	18.8
缺乏好的创业项目	5641	6.5
学校创业教育落后	1761	2.0
家庭不支持	1417	1.6
缺少创业伙伴	2137	2.4
其他	140	0.2
总计	87259	100.0

（3）希望加强创业资金的扶持。A问卷调查显示，当问及"在政府为创业青年提供的以下服务中，您认为哪一项是目前最重要的"时，有接近半数的受访者选择了（47.5%）"提供启动经费和帮助融资"（参见表2-8）；同时，当问及"导致创业困难的主要原因"时，与资金获取有关的"资金匮乏"及"政府支持（如优惠的税收、补贴等）不够"合计占到24.1%（参见表2-9）。此外，对创业者"最初的创业资金的来源渠道"的统计显示，"自有资金"与"向亲友借贷"是受访者主要的创业资金获取渠道，两者分别占到总数的31.9%和35.5%（参见表2-10）。

表2-8 在政府为创业青年提供的以下服务中，您认为哪一项是目前最重要的?

服务类型	频次	百分比（%）
提供启动经费和帮助融资	258	47.5
提供场地	23	4.2
信息咨询	35	6.4
教育培训	47	8.7
建立公平、公正、公开的政策法律体系	91	16.8

服务类型	频次	百分比（%）
搭建展示交流平台	85	15.7
其他	4	0.7
总计	543	100.0

表 2 - 9　认为造成您创业困难的主要原因有哪些？

主要原因	频次	百分比（%）
个人能力不足	140	9.8
缺乏创业经验	279	19.6
缺乏有效创业指导	189	13.2
政府行政审批手续繁琐	124	8.7
政府相关信息不公开	52	3.6
政府各种资源分配不公	87	6.1
政府支持（如优惠的税收、补贴等）不够	98	6.9
缺乏创业场地	30	2.1
资金匮乏	245	17.2
缺乏好的创业项目	59	4.1
创业教育培训不够	43	3.0
缺少创业伙伴	60	4.2
家庭不支持	12	0.8
其他	9	0.6
总计	1427	100.0

表 2 - 10　您最初的创业资金是从哪种渠道获得的？

渠道	频次	百分比（%）
政府专项的创业基金	33	3.8
社会的创业基金或风险投资	29	3.3
高校的创业基金	29	3.3
向金融机构贷款	90	10.2
向亲友借贷	312	35.5
自有资金	281	31.9

渠道	频次	百分比（%）
团队集资入股	91	10.3
其他	15	1.7
总计	880	100.0

据此可知，青年创业的初始资金往往来源于个人或家庭劳动收入积累，这也从侧面反映出，创业资金来源渠道除了依赖自身储备之外，其他渠道尚未完全打开，这无疑在一定程度上制约着青年创业者创业计划的实施。

深度访谈中也有不少创业者认为，资金匮乏、融资有限以及其他创业基金政策太过严格等现象是创业过程中普遍存在的问题。不少创业青年希望政府出台更利好的创业政策，以期在资金方面得到更为有力的支持。因此，进一步加强对创业资金的政策扶持成为创业青年的重要政策诉求。

（4）希望完善创业环境和载体。A问卷调查发现，青年创业者对创业环境的不同方面均存在不同程度的需求（见表2-11）：第一，创业信息平台方面，不少青年创业者认为还存在问题。深度访谈中，X市某创业青年就提到"投资创业的整体环境差"，"政府未创办一个青年创业者向成功企业家咨询的平台，而这样一个平台又是亟须的"。第二，需要政府深化体制、机制创新，提升完善有利于人才集聚、创新创业的政策环境和服务体系。调查显示，17.2%的受访者表示"需要高效、公平、公正地提供和反馈市场信息和创业项目信息"，有9.3%的创业青年认为"需要政府为其购买专家服务，加强创业指导和培训"。第三，需要聚集创业企业，促进成果转化、孵化的载体。创业初期，青年创业者需要创业孵化基地提供较为完善的服务体系。调查发现，创业园区良好的环境受到大多数创业青年的青睐。受访创业青年普遍认为，创业园区的氛围有利于创业资源、信息的集中利用和共享，有利于企业的起步和成长。深度访谈中，某创业孵化器负责人也表示："目前的创业载体建设仍然需要将规模效应、发射效应和带动效应发挥出来，提高政府创业服务和政策扶持力度。"多位孵化基地工作人员认为："创业培训和指导存在'效率低''人数有限'等问题，应当依托陕西省高校集聚的优势，引入智力支持，提升创业载体的技术含量，打造服务品牌。创业载体需要进一步完善督导、指导、服务功能，还需要按照'一条龙、全方位'的要求，进一步推广'一站式、一柜式、一窗式'的服务模式，建立、健全专业经办、委托代办、专人帮办等制度，不断提高服务质量和创业成功率。"

表 2 – 11 您希望政府为青年创业提供哪些主要支持?

主要支持	频次	百分比（%）
建立创业孵化基地	189	14.1
加强硬件设施建设	92	6.9
购买专家服务，加强创业指导和培训	125	9.3
提供体系性的创业教育	151	11.3
高效、公平、公正地提供和反馈市场信息和创业项目信息	231	17.2
必要的资金支持	336	25.0
举办创业计划大赛、评比、授牌、提供展示交流平台	64	4.8
提供一站式的服务	148	11.0
其他	6	0.4
总计	1342	100.0

四、青年创业政策存在的问题

（一）政策缺乏协调性和系统性

创业是一个相当复杂的系统性行为，不是一个孤立的部门或政策就可以解决的，故创业政策要有协调性和系统性，要在各单位、部门积极履职的基础上统筹规划。但是，课题组调研中发现：

第一，现有政策存在"碎片化"问题，系统性不强。首先，条块分割，政出多门。陕西省促进青年创业工作涉及人力资源和社会保障、财政、商务、科技、工商、税务、中小企业办等多个政府部门，以及共青团、工会、妇联等群团组织和银行、小额信贷担保等金融机构。创业政策大多散见于上述不同级别、单位、部门的文件中，缺乏统一性、连贯性。陕西省目前尚未明确哪个机关负责协调这些政策。各单位在制定本单位文件时缺乏必要的沟通，往往以自身工作内容为中心，不太关注其他单位的相关政策。促进创业工作尚未形成整体的合力，各部门工作衔接和整体推进的力度还不够强，各政策制定机关尚未建立统一的创业服务平台，并且创业工作在同一机关内部也往往被分解为若干片段。以陕西省人社厅为例，创业政策和创业服务就由两个工作部门（就业促进处和军官转业安置处）、三个直属单位（陕西省再就业服务中心、陕西省人才交流服务中心和陕西省劳动就业服务局）分别负责[1]。其次，多部门分别制

---

[1]　其中就业促进处负责：拟订全省创业、就业相关政策；指导和规范全省公共就业服务信息建设工作并组织实施；参与拟订全省专项就业资金使用管理办法；牵头拟订全省高校毕业生就业政策，负责全省各类院校毕业生就业指导；拟订全省就业援助和特殊群体就业政策；牵头做好全省就业信息监测和就业形势分析。军官转业安置处（省军队转业干部安置工作领导小组办公室）负责：拟订全省军队转业干部安置、培训政策；承担自主择业军队转业干部管理服务工作；组织拟订部分企业军转干部解困和稳定政策。人社厅的直属机构陕西省再就业服务中心（陕西省小额担保贷款中心）负责为创业者申请贷款提供"一站式"服务，"一对一"的创业指导和贷前培训、贷中监管、贷后催收。陕西省人才交流服务中心（和中国X人才市场合署办公）负责毕业生就业创业服务。陕西省劳动就业服务局负责全省创业促就业和创业服务体系建设、全省创业型城市和创业孵化基地规划建设、全省创业培训和就业训练中心业务指导、全省SIYB创业培训教师和教学管理、省属就业创业培训定点机构认定、日常就业创业培训业务经办、大学生创业引领计划、创业明星评选、创业大赛、创业论坛、创业博览会、创业宣传等工作。

定的相同主题的政策缺乏统一部署。以《就业创业证》为例，2014年年底，根据促进就业创业工作需要，人社部发出通知，将《就业失业登记证》更名为《就业创业证》，要求"各地可新印制一批《就业创业证》先向有需求的毕业年度内高校毕业生发放"。为落实此政策，陕西省人社厅在 2015 年 1 月发布消息："各市可先向有需求的毕业年度内高校毕业生发放，由高校就业指导中心向当地公共就业和人才服务机构统一申领，报送毕业生相关信息并登记后直接向符合条件的学生发放。"但时至 2015 年 12 月，本省高校尚未接收到人社厅就高校毕业生申领《就业创业证》而制定的关于申领办法、程序的文件。

第二，无论是国家政策还是省级政策，都存在覆盖面不够广泛的问题，即政策上存在空白点。从纵向看，创业政策体系在省、市、县层面相对完善，但是在社区或乡镇层面却相对匮乏。因为资金、编制、人员等因素限制，基层创业服务机构还没有普遍建立，创业指导、培训、政策扶持等创业服务工作或没有全面展开或流于形式。从横向看，针对的不同的创业主体也存在政策覆盖面的不足，例如，一些政策将在校大学生排除在外。很多通过高等院校创业比赛以及相关创业项目获得创业机会的在校大学生并没有获得足够的政策扶持和政策优惠。又如，创业政策开放度不够，不少政策与户籍捆绑，将许多外地青年拒之门外。在实际的贷款、融资、创业培训等工作中，一方面强调对某些群体的特殊扶持，但在另一方面却限制了这些群体之外的创业主体，因此，政策的覆盖面尚需进一步拓宽。

（二）政策操作性不强、落实不到位、考核措施不完善

尽管近年来陕西省出台了不少鼓励青年创业的政策，但"只听楼梯响，不见人下来"，落实情况不够理想。部分政策条文原则性、概括性较强，有说法，但没有及时制定具体操作办法，到了基层依然难以执行；有的即使明文作了规定，但缺乏落实的主管机构和具

体措施。有些政策不够成熟和理性，缺乏对产业、经济的精准定位。如一哄而上、盲目地鼓励建设孵化器等创业载体。又如，对于高校创业机构设置，在教育部门的政策中仅有一句"建立健全学生创业指导服务专门机构"的表述，并未对具体人员配置、经费筹措、硬件标准作出具体要求。省内很多高校创业工作分工不清，教务、团委、就业、学生部门均在参与创业服务工作，各部门职能模糊，权责不清。再如，有大学生村官反映，按照目前政策，他们既可以享受大学生创业贷款政策，也可享受农村青年创业贷款政策。但在现实中，一些高校认为他们已经在农村工作，无法再享受大学生创业政策；而一些地方又认为他们没有本地户口，无法办理贷款。

好的政策要贯彻落实才能产生预期的效果。对于政策实施效果进行科学评估，是检验政策的适用性、科学性的必要手段。然而，由于关于创业政策执行的评价与问责机制比较欠缺，尚未对青年创业政策进行整体评估，政策实施的日常检查、监督、惩罚、奖励措施也不够，致使政策的实施效果大打折扣。

对于创业工作，高层积极推动，各级领导热心倡导，广大青年热烈响应，但一些办事机构、一些工作人员没有相应"热"起来，归根到底是考核、惩罚奖励措施没有跟上，使一些机关、干部错误地认为政府促进创业工作是"软性"的工作，缺乏硬性的考核指标；做了工作，成效未必马上显现，不做工作也未必很快出现不利后果，由此产生态度消极和不作为的问题。

（三）政策宣传的形式单一、效果不佳

创业政策制定出来只是第一步，主动广泛地宣传这些政策，使其能为创业青年所知、所用，才是最关键的。各省市为营造自己的创业氛围，培育特色鲜明的创业文化，纷纷创造自己的"名片"。如浙江省提出了"创业富民、创新强省"的战略，重庆、长沙等城市则提出打造"创业之都"的口号。对此，陕西省也应打造自己的

"创业符号",以此来激发创业者的激情,营造良好的创业氛围。然而,陕西省的创业者对创业政策了解不多。前文问卷调查发现,只有2.7%的青年创业者对政府的政策很熟悉,"不太熟悉"的占60.6%,"很不熟悉"的占17.6%。调研中,不少创业者认为政府的信息服务比较封闭、效能十分有限。目前,政府并没有设立专门的统一的机构负责全省性的创业信息的发布,也没有建立专门的权威的网站供有意创业者查询,政府对创业政策的信息公开度还有待提高[1]。调研中发现,绝大部分创业者主要依靠孵化器和社会组织举办的民间的交流、路演活动获取信息。

创业政策的宣传需要寻找新的思路和方法,拓宽宣传的覆盖面。青年创业群体分散度较高,集中的、传统的政策宣传方式可能无法产生应有的效果。这在一定程度上反映了我们创业政策宣传环节存在不足;在新媒体环境下,政策的宣传应当针对不同的创业主体采用多种渠道和方法进行。

(四)资金政策的扶持力度不大、宽容度不高

与发达省份相比,陕西省的创业扶持还缺乏大政策出台、大基金支撑、大投资跟进,总体还是在就业工作的盘子里分一杯羹,专项创业资金匮乏。青年创业基金总量合起来不及一个亿。

陕西省的大学生创业资金扶持政策主要是行政性收费(即证件费、手续费等)的减免。即使减免的项目较多,算起来也不过几百元,而且要获得这些减免,相关手续也很繁琐,这样就使得该政策在实践中的效用发挥有限。某创业导师就谈到,X市的创业扶持力度小于同为西部城市的成都,故成都出现有竞争力的创新企业而X

---

[1] X市就业服务中心主办的"X市就业创业公共服务信息网"(http://www.xacyfw.com/)由于业务调整等原因从2005年8月至今一直关闭。课题组在其关闭之前曾浏览过其"留言"栏目,发现咨询的人很少,而且咨询的问题大都和创业没有实质性关系。由此可见该网的社会关注度不高,实际发挥的效能一般。

市还未出现。陕西省青年创业者申请小额担保贷款，各种条条框框限制较多，难以获得实惠。如贷款的主体排除了在校生，相关融资政策对资助对象均要求是"毕业生"，同时还要求成立实体企业者。而反观四川省政府，其 2014 年 5 月出台《关于加大力度促进高校毕业生就业创业的意见》，已将创业优惠政策扩大至在校大学生，除了对已成立实体公司的大学生进行补贴外，对在电子商务网络平台开办"网店"的大学生给予 1 万元创业补贴，同时可享受小额担保贷款和财政贴息政策。由此看来，陕西省的政策相对保守，对创业者宽容度不高。一些有前景、处在种子期的项目只好"孔雀东南飞"。

（五）"众创空间"、创业服务的社会化与市场化政策的创新力度不够

创业服务的社会化与市场化机制离不开社会组织的参与。这种政策的支持通常需要落实在一个实体上，这就是创业载体（"众创空间"）。"众创空间"是顺应经济新常态下的创新创业的特点和需求，通过市场化机制、专业化服务和资本化途径构建的低成本、便利化、全要素、开放式的新型创业服务载体的统称。这类载体（平台）为创业者提供了工作空间、网络空间、社交空间和资源共享空间。"众创空间"是建立在各类创业载体的基础之上，一个开放式的创业生态系统。

如前文所述，创业信息平台方面，不少青年创业者认为还存在问题。有利于人才集聚、创新创业的政策环境和服务体系还需要进一步提升。青年需要聚集创业企业，促进成果转化、孵化的载体。调研发现，青年创业载体和平台方面，陕西省有"六个平台"尚未完全建立或已经初步建立却很不完善：第一，青年能便捷找到的网上服务平台和办事窗口，能融政策宣传、创业咨询、资金项目申请、活动参与等为一体；第二，青年能集中展示的活动平台，能整合创新创业大赛活动，提升规格，扩大范围，增加社会与投资参与；第

三，青年能充分依赖的融资平台，能把政府的补贴转化为银行、企业、风投等参与的创业基金，扩大杠杆效应，做大基金盘子，大力扶持种子基金、天使基金；第四，青年能广泛交流的组织平台，如全省性的青年创新创业协会尚未组建，缺乏统一的组织来承办相关活动与项目，加强创业交流；第五，青年能有效参与的实践平台，如青年创业园区、创业社区、创新工厂等创业孵化基地；第六，青年创业师资平台，能邀请创业成功人士、企业家、社会各界代表等组建全省性的创业导师团队进行精准指导。

上述平台都需要在基层整合，因此，扶持基层创业公共服务机构的政策尤为关键。陕西省应当在政策上充分调动各级政府的积极性、主动性，整合各类社会资源，大力保障"众创空间"的建设，打造一个开放式的创业生态系统。

（六）创业教育和培训政策还不能有效满足青年需要

目前，陕西省大多数高校都开设了就业指导课，并将创业教育作为一个教学单元对大学生进行授课，取得了一定的成效。但是，调研中也发现，不少聘请来的指导老师缺乏足够的市场和企业运作经验，课堂上讲授的内容与市场实际运行脱钩，培训本身没有做到理论联系实际。首先，忽视实践能力的培训。创业培训大多采用传统的课堂教学方式，偏重理论知识传播，缺乏实践的指导。很少有高校聘请财政、劳动保障、工商、税务等部门具有较高水平的专家组建创业培训联合体来负责创业培训的师资、政策咨询、业务指导及协调服务工作。其次，许多创业培训课程安排不当。例如，在小额担保贷款、企业开发指导、企业发展服务、自主创业项目研究、市场前景调查、模拟自主创业实践能力上缺少相应的课程模块。

总之，大学生创业教育，缺优秀导师、缺生动案例、缺与校外资源的对接，最终体现为难以有效满足青年需求：想听的案例课比较少，想见的创业导师轻易见不上，创业教育效果大打折扣。因此，高校特别需要将社会创业培训体系引入课堂，与学生专业知识、职业教育、实际创业需求相结合。目前高校缺乏必要的创业实践能力锻炼平台。创业活动有很大风险，大学生降低创业活动风险的有效方法就是先模拟创业，这就需要一个模拟创业的实践平台对学生提供多维的创业咨询服务。

五、完善青年创业政策的建议

（一）加强各单位、部门政策之间的统筹协调

第一，为整合各方资源，统筹、协调创业扶持政策的制定和执行，建议建立联席会议制度或成立"创新创业工作领导小组"，搞好政策的顶层设计。按照 2015 年 8 月 14 日《国务院办公厅关于同意建立推进大众创业万众创新部际联席会议制度的函》的规定，国务院进行了机构统筹和协调，建立由发改委牵头的推进大众创业、万众创新的部际联席会议制度。循此先例，陕西省也应明确党委、政府和群团组织在创业工作中的分工与责任，特别是明确政府在创新创业工作中的定位和地位，做到既不缺位也不越位。第二，组织政策研究部门和相关专家，尽快系统梳理和清理省内各级单位和部门已发布的有关支持创新创业发展的政策。对于缺乏的，尽快予以调研和制定；对于互相矛盾的，予以统一；对于过时的，予以废止。通过此举，可减少政策的数量，并使政策得以系统化，明确政策的内容及其具体负责部门，有利于政策的衔接和执行。同时，建立新创业政策的协调与审查、备案制度，增强政策的连贯性和统一性。

（二）加强政策的落实和问责

第一，改进政府服务方式，简化工作流程，明确细节。例如，创业贷款的申请需要进一步简化程序、降低门槛、缩短周期，政策落脚点要再低一些，更倾向于初创项目的扶持。总之，各类创业政策实施办法要再细一些，建立一站式服务平台，推动办事网络化、

公开化、电子化。第二，加大对创业政策落实的检查力度。建立和完善通报制度，对创业优惠政策落实情况进行重点检查，打通决策部署的"最先一公里"和政策落实的"最后一公里"。确保各项政策措施落地生根，为青年创业营造一个更加便捷、高效的创业环境。探索建立科学化的省、市、县各级创业工作评价指标体系，以类似"克强指数"的核心指标，让相关部门在工作中迅速找到抓手，也让各地创业工作评价有统一标准可循。因为创业型就业认定缺乏标准，难以统计，故目前政府创业工作仍囿于就业指标统计之中，这必须在政策理念和制度上尽快实现转型，如此才能真正体现创业带动就业的精神。第三，对创业政策的实际效果进行研判、评估。建议由有关部门牵头，在全省范围内定期或不定期进行青年创业需求或满意度调查，根据调查结果及时出台具有针对性的政策和措施，提高政策制定的有效性。对于社会效果明显的创业政策应当大力推行；对于社会效果不明显的，要找出症结所在，及时作出修改调整，以避免公共资源和社会资源的浪费。建立政策执行评估体系，提倡对创业政策的执行进行第三方评估。第三方评估是指由政策制定者和执行者之外的第三方来评估，这有助于避免政府自我评价，既当运动员又当裁判员。李克强总理强调："第三方评估对政府工作既是监督，也是推动，要形成制度。"近年来，国务院曾委托多个第三方机构，对部分重点政策措施的落实情况进行评估。建议陕西省也循此例对创业政策落实情况进行评估。第四，将创业工作纳入工作考核内容。对落实政策差的机关、部门要予以通报批评，限期整改，对推诿塞责且整改不力的部门，应追究相关人员的责任。

（三）重视政策的宣传和创业氛围的营造

第一，重视并加大政策的宣传工作。首先，建立权威、可靠的创业信息发布机制，建设多层次多形式的创业信息交流平台，使青年创业者能以最方便、最熟悉的方式来获取信息。让创业信息激发青年的创业热情，降低其创业的成本和风险。其次，通过政策的宣传培育社会创业文化，通过创业文化让创业政策深入人心。为了加强创业文化建设，营造尊重创业、崇尚创业、支持创业、竞相创业的创业环境和舆论环境，建议尽快凝练和制定本省的创业战略及其口号。第二，制定务实的创业大赛政策。创业大赛有整合要素、搭建服务平台、引导社会资源支持的积极意义。有不少参赛者通过比赛的训练，可以对自己的创业项目予以完善并积累人脉、获得投资人认可。但是，当前已有一哄而上搞形式主义的不好苗头。各种创业大赛名目繁多，部分参赛者是抱着拿大赛奖金的目的（俗称"黄牛创业者"或"跑赛者"），甚至出现了一些打着创业旗号的诈骗行为。所以，应出台相关政策促使创业大赛办出实效，避免频繁、重复举办大赛，解决重评审轻扶持，获奖之后束之高阁的问题。

（四）加大或提高资金政策的支持力度、开放度和风险容忍度

第一，进一步加大资金政策的支持力度。首先，积极落实现有创业资金扶持政策，发挥财政资金的引导作用；发展鼓励性资金扶持政策，鼓励各类社会资本投资创业创新和支持发展新兴产业，积极引进境内外天使投资、创业投资、证券投资等私募股权投资在陕西省发展；建立信用担保机构，作为连接银行和创业者的桥梁。其次，出台政策提高资金扶持额度，特别是高新领域创业的小额贷款扶持额度。第二，进一步提高政策开放度与风险容忍度。逐步将扶持方式从选拔式、分配式向普惠式、引领式转变。逐步解除扶持政策和户籍之间的捆绑关系。建议修改政策，允许非本地户籍青年申请创业贷款，吸引更多创业人才聚集。同时，大学生村官的贷款问题、电商企业的贷款抵押问题也应改变解决方式。

（五）加强"众创空间"、创业服务社会化与市场化的政策创新

第一，发挥好群团组织作用，特别是对团组织开展青年创业工作给予更大政策空间。建议赋予共青团一定政府职能，如制定全省

青年创业平台专项资金政策，同时借鉴全国其他地方的先进经验（如武汉市鼓励大学生到科技企业孵化器创新创业的"青桐计划"以及创办的汉版巴菲特午餐"青桐汇"）。支持团组织开展大规模、成体系的青年创业培训，充实青年创业基金，依托省团校创建陕西省青年创业学院等。发挥高校团组织在大学生创业服务中的积极作用，从场地、资金、项目等方面给予支持。第二，尽快制定充分融合产学研，鼓励、支持驻地科研机构及高校参与创业的政策。陕西省教育及科技资源丰富，应充分发挥资源优势，将科研教育机构纳入创业政策体系，通过发挥这些机构及专业技术人员的积极性、主动性及专业优势，带动创业工作。这方面其他省市已有相关政策可以借鉴，例如上海市人社局、教委、科委 2015 年下半年联合制定《关于完善本市科研人员双向流动的实施意见》，规定科研人员可带项目和成果离岗创业，在创业孵化期内高校、科研院所保留其人事关系，职称评定资格不受影响。第三，完善发展和鼓励民间经营性创业服务机构的政策。首先，完善鼓励民间经营性创业服务机构发展的政策，出台措施激励民间创业服务机构参与到创业活动中来。例如，对民间经营性创业服务机构采取税收优惠、工商登记简化、创业信息共享等一系列措施，大力发展经营性民间创业服务机构。其次，完善政策促使政府的创业公共服务机构与民间经营性创业服务机构形成创业服务体系，实现创业服务多元化发展，以满足不同创业主体的创业服务需求。例如，通过整合民间的创业服务资源，为青年创业教育提供各种支撑服务体系的互动与配合。鼓励民间组织机构（中小企业服务机构、创业培训机构、资质评定机构、风险投资机构等）、非营利组织、项目基金、新闻媒体等，为青年提供创业担保基金、小额贷款、优惠政策、法律咨询、创业实务指导以及创业能力提升等方面的服务。第四，完善扶持基层创业公共服务机构的政策。首先，完善促进社区一级设立创业服务机构的政策。利用公共服务大厅设立创业服务指导窗口，将创业服务延伸到基层社区，提供项目开发、创业指导、创业培训、小额贷款、税费减免、创业政策咨询等"一条龙"服务，同时吸纳社区内离退休干部和企业管理者等志愿者参与服务。其次，完善监督政府履职的政策。例如，要求政府及其相关部门在城乡规划时优先做好本地区创业所需场地、场所的规划建设工作，做好基础设施和水、电、暖、气及交通、通信等配套设施建设，保障本地区劳动者的创业所需。在进行旧城改造、城中村拆迁过程中，优先考虑在繁华路段建设创业商业街，逐步实现与创业园区、孵化器的连接，给创业者提供廉价的经营场地，提升集聚发展效应。再次，为基层创业服务发展提供人才保证。在政策上要明确和细化机构设置、人员编制、资金投入，明确职能职责和工作岗位，定编定员，做到专职专用。最后，完善对基层创业工作人员业务培训和工作指导的政策，努力提高工作队伍的整体素质，提升工作人员的办事效率。

（六）进一步完善教育和培训体系、机构和师资培养制度

应通过完善政策来建立多层次的创业教育支持体系。例如，建立省内高校创业教育指导机构，对各高校创业教育和教学改革进行指导和监督；组建优秀的创业教育师资队伍，通过政策加强创业教育师资队伍的建设；有效地提高创业教育的质量。在政策方面，课题组建议：第一，完善创业教育培训体系。既要充分发挥社会专业培训机构的作用，又要发挥好科研机构及高校的作用，努力实现各类创业培训教育资源的最优化。针对不同群体的特点，进一步完善培训内容，创新培训模式，推广模拟创业、创业实训、案例培训等先进培训方法，提高培训质量。整合政府和社会的各类培训项目、培训资金，进一步完善培训机构备案、培训标准制定、质量督导和绩效评估、实名制动态管理等工作制度。第二，完善高校创业教育机构。建立高校创业教育中心。开设系列创业课程，创办大学生创

业孵化基地、大学生创业咨询服务中心和大学生创业基金等。进一步放活高校创业政策，在休学创业、创业与就业统筹考核、教师参与创业的评价、创业学分管理等方面制定实施细则。第三，建立创业师资培养制度。没有创业导师，创业服务就是无源之水。需要通过专兼职相结合等方式，形成比较健全的创业师资制度。

第三章

青少年的社会教育研究

在经济社会快速发展、社会生活丰富多彩、信息传播手段日益多元化的情况下，社会教育在青少年思想观念的形成和社会化过程中发挥着越来越重要的作用。它是促进青少年全面发展，引导青少年行为，预防越轨失范和违法犯罪的重要环节。为了研究当前陕西省社会教育的变化趋势和存在问题，课题组进行了陕西省重点青少年社会教育的调研，旨在通过对普通青少年和重点青少年接受社会教育情况的对比分析，探索青少年社会教育对预防青少年违法犯罪的作用，研究青少年社会教育和青少年群体身心发展的相关性，探索社会教育在预防青少年违法犯罪方面的机制。

一、调研对象和方法

（一）调研对象

社会教育是指由政府、公共团体或私人所设立的社会教育机构对社会全体成员所进行的有目的、有系统、有组织、独立的教育活动[1]和学校教育相比，社会教育具有开放性、多样性。和家庭教育相比，社会教育具有同辈性和广泛性。青少年的社会教育是聚焦青少年社会化的教育活动，以公共社会生活为基础，以青少年主动参与社会活动和经验性体验为特点，培养青少年亲社会的行为和思想情感、观念等，培养其作为社会成员的基本素质。社会教育对象涵盖的范围非常广泛，可以说包括所有的社会成员。为了保证课题研究的有效性、可行性，课题组把青少年，特别是重点青少年作为主要研究对象。青少年包括未成年人（18 岁以下）和成年人（18 岁至 35 岁），而本课题组主要调研对象是处在身心发展中的 13 岁至 24 岁的青少年群体，鉴于青少年的成长发展是动态过程，也有部分问

---

[1] 参见王雷：《社会教育概论》，光明日报出版社 2007 年版，第 41 页。

卷涉及其他年龄段的青少年。

课题组主要针对预防青少年违法犯罪工作的对象人群——重点青少年进行调研。共青团权益工作一般把五类人群归入重点青少年的概念，即不在学或无职业的闲散青少年、有不良行为或者严重不良行为的青少年、农村留守儿童、受救助的流浪乞讨青年、服刑在教人员未成年子女。由于调研时间、人员等所限，本章主要研究以下青少年：一是有不良行为或者严重不良行为的青少年。按照预防未成年人犯罪法关于不良行为、严重不良行为的法律界定，为确定具体样本，调研中主要针对经常因违法受治安行政处罚或接受工读教育、劳教或者犯罪（收监执行）的青少年。二是不在学校或无职业的闲散青少年、流浪乞讨青少年、留守儿童。上述两类人员都是已经具有违法犯罪行为或违法犯罪可能性较大的，是预防青少年违法犯罪工作的重点群体。

（二）研究方法

（1）问卷调查。首先，问卷设计。课题组在设计调查问卷之前研读了大量相关文献资料，根据试调查反馈的意见，课题组专门在2012年9月24日召开小型研讨会，拟定、讨论、修改并最终完善调查所需的问卷。调查问卷由三部分构成：第一部分是样本基本情况，第二部分是青少年社会教育的一般情况，第三部分针对重点青少年教育矫治设计了部分题目。其次，抽样和调查问卷录入、分析。为了能够保证数据反映信息的全面性和可靠性，课题组采用了先按照地区配额抽样（涵盖全省主要地区，分为北部、南部、西部、省会X市），然后按照青少年类别配额抽样，最后每一类中再随机抽样的抽样方法。在通过问卷编码、数据录入和审核、剔除废卷后，共计有效问卷757份，其中普通青少年的问卷257份（参见表3-1），重点青少年的问卷500份（参见表3-2）。

表 3 - 1   普通青少年的有效问卷分布情况

所属省内地区	普通青少年类型	有效问卷份数
北部 Y 市	YY 区的中学生	30
	YY 区的社区青年	20
	MZ 县职业学校的学生	50
省会 X 市	X 市 G 中学（工读学校）的普通学生	23
	X 市中学的学生	36
	XB 政法大学的学生	50
南部 L 市 LN 县	LN 中学的学生	48

表 3 - 2   重点青少年的有效问卷分布情况

所属省内地区	重点青少年类型	有效问卷份数
省会 X 市	陕西省劳教戒毒所戒毒青少年	41
	陕西省劳教戒毒所劳教青少年	49
	陕西省女子劳教所人员（三分之二为戒毒人员，三分之一为劳教人员）	41
	X 市 G 中学（工读学校）工读学生	27
	陕西省少管所服刑人员	98
南部 L 市 LN 县	LN 县闲散青少年	46
B 市	B 市流浪儿童中心受救助的流浪儿童	28
	B 市闲散青少年	50
	B 市留守儿童	120

本研究使用的问卷录入软件为 EXCEL，数据导入统计分析软件为 SPSS 13.0，由相关专业人员对所得数据进行统计分析。

（2）访谈。为了对课题所涉及的问题有具体、直观、深刻的了解，补充问卷调查的局限，课题组于 2012 年 10 月 22 日、10 月 23 日、10 月 24 日相继到 X 市 G 中学（陕西省唯一的工读学校）、陕西省未成年犯管教所、陕西省女子劳教所（强制隔离戒毒所）进行了实地调研。课题组专家和学校负责人、管教干部，以及 X 市 G 中学三名同学、陕西省未成年犯管教五名服刑青少年、陕西省女子劳教所四名在教青少年进行了深度访谈。

除此以外，课题组还通过资料检索，收集近十年出版的相关书籍、论文、文件，基本做到了对重要文献的"涸泽而渔"。通过这些文献获得了部分相关数据。

最后得出如下样本：

表3-3　陕西省青少年样本构成状况表

分类	选项	普通青少年		重点青少年	
		样本数	百分比（%）	样本数	百分比（%）
性别	男	131	51.2	351	70.2
	女	125	48.8	149	29.8
受教育程度	未上过学	0	0	11	2.2
	小学	3	1.2	103	20.6
	初中	69	27.0	320	64.0
	高中	115	44.9	58	11.6
	大专	6	2.3	6	1.2
	大学本科及以上	63	24.6	2	0.4
婚姻状况	未婚	239	93.4	427	85.4
	未婚同居	2	0.8	16	3.2
	已婚	14	5.5	39	7.8
	离异后未再婚	0	0	16	3.2
	离异后再婚	1	0.4	2	0.4
	丧偶后未再婚	0	0	0	0
	丧偶后再婚	0	0	0	0
主要居住地	X市市区	70	27.3	132	26.4
	X市城乡结合部	11	4.3	38	7.6
	陕西省内其他城镇	111	43.4	226	45.2
	陕西省省内乡村	50	19.5	87	17.4
	陕西省以外	14	5.5	17	3.4

二、青少年社会教育的机构、经费和存在的问题

(一) 公办社会教育

由政府主办的社会教育机构，按照政府主管部门的不同，大体可分为文化、文博、广电（传媒）、救助和特殊教育矫治机构、其他五类。

文化和文博机构方面。陕西省是文博大省，博物馆的数量和规模都位居全国前列，但陕西省基层文教从业人员数量不足且专业化程度弱，大多数文化站只有两三位工作人员，有的文化站（尤其是乡镇文化站）只有一位工作人员兼任。

传统媒体和新媒体方面。广播电台、新闻出版方面都有针对青少年的节目、栏目。2011 年 8 月 24 日，陕西省共青团集体入驻新浪微博，直接影响青少年超过 76 万人，间接影响超过 180 万人。[1]

救助和特殊教育矫治机构方面：一是救助机构。截止到 2011 年年底，陕西省共有流浪儿童救助中心、救助站等救助管理机构 95 个，床位 4000 余张。同时，全面建立孤儿保障制度，将全省 14113 名孤残儿童全部纳入保障范围，并确定福利机构孤儿最低养育标准和社会散居孤儿最低养育标准。[2] 二是监狱机构。位于 X 市的陕西省司法行政系统所属陕西省监狱管理局管理的未成年犯管教所和女子监狱分别关押男、女性的未成年罪犯。三是原劳教和戒毒机构。陕西省司法行政系统内的陕西省戒毒管理局管理的陕西省强制隔离戒毒所、陕西省女子强制隔离戒毒所，分别教育矫治成年男性以及女性劳教者和戒毒者。陕西省 BJ 市 M 县强制隔离戒毒所教育矫治未

〔1〕 李豫琦等:《陕西新媒体与青年发展蓝皮书》，红旗出版社 2012 年版，第 113 页。
〔2〕 《陕西 4 年救助流浪儿童 2 万余人》，http: //sn. people. com. cn/n/2012/1128/c186331-17781348. html，2012-11-28。

成年男性戒毒者。四是工读教育机构。工读教育是指以专门学校为载体，对有轻微违法或犯罪行为和行为失范的未成年中学生（工读生）进行的有针对性的教育，是教育体系中的特殊组成部分[1]。X市工读学校名为 X 市一〇二中学，始建于 1960 年，是陕西省唯一一所对违法和有严重不良行为学生进行行为转化、心理矫治、预防犯罪和义务教育的特殊学校。自 1980 年恢复建校以来，共招收问题学生 5000 余名。该校 2012 年时有教职工 44 人，其中高级教师 7 人，中级教师 20 人；招收的学生对象为具有不良行为的在校中学生，课题组调查时，有工读学生 50 余人（设计规模可以容纳工读学生 100 余人，但是生源不足。目前也招收外省市的学生，2012 年开始招收女生）。由于 X 市一〇二中学是陕西省内唯一一所工读学校，其生源也遍布全省。五是社区矫正机构。2012 年 5 月，陕西省司法厅在全省范围内选择了 300 多个司法所进行先期试点，促使社区矫正工作在陕西省全面展开。

其他的社会教育机构方面：一是公办继续教育机构，其中大部分已经学历化，部分机构还承担一定的社会教育职能。二是各爱国主义教育基地，分国家级、省级、市级和县级，分别由同级党委宣传部主管。目前全省共有 11 处国家级爱国主义教育示范基地，39 处省级爱国主义教育基地。三是青少年校外活动场所，主要包括：大中城市的青少年宫、少年宫、儿童活动中心，城区和县（市）的青

---

[1] 预防未成年人犯罪法、《关于办好工读学校几点意见的通知》（1987 年）等规定了工读教育的举办形式、招生对象和反歧视等具体内容。同时《陕西省实施〈中华人民共和国预防未成年人犯罪法〉办法》第二十四条也同样涉及工读教育，强调不得歧视工读学校毕业的未成年人。工读教育承担着义务以及行为矫正的双重职能，但是自 1955 年我国第一所工读学校——北京市工读学校建立以来，工读学校的发展一直不容乐观，发展趋于萎缩，其数量以每年 2%—3% 的速度减少。2009 年时，中国大陆注册工读学校共有 71 所，工读学校的分布和发展也很不平衡，共分布在大陆 21 个省市区。参见向帮华、孙霄兵：《中国大陆工读学校现状及对策研究》，《中国特殊教育》2009 年第 7 期。

少年宫、少年宫、儿童活动中心，社区和农村的校外活动场所，青少年学生活动中心，各类科技馆等。四是全省青少年法制教育基地两批 50 个、预防青少年违法犯罪教育基地 41 个。

（二）民办的社会教育

第一，民办的社会教育机构以基础教育阶段民办非学历教育培训机构为主。截止到 2011 年，陕西省共有基础教育阶段民办非学历教育培训机构 1993 所，其中经教育部门和其他部门审批设立的培训机构 1236 所，未经任何部门审批擅自设立的培训机构 757 所。所有民办非学历教育培训机构在学人数共计 184014 人。基础教育阶段民办非学历教育培训机构教师队伍构成较为复杂，主要有专职人员、公办学校离退休教师、大中专院校学生（毕业生和在校学生）、公办学校在职教师等，流动性大，存在无证上岗、素质不高等问题，监管压力大。第二，陕西省从事青少年工作的专业社工不多，大体可以分为志愿者和专业性的社会工作者两类。BJ 市的"青春驿站"是陕西省共青团近年来创立的一个社工品牌。BJ 市政府成立了具有独立法人资格的 BJ 市青少年事务社会工作者协会（简称"青社协"），作为专业性、行业性社会团体全面承接青少年社会工作者试点工作。BJ 市"青社协"的基层工作站统一命名为"青春驿站"，已建立 16 个，配备专职社工 41 人。

（三）社会教育的经费投入

由于社会教育作用的隐形性、长效性，各地方政府对社会教育缺乏应有的重视，整体投入不够。目前陕西省人均文化事业费为 31.85 元，X 市、B 市、W 市、H 市以及 Y 示范区人均不足 20 元，如此捉襟见肘的文化事业经费，投入社会教育中的更是微乎其微。以乡镇综合文化站为例，"十一五"期间总体投资的 3.35 亿元中，基本依赖中央投资（中央投资 2.43 亿元，省级配套投资 776 万元，地方配套 1450 万元）。

社会教育机构的经费投入各地市人均分布不均。地处北部的 YA 市最多，X 市和 Y 示范区最少，不足 YA 市的一半。从人员费用占财政补助收入的比重看，财政补助收入的增长部分主要还是用于支付人员费用。除去必要的维持费用，真正能用于业务活动的经费仍然比较紧张。全省团属青少年活动阵地属全额事业单位 2 个，差额事业单位 4 个，自收自支企事业单位 8 个，全省年财政拨款总额 134.1 万元（人员工资）。多年来，全省各青少年活动阵地均无专项拨款，几乎没有依靠社会的筹措渠道，资金不足的问题严重制约着青少年活动阵地的发展。

调研发现，大多数青少年对政府关于教育文化措施的投入状况有正面的评价。普通青少年和重点青少年分别有 69.4% 和 58.7% 的比例对政府近三年对教育文化措施的投入状况持正面评价（选择满意、比较满意和一般）。17.2% 的重点青少年对投入情况表示满意，远高于普通青少年 4.7% 的比例。但是，普通青少年中有 8.6%，重点青少年中有 25.4% 的人，不清楚政府近三年在人财物方面对教育文化措施的投入情况。这说明政府在教育文化资金投入的信息公开方面工作还有待加强。

（四）社会教育管理存在的问题

（1）对社会教育难以有效考评，评价机制不健全。社会组织、团体或个人所开展的教育活动的公信力较弱，群众很难在鱼龙混杂的社会教育市场选择较好的机构。因此，建立社会教育的评价机制，并以之引导全行业的健康发展已经迫在眉睫。

（2）社会教育机构的审批、管理、执法问题突出。第一，机构设置庞杂，职责不明，审批及管理部门职能相互交叉。这易造成互相推诿，且缺乏明确执法主体，无法落实主管单位。职责模糊、权限不明导致了"九龙治水"局面。例如，博物馆的建设由发改委审批、文物局主管，统计信息由文化部门共享。第二，执法难度大，缺乏有效的强制手段，政府职能未能充分体现。首先，全省基础教育阶段民办非学历教育培训机构混乱。由于教育培训市场需求大，无证办学、违规办班问题较为突出。很多办学者或利用自有住房或租用民居，采用"家庭式""摊点式"，无长远办学打算，也不愿通过合法渠道持证办学，遇到检查就停，检查过后又恢复。教育行政部门除"责令停办"外，缺乏有效的执法手段。其次，在文化执法方面，黑影院、伪青少年活动中心、黑网吧、游戏厅，遍布城乡角落；各种黑文化场所时开时闭、逃避监管，难以有效管理。

三、青少年社会教育的内容

青少年社会教育主要有五个方面的内容：一是主流价值观的教育；二是社会角色定位的教育；三是个性与人格形成的教育；四是生存技能的教育；五是科学素养的教育。限于问卷篇幅，课题组主要从受教育者（青少年）的视角，从道德、法律知识、社会常识、谋生技能四个领域中选取部分问题进行了调研。

（一）道德教育

在道德教育方面，课题组主要就爱国主义教育和预防黄赌毒教育进行了调查。

爱国主义是青少年道德教育的重要组成部分。问卷调查发现，超过三分之二的普通青少年（占69.5%）支持维护国家主权领土完整的游行示威，但同时非常反对借游行之名行打砸抢之实的行为。有40.6%的人表示虽然支持，但是自己不会参加。在对反日游行中出现的打砸日本品牌车辆、公私财物行为的评价上，较多的普通青少年表示非常反对（达到45.3%），只有极少数的受访者（占4.3%）表示非常支持。和普通青少年一样，大多数重点青少年支持维护国家主权领土完整的游行示威。稍有不同的是，"盲从者"即选择"持观望心理，会参加"的重点青少年超过普通青少年近两倍

（占 4.6%）。同时，与普通青少年具有显著区别的是，较多重点青少年对借游行之名行打砸抢之实的行为表示支持，其中有 16.6%表示非常支持，有 21.8%表示支持，表示反对的则降至 25.4%，表示非常反对的锐减至 16.4%。这是一个很值得关注的问题。（参见图 3 - 1、图 3 - 2）

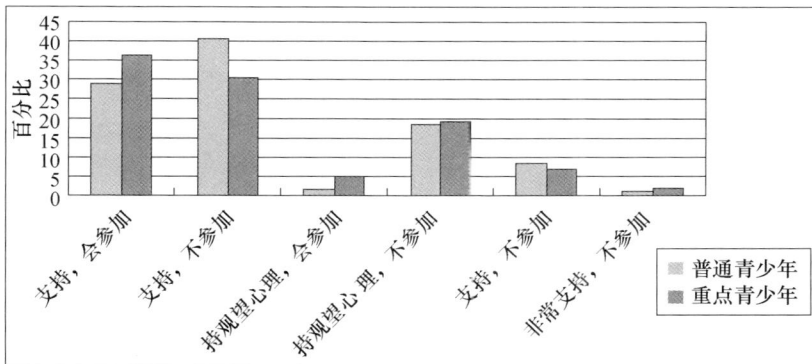

图 3 - 1　青少年对维护国家主权领土完整的游行示威的态度

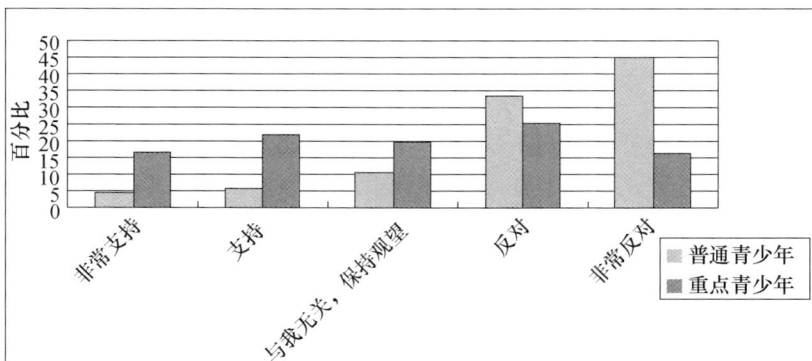

图 3 - 2　青少年对反日游行中出现打砸日本品牌车辆、公私物品行为的评价

　　传媒和学校是青少年接受爱国主义教育的主要渠道。普通青少年接受爱国主义教育的途径主要以广播、电视及学校和新媒体为主：

排在前三位的途径是广播、电视（65.6%），学校（64.8%）和报刊（42.2%）。重点青少年群体接受爱国主义教育的途径与此相类似，前三位是广播、电视（58.6%），学校（53.8%）和报刊（36.0%）（参见表3-4）。

表3-4 青少年接受爱国主义知识教育的途径

	普通青少年		重点青少年	
	频次	百分比（%）	频次	百分比（%）
学校	166	64.8	269	53.8
家人	55	21.5	134	26.8
同学、朋友	75	29.3	169	33.8
单位、同事	12	4.7	25	5.0
广播、电视	168	65.6	293	58.6
网站、微博、QQ群等网络	74	28.9	130	26.0
报刊	108	42.2	180	36.0
政府、社区	44	17.2	73	14.6
其他	0	0	7	1.4

在防治黄赌毒方面，普通青少年有31.6%的受访者表示看过黄色、血腥、暴力的视频或图书。在重点青少年方面，接触黄色、血腥、暴力内容的比例有所上升，有39.6%的人表示看过。普通青少年的禁毒或预防性病、艾滋病的知识，主要通过报纸、书刊、电影、电视等媒体自学（43.8%），辅渠道是学校教育（31.3%）。只有1.6%的人选择"家人告知"。重点青少年除了有40.2%的人选择了"通过报纸、书刊、电影、电视等媒体自学"这一主渠道外，其他来源较分散，排在末位的也是"家人告知"。

（二）法律知识教育

第一，对我国未成年人权益保护的相关法律法规的了解程度方面。74.2%的普通青少年选择了"一般"，同时又有56.6%的人认为自己的合法权益受到保障的情况为"一般"。重点青少年中，28.4%选择了"不了解"，较普通青少年上升了近五分之一；有61.8%的人选择了"一般"。

表3-5　青少年对未成年人权益保护的相关法律法规了解程度

青少年类别	了解	一般	不了解
普通青少年	17.2%	74.2%	8.6%
重点青少年	9.8%	61.8%	28.4%

重点青少年对自己在法律上的权利与义务了解程度较低。11.6%的人认为"根本不了解"，38.2%认为"大概知道但具体则不了解"。而普通青少年上述比例只有1.5%和25.0%。

表3-6　青少年对自己在法律上的权利与义务的认知程度

认知程序	普通青少年		重点青少年	
	频次	百分比（%）	频次	百分比（%）
非常了解	47	18.4	32	6.4
一般了解	141	55.1	219	43.8
大概知道但具体则不了解	64	25.0	191	38.2
根本不了解	4	1.5	58	11.6

同时，重点青少年对党和政府出台的政策或法令的关注度也进一步下降，且关注点分散。15.4%的表示"一点都不关注"，46.8%的"偶尔会有所关注"，选择"只关注与自己有关的"这一选项的比例为18.4%，只有19.4%的人选择"非常关注"。重点青少年关注点较分散，没有出现像普通青少年中60.2%的人集中关注"与学习和教育有关的政策、法令"那样的情况。

表 3-7　青少年期待并关注党和政府出台的政策或法令的程度

关注程度	普通青少年		重点青少年	
	频次	百分比（%）	频次	百分比（%）
非常关注	65	25.4	97	19.4
只关注与自己有关的	33	12.9	92	18.4
偶尔会有所关注	147	57.4	234	46.8
一点都不关注	11	4.3	77	15.4

表 3-8　青少年期待并关注的政策或法令的类别

类别	普通青少年		重点青少年	
	频次	百分比（%）	频次	百分比（%）
国家政治和行政改革	73	28.5	130	26.0
学习和教育	154	60.2	167	33.4
医疗卫生	68	26.6	76	15.2
劳动就业	110	43.0	184	36.8
社会保障	110	43.0	171	34.2
金融、商业	46	18.0	101	20.2
治安、刑事领域	35	13.7	107	21.4
婚姻家庭	23	9.0	44	8.8
社会公益	47	18.4	71	14.2
其他	2	0.8	4	0.8

第二，青少年了解法律知识的途径。普通青少年主要是观看法制宣传片或新闻（35.9%）、上法制教育课或讲座（35.5%），即其主要途径是学校内的教育。而重点青少年了解法律的途径则相对多样化和分散，最主要的是观看法制宣传片或新闻（31.8%）和阅读相关书籍（20.8%）。普法教育的两大主要渠道（媒体与学校），其中学校渠道在重点青少年群体中明显弱化（占 15.4%）。

表3-9 青少年了解国家法律的途径

了解途径	普通青少年		重点青少年	
	频次	百分比（%）	频次	百分比（%）
上法制教育课或讲座	91	35.5	77	15.4
观看法制宣传图板展览	15	5.9	42	8.4
观看法制宣传片或新闻	92	35.9	159	31.8
阅读相关书籍	35	13.7	104	20.8
上网了解法制知识	16	6.3	50	10.0
从来没接受过	7	2.7	68	13.6

第三，青少年权益救济方式的教育。在问及"当您的合法权益受到侵害时，您最先想到的求助对象"时，绝大多数普通青少年选择了警察等政法机关（61.3%），其次有59.0%的人选择了家人。重点青少年对其合法权益是否切实得到了相关法律法规的保护方面，出现了两头分化的趋势：选择"一般"项的下降到41.8%，选择"是的"项的上升至37.2%，选择"没有"项的上升至21.0%。而在救助渠道方面，最先想到的求助对象前两位也是警察等政法机关（60.4%）和家人（50.6%）。

表3-10 青少年对自己的合法权益是否切实得到了相关法律法规保护的认识

是否认识	普通青少年		重点青少年	
	频次	百分比（%）	频次	百分比（%）
是的	71	27.7	186	37.2
一般	145	56.6	209	41.8
没有	40	15.7	105	21.0

第四，青少年预防行为失范或越轨的教育。问及"如果您自己或朋友有违法或犯罪行为，您认为主要原因是什么"，普通青少年在按要求列出的众多选项（家庭状况不好、学校教育失败、就业和事

业上受挫、感情纠葛、交友不慎、对物质有更多需求、生活空虚、社会不公、自身原因）中选择（选两项），交友不慎（43.4%）和家庭状况不好（35.2%）排在最前列。其次是自身原因（28.5%）和对物质有更多需求（23.0%）等。大多数人认为，父母的规劝是避免以后不再犯类似行为的最有效方式，这一比例达到了66.0%，远高于其他亲属、老师、同龄人（包括朋友、同学、伙伴）、居委会或村委会的人、警察等政法机关。重点青少年认为，造成违法或犯罪的主要原因是交友不慎（41.8%）、自身原因（38.4%）、家庭状况不好（34.8%）。与普通青少年类似，大多数人也认为父母的规劝是避免以后再犯类似行为的最有效方式，选择这一项的比例为59.2%。这说明对于青少年而言，家庭教育对预防其越轨行为是最有效的方式。

（三）社会常识教育

本次调查发现，青少年性教育的主要途径是学校教育。34.4%的普通青少年选择了"学校课堂上"选项。通过"报纸、书刊、电影、电视等媒体自学"和"身边同学、朋友间交流"也是比较重要的性教育途径，选择的比例分别为21.5%和16.0%。同时有17.2%的人表示从来没有接受过性知识。选择"家人告知"和"社会上民间组织的宣传普及"两项的均为20%。重点青少年性教育的主要途径也是学校和媒体。26.8%的人选择了"学校课堂"，但较普通青少年下降了近8个百分点。28.2%的人选择"通过报纸、书刊、电影、电视等媒体自学"。表示"从来没有接受过性知识"的比例为10.2%，较参照组低了7个百分点。选择"家人告知"一项的比例为3.4%，排在末位。2009年以来，陕西省各级团组织和省未保委、省预防办各有关成员单位先后开展了"金色年华青春保护行动"、火灾地震撤离等防险避灾体验、暑期自护教育、青春期知识教育、网络素养教育等活动，帮助青少年提高自护意识。

2012 年 7 月，团省委联合省教育厅、省未保办、省预防办下发了《关于开展青少年暑期自护教育活动的通知》。全省各级团组织依托法制教育基地、自护教育基地、青少年宫、12355 服务台、青少年活动中心和社区中心等载体，以暑托班中队、夏令营、社区小队等形式，结合实际情况开展了相应的青少年自护教育培训活动。全省8562 所中小学的共青团、学生会、少先队组织，通过召开主题团队会、举行主题班会、撰写自护题材作文等形式，引导学生讲述心得，交流经验，提高自护意识和能力。同时组织开展火警、地震撤离等防灾避险体验活动，使青少年在亲身体验中培养良好的心理素质和应变能力，熟练掌握避险自护技能。X 市邀请专业机构、自护教育专家深入各中小学，通过开展自护讲座、专题咨询、紧急避险演练等形式，宣传普及危险防范和应急自救等知识。XY 市以"平安暑期"为目标，深入社区开展以家庭为单位的青少年自护安全教育活动，通过印制发放青少年自护卡（折页、手册），设置宣传栏，开展自护宣讲等形式，向青少年及其家长宣传普及青少年自护常识。WN市依托报刊、网站开辟青少年自护知识专栏，以自护故事、情景演练、话题讨论等形式，发动青少年寻访身边的安全隐患，重点加强防范青少年溺水事故教育。YA 市开展了 12355 青少年自救自护主题教育——消防安全疏散演练活动。BJ 市组织社工深入中小学开展安全自护教育体验。据统计，近三年来，陕西省各级团组织、各成员单位累计开展自护教育活动 12100 余场次，发放自护手册 8000 多册，发布自护提示 1000 多条。

本次问卷调查了生活中遇到困难时青少年通常的求助对象。大多数的普通青少年表示会向家人、亲戚求助（占 87.0%），其次还有 72.7% 的受访者选择朋友。除了政府机关（包括其设立的救助机构）有 10.5% 的选择外，其余的诸多选项如邻居、同乡、社会上的热心人士、同伴间的帮派组织、民间公益组织、单位或老板、学校、居住地的村或社区、团工妇、宗教团体的选择比例均较低。大多数的重点青少年也表示会向家人、亲戚求助（占 74.2%），较普通青少年比例有所下降，有 67.2% 的受访者选择"朋友"。

（四）谋生技能教育

就业生存技能为青少年提供了向上流动的可能性和通道，具有广阔的社会需求。谋生技能是青少年的文化资本，是其获得相关社会资源的前提，也是在社会生活中与他人建立良好关系的基础。如果有一定的就业技能，就会有更多就业机会，相对获得较高经济收入，成就感就会增强，未来进入社会主流群体的概率就更大。而且就业单位本身的纪律约束也会减少青少年发生越轨行为或违法犯罪的概率。因此，加强对青少年谋生技能培训，帮助其向社会中上层流动，是社会教育最直接、有效的促进青少年发展的途径。调研发现，被问及"如果想通过教育或培训的途径来改变现状，您最希望将来可以实现的目的是什么"这个问题时，普通青少年排在前四位的目的分别是：可以从事自己感兴趣的工作（48.4%）、充分发挥自己的能力和爱好（47.7%）、获得稳定有保障的工作（43.8%）、获得良好的人际关系（41.4%）。相对而言，较少的人（8.6%）接受教育或培训的目的是因为希望改变目前的工作或生活压力。与之相应，重点青少年排在前四位的相同，分别是"可以从事自己感兴趣的工作"（43.8%）、"充分发挥自己的能力和爱好"（40.6%）、"获得稳定有保障的工作"（39.8%）、"获得良好的人际关系"（31.8%），但是有 31.2% 的人选择"赚更多的钱"，这说明重点青少年更为实际和功利。

有学者曾就 2007—2010 年陕西省 WN 市 L 区 91 名犯罪闲散青少年基本情况进行摸底，发现这些青少年的就业技能普遍较低。（见表 3-11）

表 3 - 11　　WN 市 L 区 91 名犯罪闲散青少年就业技能摸底情况

项目	年龄数量	14	15	16	17	18	19	20	21	22	23	24	25
就业技能	有	0	0	0	3	2	3	5	2	4	4	3	2
	无	2	5	7	11	10	11	4	8	3	1	0	1

由于缺乏就业技能，这些青少年中 18 岁以下的多就业于餐饮、网吧、装潢等服务行业；18 岁以上的，则集中于保安、建筑等行业。[1]

四、重点青少年接受社会教育的特点

（一）对社会教育的认知与评价

第一，对社会教育机构及其职能的认知方面，普通青少年情况好于重点青少年。绝大多数普通青少年对社会教育机构的情况有所了解。有 45.7% 的受访者对主要社会教育机构的名称"有点了解"。在对主要社会教育机构的职能认知方面，有 32.0% 的人选择"有点了解"，32.8% 的人选择"一般"。而关于教育机构名称，重点青少年选择"有点不了解"和"非常不了解"的占到 42.6%，高于普通青少年（21.9%）近一倍。关于教育机构的职能，重点青少年选择"有点不了解"和"非常不了解"的占到 43.8%，高于普通青少年（28.1%）。对于政府主办的社会教育机构职能按重要程度排序上，"培训"职能和"管教、监管"职能被认为是最重要的两项职能。对于"培训"职能，普通青少年在排序时将其分别放在第一位（占27.3%）或第二位（占 23.0%）。对于"管教和监管"职能，有

---

[1]　参见屈琦：《闲散青少年犯罪实证研究——以陕西省渭南市 L 区为例》，《青年探索》2012 年第 1 期。

22.3% 人认为是最重要的，18.8% 人则认为是次重要的。除了以上两项外，"宣传""咨询""服务"这几个职能按重要程度的排序上大都排位靠后，且在三、四、五位的排序上区别较小。重点青少年群体对此较之普通青少年差异不大：有 28.8% 的人将"培训"放在第一位，有 23.2% 的人将"管教、监管"放在第二位。

第二，重点青少年接受公办社会教育机构服务的比例偏低，频率不高。据调查，有接近一半（48.4%）的普通青少年没有参加过任何社会教育机构的培训，这说明在该年龄段，学校教育还是占主导。与普通青少年相比，重点青少年有更多的受访者（占 61.0%）没有参加过任何培训。在接受过培训的重点青少年中，有 24.2% 自己掏钱参加过培训。参加过共青团、工会、妇联提供的免费培训、政府组织的免费培训、单位或雇主组织的培训以及其他民间组织提供的免费培训的比例都非常低。

表 3-12　青少年接受过社会教育机构的培训情况

接受培训情况	普通青少年	重点青少年
自己掏钱参加的各类培训	39.8%	24.2%
政府组织的免费培训	6.3%	7.2%
共青团、工会、妇联提供的免费培训	13.3%	2.6%
单位或者雇主组织的培训	6.3%	6.0%
其他民间社会组织提供的免费培训	5.5%	3.8%
没有参加过任何培训	48.4%	61.0%

重点青少年对传统的公办社会教育机构场所利用较少。在对以图书馆（包括省、市、县区图书馆和社区图书室）、"三馆一宫"（博物馆、文化馆、纪念馆、青少年宫）为代表的传统公办社会教育机构场所的利用情况上来看，各机构场所区别较大。其中，图书馆利用状况稍好。普通青少年只有 23% 的受访者从来不去图书馆，这

一数字在"三馆一宫"方面分别达到了 45.7% 和 79.7%。重点青少年对社会教育机构场所的利用情况较之普通青少年更加少。有超过一半的人（53.0%）从来不去图书馆，远远超过了普通青少年的比例。去"三馆"的频率上，有 59.6% 的重点青少年选择"从来不去"。在去图书馆频率上，普通青少年频率为一至两周和半个月至一个月（占 21.5%）。但是，在去过图书馆的普通青少年中，对图书馆场馆设施满意率只有 69%。

课题组运用 SPSS 软件，对问卷中普通、重点青少年受教育程度和其利用公办社会教育机构的相关性进行了分析，发现普通青少年受教育程度和其去青少年宫的频率，重点青少年受教育程度和其去图书馆的频率均呈显著相关关系。

表 3-13 青少年受教育程度和其去青少年宫、图书馆频率的相关性

	普通青少年	重点青少年
	去青少年宫的频率	去图书馆的频率
受教育程度	0.155*	0.130**

（注：* p<.05，** p<.01，其中 * 为在 0.05 显著性水平的显著相关，* * 为 0.01 显著性水平的显著相关，下同）

（二）接受社会教育的需求

在需要的社会教育种类方面，普通青少年和重点青少年区别较大。虽然普通青少年在迫切需要的教育和培训意愿上不尽相同，但是集中于以下三项：提高个人文化和艺术修养方面（55.1%）、有关个人成才与发展的其他方面（47.3%）和人际关系、心理调适方面（38.3%）。重点青少年在接受培训的意愿上表现出不同的取向。较普通青少年，有更多的人认为自己迫切需要法律知识的培训，比普通青少年高近十个百分点排在第二位，这大概和其接受过相关的处罚或教育矫治有关。而且，排在首位（占 34.8%）的是迫切需要"人际关系、心理调适"方面的知识。

表 3－14　青少年目前最迫切需要的教育或培训的类型

	普通青少年	重点青少年
劳动技能	27.3%	31.8%
法律知识	23.8%	32.6%
找工作的技巧	17.2%	19.0%
人际关系、心理调适	38.3%	34.8%
婚姻或恋爱知识能力	4.7%	5.0%
预防疾病、促进身体健康	20.7%	19.0%
个人消费理财	13.3%	15.0%
提高个人文化和艺术修养	55.1%	27.8%
有关个人成长与发展的其他方面	47.3%	31.4%

（三）参加校外社会组织活动情况

参加社会实践方面，绝大多数（88.3%）的普通青少年希望参加社会实践。在所有受访者中，在校就读期间，有61.3%的人参加过夏令营、各种社会服务、参观、表演、竞技等各种社会实践活动，有34.4%的人没参加过社会实践活动，有4.3%表示从未听说过社会实践活动。

（1）在参加校外社会组织活动方面，两类青少年有一定的区别。普通青少年接触到的校外社会组织，排在前三位的是：不是学校组织的文体、休闲、学习等兴趣团体（占55.1%），老乡会、同学会等（53.1%）和社会公益慈善类组织（39.1%）。维权性质的组织（7.4%）、五大宗教（6.3%）、除五大宗教外的宗教团体（1.6%）、自发组织的帮派（2.3%）的活动均只有较少人参与。在闲暇时间主要选择的活动中，只有0.8%的普通青少年选择参加宗教活动，可见宗教组织对普通青少年的影响力较弱。与此相对，重点青少年接触到的校外社会组织，排在前三位的是：老乡会、同学会等（48.2%），不是学校组织的文体、休闲、学习等兴趣团体（42.6%），社会公益慈善类组织（26.8%）。同时，重点青少年参加"自发组织的帮派"的比例超过普通青少年近四倍，其参加维权性质的组织、五大宗教、除五大宗教以外的宗教团体的比例也都明显高于普通青少年。（参见图3-3）

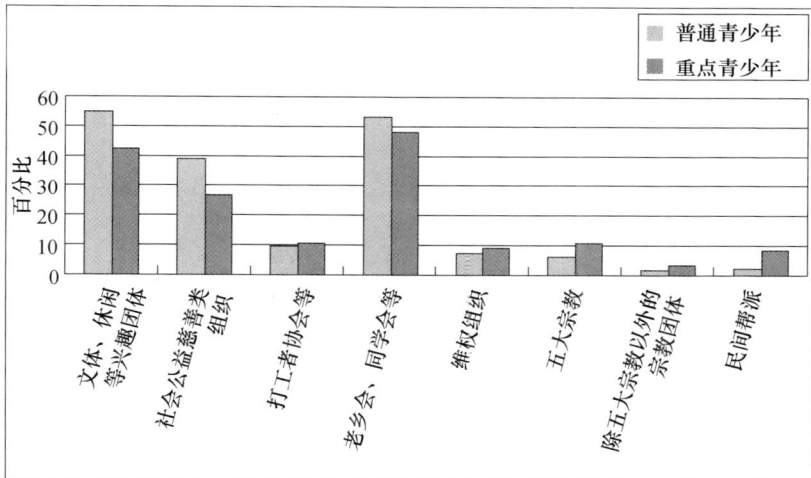

图3-3　青少年近三年内参加过的校外社会组织的活动

（2）青少年闲暇时间活动方面，两类青少年有共性但也有较大差别。普通青少年的休闲活动集中于听音乐，看电影、电视和上网三项，选择比例分别为56.3%、51.6%、42.2%。而选择去图书馆、文化馆、博物馆、纪念馆的比例只占到5.9%。青少年采取缓解压力的活动，排在前三位的是：听音乐（58.6%），找朋友倾诉（47.3%），看电影、电视（33.6%）。至于心理咨询机构，普通青少年并不十分信任，有40.6%的人表示听说过心理咨询机构，但是不想去也没去过。重点青少年休闲活动整体情况与普通青少年类似——主要集中于听音乐（占51.0%），看电影、电视和上网。"上网"上升至第二位。这一现象应与音乐播放设备的普及和手机功能的升级有关。值得注意的是,其余选项较之普通青少年都有不同程度的上升,显示其闲暇时间活动更趋多样化。例如,金钱消费类休闲活动较普通青少年比例上升。"打牌或麻将"较普通青少年的3.1%上升至10.0%,"歌厅、舞厅、酒吧"较普通青少年的3.1%上升至13.6%,"喝酒或下饭馆"较普通青少年的2.7%上升至9.8%。在心理压力疏导方面,重点青少年排在前三位的是"听音乐"(58.8%)、"找朋友倾诉"(31.4%)和"上网浏览或聊天"(30.8%)。对于心理咨询机构,重点青少年也兴趣不大,有31.6%的人选择了"没听说过",还有37.2%的人表示虽然听说过心理咨询机构,但是不想去也没去过。当感到与他人沟通、交往困难时,重点青少年有60.0%的人认为主要原因在自己。值得信任的知心好朋友的数目总体较普通青少年下降,42.0%的受访者表示只有一至两位,有12.6%的受访者表示没有值得信任的知心好朋友。

(3)重点青少年受网吧影响较大且在娱乐场所与他人发生冲突的比例高于普通青少年。普通青少年在休闲场所的选择上,首选是体育场/馆及健身馆(35.5%),同时网吧(29.7%),KTV、迪厅、酒吧、茶楼(24.6%),文化宫、博物馆(22.7%)也占有较大比例。但是,有18.0%的受访者表示从未去过任何休闲场所或机构,包括青少年宫、宗教场所、麻将馆、录像厅、电影院、游戏厅、台球厅等。在去过上述场所的受访者中,绝大多数人(78.9%)表示从未与他人发生过冲突。与此相比,重点青少年对休闲场所的选择比较单一。有45.2%的重点青少年选择"网吧",大幅度超过排在次位的"KTV、迪厅、酒吧、茶楼"。另外,在这些场所与他人发生过冲突的比例也显著上升,有38.1%的人表示偶尔与人发生冲突,还有8.8%的人表示经常与人发生冲突。

(四)新媒体的影响

课题组对问卷中"看过黄色、血腥暴力的视频或图书"和"在娱乐场所是否发生过争吵及肢体冲突"的相关性进行了分析，发现重点青少年这两项的相关性显著，而普通青少年不显著。这说明对重点青少年而言，受到黄色、血腥暴力的视频或图书等不良文化的影响，与在现实社会中参与暴力行为具有关联。

表 3 - 15　青少年接受不良文化和暴力行为的相关性

在娱乐场所是否发生过争吵及肢体冲突	普通青少年	重点青少年
	看过黄色、血腥暴力的视频或图书	看过黄色、血腥暴力的视频或图书
	-0.005	0.335＊＊

注：＊＊$p<.01$

课题组还调查了青少年接受媒体特别是网络等新媒体影响的状况，发现重点青少年利用新媒体的比例更高。对普通青少年而言，在新媒体尤其是网络媒体方面，因为学校和家庭的管束，能长时间上网的比例较少。其中26.2%的普通青少年几乎不上网，2.7%的人选择每天上网7—8小时，4.3%的人选择5—6小时。大多数人上网的时长为每天1小时以内（25.4%）和1—2小时（24.6%），只有3.5%的人选择每天上网8小时以上。重点青少年平均每天上网时间较长。除24.0%的人表示几乎不上网外，选择8小时以上的比例为9.2%，较普通青少年上升两倍以上。选择7—8小时的比例为6.4%，5—6小时为8%，比例也都较普通青少年高。关于上网时最主要的活动，受访者表现出一致性。普通青少年中上网者主要以看视频（33.98%）、聊天（29.30%）为主。重点青少年有46.2%选择了"聊天"，还有41.4%选择了"玩游戏"。

关于新媒体对重点青少年实施违法犯罪行为的影响，课题组对少管所的少年犯访谈中发现两者有一定关联性。

W某某，现15岁，刚入狱，因伙同三个同学抢劫被判了五年。其父亲是干出租车生意的，有自己的车队，母亲在家做家务。

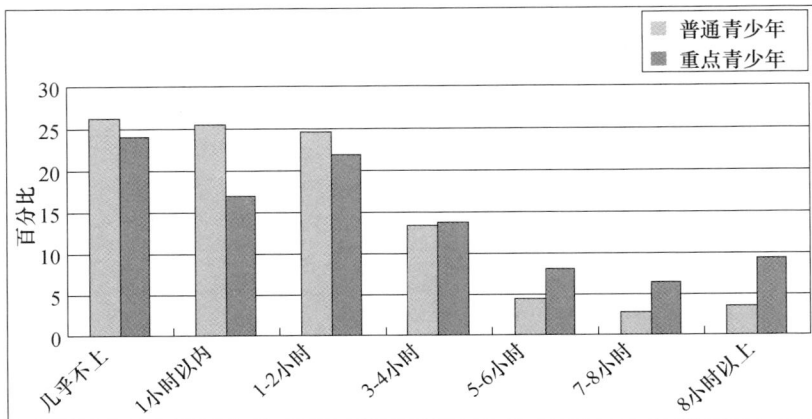

图3-4　青少年每天上网时间

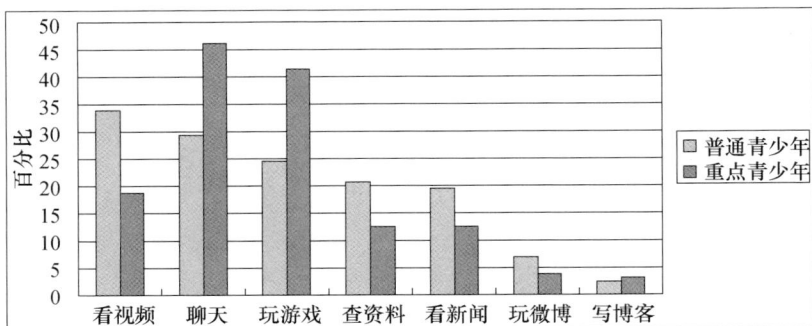

图3-5　青少年上网最主要做的事

问：你们为什么抢劫呢？答：考完试，我们和家里闹矛盾，然后一起离家出走，没钱花了，三个人就想到抢劫，在网上搜了一下抢劫的方法，然后照网上说的去抢。

问：网上是怎么教抢劫的？答：在网上发布信息说卖手机，然后与当事人见面之后，说钱放在家里，把他带到家后，拿刀子逼着抢。

问：你平时爱干什么呢？答：爱看小说，特别喜欢看蔡骏写的小说。

问：平时上网吗？答：上网，聊天，有时也打游戏，喜欢玩

CS，穿越火线等，

　　问：聊天都和什么人聊？答：一般都和认识的人聊。

　　问：图书馆、文化馆这些你经常去吗？答：不怎么去。

　　上述这个案例，未成年犯的犯罪方法就是在网络上查到的。

　　课题组访谈的另一个未成年犯 Y 某，现 19 岁，曾因为抢劫被判缓刑（判二缓三），缓刑期快届满前，又和朋友轮奸，犯强奸罪，数罪并罚被判了十年。

　　问：那你平时都玩什么？答：百分之八十的时间都在上网，白天睡觉，晚上就去网吧上夜机。

　　问：你上网聊天吗？答：聊。

　　问：一般和谁聊？答：什么人都有，有认识的，也有不认识的，男的女的都有。

　　问：不认识的人里主要是什么人呢？答：打游戏认识的人。

　　问：什么游戏？答：跳炫舞。

　　问：平时喜欢看书吗？答：不怎么看。

　　问：去图书馆吗？答：不去。

　　问：上网看电影吗？答：我上网不喜欢看电影，我爱听歌，上网一般都听歌，晚上睡觉都戴着耳机听歌。

　　由上可见，该未成年犯网瘾较深，其主要娱乐方式依靠网络，人际交往也通过网络联系。

五、社会教育和预防青少年违法犯罪的关系

（一）社会教育是青少年全面发展的重要环节

1. 当代家庭教育的变化凸显社会教育的必要性

重点青少年家庭结构较普通青少年差，其与家庭成员人际关系

也远不如普通青少年和睦。针对受访者社会关系及其与家庭成员人际关系的状况，问卷设计了两个题目：

一是"在家庭成员里，主要跟谁一起长大的"。大多数普通青少年选择了主要与亲生父母双方（82.8%）生活在一起。而重点青少年同亲生父母双方在一起生活的较之普通青少年少 19.0%，只有 63.8%。同时，其属于单亲家庭或同父母一方生活的占到 18.0%，较普通青少年多。

表 3-16　和陕西省青少年在一起生活的家庭成员

同住家庭成员情况	普通青少年	重点青少年
亲生父母（双方）	82.8%	63.8%
亲生父母（一方）	9.8%	18.0%
兄弟或姐妹	25.4%	17.8%
祖父母或外祖父母	24.2%	25.6%
继父母或养父母	0.8%	2.2%
其他亲属	2.0%	2.6%
独自一人	0.8%	1.4%
其他	0.4%	1.8%

二是"近三年内一起居住或生活的人中，跟谁关系最亲密"。大多数普通青少年最亲密的人选择了父母（占 75.4%），其次为同学或伙伴（占 30.9%）、兄弟或姐妹（占 28.9%）和祖父母或外祖父母（占 17.6%）。而反观重点青少年，其对父母的信任度明显低于普通青少年受访者，只有 50.4%，随之下降的还有对兄弟或姐妹和同学、伙伴的信任（前者下降为 17.4%，后者下降到 14.6%），同时选择"主要是独自一人"的较普通青少年上升三倍多。（参见图 3-6）

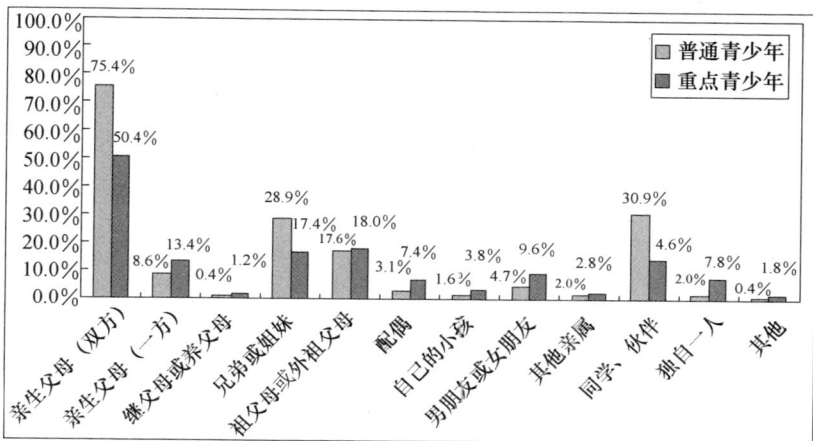

图 3-6　陕西省青少年最亲密的人

　　课题组同时也对青少年家庭成员中是否有过违法犯罪行为进行了调查。11%的重点青少年家庭成员曾因违法或犯罪受过处罚，而普通青少年中这一情况仅占 3.9%。这说明重点青少年群体的家庭状况和家庭教育相比普通青少年而言是较差的。

　　一个人的社会化始于家庭，基本技能的掌握、社会规范意识的养成、生活目标的确定、生活习惯的形成以及社会角色的定位，最初都是在家庭中形成的。然而随着社会变迁，家庭在结构和功能方面也发生了重大的变化。这为社会教育的"出场"提供了广阔的舞台。（1）家庭结构的变化使传统家庭教育的内容逐渐"外包"给社会来完成。改革开放以来中国家庭结构发生了重大变革：一是家庭规模缩小，独生子女剧增。二是单亲家庭（父母离异、分居、抛弃对方或父母一方亡故的家庭）大量出现。据课题组的调研，重点青少年在亲生父母（双方）抚养下成长的比例较普通青少年群体低19.0%，在单亲家庭或父母一方抚养下成长的比例则较普通青少年高。生长在上述两种家庭的青少年往往表现出脆弱、傲慢、逆反、缺乏合作意识、不适应群体生活等特征。目前不少家长本身自己就是独生子女，其家庭教育知识缺乏，往往以过去自己父母的教育模式管教自己的下一代。现代家庭教育的缺陷，给我国社会教育的发展提供了可能性和必要性。（2）外出务工人员的增多和家庭教育方式不当使青少年社会教育取代了部分家庭教育的职能，青少年社会教育对青少年心理、行为进行干预成为必然。

家庭教育方式不当主要体现为溺爱、家长专制或家长疏于管教，造成青少年在家庭中或拥有"超主权"或权益受损。有些家庭教育的目标有失偏颇，如家长认为家庭教育要围绕提高孩子知识水平这一中心展开，而不注意子女的心理和行为。

X 市 G 中学某校长对课题组曾说："学生基本上都是独生子女，其实有些家长也有问题。有的不管（孩子），有的（管孩子）管得太严。"一位工读女同学，其父母年过四十，父亲是包工头，长年在外出差，母亲在某网站工作，平时除了操持基本家务，并无时间和精力管教子女。因此，她经常整天在家上网，或经常与不良朋友厮混。她父亲有次专门请了长假在家严厉看管，但毕竟不是长远之策，于是将其从 BJ 市送到 X 市的工读学校。

课题组在未成年犯管教所访谈的因犯故意伤害致人死亡罪的某少年犯 W（现 18 岁），其一直在 X 市上学，但因户口在老家（延安），为了高考回去插班读高三，结果在学校打篮球时和同学发生口角，回宿舍拿水果刀把同学捅死。其从小和妈妈、姐姐在 X 市生活（父母有五个小孩，他是最小的，上面有三个哥一个姐），父亲是搞水泥钻材的商人，常年在 YA 市和外面做生意。妈妈没工作，在家里做家务。另一个犯抢劫罪的某少年犯 H（现 19 岁），父母离异，11 岁时父亲因吸毒死亡，其一直跟着大其十岁的姐姐生活。其初一时因为和同学打架，对方家长要求赔钱，他不想赔钱就主动辍学。辍学后曾在姐夫、姐姐开的台球厅帮过忙，但主要是在家上网，后来在电玩城、旱冰场等娱乐场所认识了一些城市混混，多次因犯事被抓进派出所，这次是作为从犯跟着带头大哥等六个人一起出去抢劫。

家庭教育的缺失造成部分青少年性格缺陷、行为失范，一方面加重了学校教育和社会教育的压力，另一方面也使得社会教育成为必要。家庭教育不当、缺失所带来的问题，在很大程度上要依靠社会教育来完善和弥补。

2. 当代学校教育的现状要求强化社会教育的功能

学校教育在促进青少年发展方面虽然处于主流，但是其也存在种种突出问题。这些问题既给社会教育带来挑战，也给社会教育的发展带来需求和机遇。（1）学校教育评价机制存在问题。在当前机制下，学校教育过分重视升学率，偏重共性培养，而忽视了青少年个性的存在和关注。无论是学校的教育水平，还是学生的学习成绩，乃至思想品德、行为习惯都变成了量化的数字进入评价体系。这种评价体系必然导致工具价值取代本体价值，使人的价值被遮蔽[1]。（2）学校教育不能有效掌控、解决青少年成长中的诸多问题。青少年处于人生发展关键时期，这既是其个性形成、人格初步发展的时期，也是普遍面临心理健康、早恋、越轨或犯罪、网络沉迷等诸多问题的敏感时期。当面对这些问题时，学校和家长扮演的往往是"警察"角色，而非"朋友"角色。由于学校介入的手段大都是管教或责罚，青少年往往处于被动地位，不利于类似问题的解决。学校教育在发挥功能时有其限度，如果认为学校教育什么都能做，也必然会导致学校教育什么都做不好。不仅学校教育应有的功能无法得到发挥，还会影响到我国整体教育体系作用的发挥。

3. 青少年成长发展对当代社会教育的现实需求

社会教育虽然目前在整个教育体系中处于辅助和补充地位，但

---

[1] 龚孝华：《我国学校教育评价的困境与出路》，《教育研究与实验》2009 年第 4 期。

与家庭教育、学校教育相比，其对青少年发展也具有重要的价值。当代社会教育可以满足青少年成长发展的现实需求，这是因为：第一，社会教育可以有效内化价值观念，传递社会文化，促进社会和谐，是个人学习和掌握社会文化，适应社会竞争，避免行为失范的重要环节，也是一个民族文化积淀传承和发展的过程。第二，社会教育影响面广泛，可以有效地对全社会发生积极作用。社会教育是每个人必需的教育，伴随着一个人的一生，可谓终身教育[1]这使之更能有效地促进社会成员发展，进而促进全社会的良性发展。第三，社会教育可以有效地促进受教育者的社会化，养成社会规范。社会教育可以有效促进受教育者行为符合社会行为规范、准则，促进其社会化。因此，有学者明确指出："确立一个全新的社会教育体系是人的发展和社会发展的动态平衡，从而最终促进人的全面发展。"[2]

综上所述，从社会教育的功能角度考虑，社会教育主要在以下几个方面发挥着影响青少年成长发展的功能：一是，引导青少年群体内化社会规范，学习必要的社会技能，提高他们对社会的适应能力以及为人处世、与人交往的能力；二是，引导青少年理解社会核心价值体系，形成正确的思想意识和价值观、人生观、世界观；三是，通过专业化手段，培养青少年的个人爱好，促进其人格健全和自身发展能力的提高。

（二）社会教育是预防青少年违法犯罪的重要手段

我国预防青少年违法犯罪工作的总体格局是党委统一领导、党政齐抓共管、综治部门组织协调、有关部门分工负责、社会力量共

[1] 龚超：《国外社会教育理论研究综述》，《中国青年研究》2008年第2期。
[2] 陈爱梅、黄明明：《社会教育与人的全面发展》，《辽宁教育行政学院学报》2008年第1期。

同参与。社会教育主要在"有关部门分工负责""社会力量共同参与"两个层面，通过一定的机制发挥其预防青少年违法犯罪的重要作用。但是，社会教育只是预防青少年违法犯罪的重要因素之一，但绝不是唯一要素。

1. 社会教育通过参与青少年的社会化过程预防青少年违法犯罪

青少年社会化是青少年形成较稳定的价值观念，获得生活所需的知识、态度和技能，逐步成为社会成员的过程。社会教育是支撑青少年适应社会变迁的必经之路。只有通过社会教育获得一定的文化知识和生活技能，掌握一定的价值观念和行为规范，才能在特定的社会环境中生存，也才能适应社会的迅速发展与变迁。[1]

如前所述，社会教育至少可以在思想道德教育、知识技能培养、行为习惯的养成、针对个体的特殊辅导等诸方面，使青少年社会化程度加强。首先，社会教育可以改善青少年的价值观。青少年在多元价值观念并存和相互冲突的复杂环境中，通过社会教育，依据自己已有的经验，可以合理而准确地选择和认同某一社会价值观念系统。其次，社会教育可以改善青少年的就业，增加就业的竞争力。无学历和一技之长的青少年往往就业困难，处于待业状态，承受着经济的压力，但同时有大量的空余时间，再加之贫富分化加剧，使得他们缺乏自信、心理失衡乃至产生反社会心理，最终走上违法犯罪道路。根据最高人民法院统计，2004—2008 年五年间共判处未成年罪犯中无业人员占 33.67%。[2] 再次，通过社会教育可以促进青少年公民素质和规范意识的养成。据课题组调查发现，重点青少年法律意识淡薄，缺乏基本的法律知识。调研问卷数据显示，其

---

〔1〕　参见何爱霞：《社会化研究对终身教育、终身学习与学习化社会理念的理论支撑》，《河北师范大学学报（教育科学版）》2008 年第 11 期。

〔2〕　参见姚建龙：《转型社会的青少年犯罪控制——以"全国重点青少年群体教育帮助和预防犯罪试点"为例的研究》，《社会科学》2012 年第 4 期。

中有 11.6% 的违法犯罪青少年对自己的权利义务根本不了解，而这在普通青少年中的比率仅为 1.6%。同时，违法犯罪青少年的知识层次较低。通过社会教育可以提高青少年基本素质，增强其约束自己行为符合社会行为规范的能力。

2. 社会教育通过改善社会环境预防青少年违法犯罪

影响青少年犯罪的重要因素是社会环境，通过社会教育为其营造良好的社会环境，可以有效预防青少年违法犯罪的发生。

第一，社会教育通过改善青少年文化环境来预防青少年违法犯罪。文化潜移默化地影响着青少年的生活。但他们在接受文化影响时也不是被动的、漫无目的的，而是一个自觉学习、主动感悟的过程。文化对青少年的影响具有两重性，先进健康的文化能丰富人的精神世界，促进人的全面发展，落后、腐朽的文化则会阻碍人的全面发展。青少年通过接受良好的社会教育，一方面，身心可以得到健康发展，对自己和外界社会也能作出客观正确的评价，因而能够较好地把握自己，能够较好地感应和适应各种复杂的社会环境和人际关系；另一方面，对于色情、迷信、凶杀暴力等消极颓废文化，能提高辨别力和抵抗力，在文化习得过程中培养自己的社会良知和社会责任感，从而遏制自己人性中低俗、自然性的一面。

第二，社会教育通过改善青少年法治环境来预防青少年违法犯罪。通过社会教育不仅可以提升青少年法律意识，更重要的是可以提高政府各级领导及全社会对青少年法制建设的了解和重视，促进党和政府出台相关政策制度，这直接成为青少年成长的重要制度环境。

第三，社会教育通过改善家庭环境、学校环境来有效预防青少年违法犯罪。目前，家庭教育、学校教育、社会教育职能之间的界限变得模糊。如前所述，社会教育不仅可承担起部分家庭、学校的教育职能，而且可以直接作用于家庭、学校，通过社会教育改变家长、老师以及社会陈腐、错误的观念与认识，使先进科学的教育理念深入人心。社会教育不仅作用于学生，而且也可以使家长、老师受益，逐步改善青少年成长发展的家庭和学校环境。青少年违法犯罪的原因非常复杂，既有青少年自身方面的原因，也有家庭教育、学校教育的原因。大量青少年犯罪学论著表明，家庭结构缺陷是未成年人犯罪的"催化剂"。家庭教养方式不当也可以诱发青少年违法犯罪。学校教育也对预防青少年违法犯罪和健康成长起到至关重要的作用。学校如果不注意对学生进行引导，容易导致学生产生厌恶学习、学校甚至旷课、打架的行为。在现行应试教育体制影响下，有可能出现"教书不育人"状况，一些所谓的"学困生"可能被老师置之不理，导致"学困生"缺乏应有的自信、自我否定，产生抵触情绪和逆反心理。

第四，在社会教育的过程中，青少年可以结交到良好的朋友，受到同伴群体的良性影响。青少年自身所处的微观环境，比如朋友之间的互相影响，对青少年行为有着直接的影响。据研究，青少年共同犯罪现象比较普遍，在未成年人犯罪案件中占有相当大的比例。据不完全统计，2003年以来，共同犯罪一般占未成年人犯罪总数的70%，个别地区甚至达到了80%以上。目前一些地方已经出现了未成年人模仿黑社会帮会，建立未成年人帮会的情况。[1] 课题组的调查发现，重点青少年有着强烈的"义气"。如果其朋友中有吸毒或从事色情、卖淫嫖娼行为时，超过20%的重点青少年选择"继续交往"，而这在普通青少年中的比率仅为5.9%。在课题组对少管所少年犯Y某的访谈中，其两次犯罪都是从犯，是朋

[1] 参见操学诚等:《我国未成年犯抽样调查分析报告》,《青少年犯罪问题》2010年第4期。

友拉他参与的。当问及"你两次被判刑,你恨你那些朋友吗?"时,Y某答:"我不恨,我家人很恨。"他认为两次犯罪的主要原因"还是自身的原因吧,自己没管住自己"。

总之,社会教育使青少年在接受社会教育的过程中不断地扩大社会交往,充分发展其兴趣、爱好和个性,广泛培养其特殊才能,使其掌握一技之长,实现其人生观、价值观,从而在最大范围、最大程度上预防青少年的违法犯罪行为。

六、加强青少年社会教育的建议

(一)转变观念,加大社会教育经费统筹整合力度

陕西省是资源大省,但又是"收入小省""经济弱省",尽管总体经济已从 2000 年的全国第 27 位跃升至 2010 年的第 16 位,但人均收入仍然不高,各地形成了巨大的不平衡和反差。受客观因素的制约,在有限的经费条件下,政府财政往哪里投,投多少,都是一个重大问题。为了巩固和促进陕西省青少年社会教育的健康发展,决策层应统筹全局,整合资源,保证基本的社会教育事业经费的投入,在财政支出允许的合理范围内加大投入,进一步加大对设备和基础建设的投入力度,让教育文化设施真正服务于民。各级政府要加强青少年文化体育活动基础设施建设。继续加大对青少年宫、公共图书馆、绿色网吧等的建设力度。同时也要出台相关政策,将社区、乡镇青少年活动阵地建设纳入为民办实事的工作范畴。加大政府对社区、乡镇青少年活动中心、农村图书室、篮球场、足球场等非营利性基础文化设施建设的投入力度,进一步细化社区图书馆等基层公办社会教育机构、场所,突出藏书、藏品、宣教内容的针对性,抓住青少年群体的兴趣点。此外,还应重视民办公助、社会参与的长效运转机制,促进民办社会教育机构自身的造血能力。政府应该出台相关法规或政策,鼓励个人、

社会组织、人民团体、群众团体开办社会教育机构，制定全省统一的针对社会教育机构的考核评估标准，鼓励民办或民办公助的社会教育机构发展壮大，为全省青少年服务，并同公办的社会教育机构平等竞争。

（二）深化改革，明确职责，解决管理部门职能交叉问题

目前，我国行政、文化、教育、传媒等体制改革仍在进行中，具体到社会教育管理上，部门职能交叉、责任脱节、效率较低的问题仍比较突出，人浮于事，缺乏有效的制约、监督。这些必将影响到政府公共服务、社会管理职能的实现，制约社会教育事业的发展。因此，深化政府机构改革，破除社会教育管理部门职能交叉问题势在必行。要优化组织结构，避免分工过细和权限过大的情况。要做好公共服务，简化办事程序，寓管理于服务之中。加快形成权责一致，分工有序，执行流畅的管理体制，打通从审批到投入，从管理到执法各个环节的流程。总之，应当建立起一套组织法定、合理、正当、高效、有序、权责一致的现代化的社会教育管理体系。

（三）严把社会教育机构、人员准入关

要健全相关法律法规，做到社会教育领域有法可依，有法必依。严把社会教育机构、组织人员的入门关，认真做好资格认证、年度审查等工作，提高机关工作效率，既要方便群众，又要认真审核。防微杜渐，将效率低下、水平不高的社会教育机构、组织、人员挡在行业大门之外。有关管理部门应该严格执法，深入开展执法检查，对违规开办的社会教育机构、组织绝不姑息。

（四）切实发挥媒体特别是新媒体在青少年社会教育中的作用

文化机构既有传播社会文化的功能，也承担着青少年社会教育的特殊职能。净化社会环境、整顿文化机构，是预防重点青少年违法犯罪的重中之重。政府应当引导文化产品制作者在获得经济效益

的同时，更要肩负起社会责任，承担文化育人的功能，为青年人创造优秀的精神产品。管理部门要健全法规，加强管理力度，充分发挥文化批评和舆论监督作用，强化社会主流价值观，为青少年提供健康良好的文化环境，从而使其能够在一个良好文化环境中实现社会化。传统媒体要继续发力，同时要切实加强政府部门和有关社会教育机构从业人员对新媒体的运用能力。文化部门应利用政策、法律引导传媒，鼓励其制作符合青年人特点，更能吸引青少年群体的文化作品。加强政府和有关人员对新媒体的运用能力。对于和青少年有关的部门，应该培训有关人员运用新媒体的技术。在有条件的地方积极探索在学校、社区、青少年活动中心开展网络素养教育，帮助青少年提高正确运用网络的素质和能力，养成健康文明的网络使用习惯。

（五）完善对流浪乞讨青少年、留守儿童的社会教育及保障体系

在充分发挥社会教育功能的前提下，落实对贫困青少年最低生活水平的保障，使青少年不因为生存问题去铤而走险，是遏制违法犯罪的基础环节。由于各种原因，一些未成年人不能受到家庭关爱，无法接受到学校、社区的帮助。这需要政府出面，采取措施完善相关社会救助和管理机制，使这些青少年中的弱势群体得到政府有关部门的帮助，防止他们走上违法犯罪道路。政府有关部门应当对流浪乞讨青少年、留守儿童、社会闲散青少年提供救助和加强管理，对因贫辍学的特殊未成年人群体（如单亲家庭的青少年、留守儿童、贫困学生），国家要提供物质帮助，解决其经济困难，保障他们受教育的权利。

（六）鼓励、促进社会教育机构适应市场化需要服务青少年就业

就业问题是青少年面临的重要问题。已过学龄的青少年如果不能顺利就业，就有可能成为闲散青少年，成为违法犯罪高发人群，变为社会不稳定因素。就业是民生之本，实现就业是实现青少年发

展的基本前提。政府部门要出台政策，鼓励和提倡社会教育机构适应市场化需要，有针对性地加强青少年就业培训。应在确保青少年活动阵地宗旨、方向、性质、功能基本不变的基础上，在国家政策、法规允许的前提下，努力探索适应时代发展要求，建立健全适合自身性质和市场经济规律的运行机制和管理模式，改变过去等、靠、要的被动局面，面向社会多渠道筹措资金，通过引资、合资等多种形式加快青少年活动场所的建设与发展，走社会化、市场化的道路。

（七）加强对违法犯罪青少年的教育矫治

提高教育矫治质量，落实好解教、刑释青少年的社会安置，积极实施社区矫正，是预防和减少青少年重新违法犯罪的重要环节。对于刑释、解教的青少年，社会有关部门、学校、单位、街道等基层组织要做好帮扶教育工作，加强监督管理，同时尽可能帮助解决这些青少年迫切需要解决的问题，防止他们重新犯罪。青少年法制教育要制度化、长期化，注重教育和管理相结合，法制教育和德育、纪律教育相结合。法律宣传工作做得扎实，可以有效地减少和防范青少年违法犯罪的发生。应当广泛动员社会各界力量，充分利用政府职能部门和媒体的优势，向青少年宣传与其切身利益密切相关的法律知识，促使这些青少年用法律武装保护自己合法权益的意识和能力，不断强化法律意识，提高守法的自觉性，从而预防青少年违法犯罪行为的发生。青少年法制教育要避免程式化，适应青少年易于接受生动形象事物的特点，采用丰富多彩的形式；还要对学生继续加强性教育、心理辅导、毒品、艾滋病防治的教育。强化青少年的社会责任感和自护意识，特别是培养青少年抗挫折的心理承受能力。

综上所述，各级政府要统筹兼顾，保障投入，同时深化政府体制改革，明确部门职责，狠抓执法，确保违法必究。我们要强调家庭教育、学校教育和社会教育相结合，加强三者互动；充分促进政府、社会、学校、家庭相互配合，使之牢固得结合为一个整体。全社会要在完善社会保障体系的基础上，继续关心青少年社会教育，共同为青少年营造良好的成长环境，使青少年健康全面发展。

第四章

未成年人安全状况研究

受到伤害的儿童群体是中国社会中问题儿童和儿童问题的重要组成部分。未成年人安全和伤害问题"尚未引起决策者、家长和老师的足够重视，许多人认为伤害还不是紧迫的社会问题"，尚未将其转变为社会公共政策议题。[1] 近年来，各式各样儿童伤害和儿童意外事故问题日益突出，其范围逐渐扩大，类型越来越多，数量规模不断膨胀，程度都在不断提高，情况日趋严重。对此，党和国家高度重视。2011 年《中国儿童发展纲要（2011—2020 年）》规定 18 岁以下儿童伤害死亡率以 2010 年为基数下降 1/6 的目标，要制定实施多部门合作的儿童伤害综合干预行动计划。为落实该纲要要求，摸清陕西省未成年人安全状况及存在的问题，课题组针对全省 6 至 18 岁的未成年人进行了实证研究。

一、研究综述、研究对象和研究内容

（一）研究综述

1. 关于未成年人一般安全问题

劳凯声、孙云晓主编的《新焦点——当代中国少年儿童人身伤害研究报告》(以下简称《新焦点》)是十多年前出版的关于少年儿童人身伤害方面的比较重要的专著，除了主报告，还有 13 个子报告，内容涉及学校事故、校园环境伤害、隐形人身伤害[2]、家庭伤害、营养不良伤害、儿童用品伤害、网络伤害、女童人身伤害、安全事故、被犯罪侵害、青少年犯罪、国外儿童人身保护研究、政策分析等，比较全面和具体。[3]

〔1〕 参见刘继同：《中国社会结构转型、家庭结构功能变迁与儿童福利政策议题》，《青少年犯罪问题》2007 年第 6 期。
〔2〕 即校园中由于教育方法、管理方式等引起的学生精神伤害，如教师对学生体罚或变相体罚、心理惩罚等。
〔3〕 参见劳凯声、孙云晓：《新焦点——当代中国少年儿童人身伤害研究报告》，北京师范大学出版社 2002 年版，第 60—66 页。

　　下文按照校园、家庭、公共场所的安全问题，以及特殊人群安全、伤害治理机制等五大领域，对已有主要观点进行综述。第一，校园安全的研究主要集中在民事责任问题上，而缺乏对安全状况的实证研究，因此，公众对校园安全问题的认知，主要受一些个案的影响[1]　第二，家庭安全领域的研究主要侧重家庭暴力[2]，未重点关注家庭中的意外伤害。未成年人的家庭伤害可分为家庭暴力、主动性质的家庭伤害和家庭环境造成的人身伤害三类，成因有家庭父母角色缺失、教育方式失当、儿童社会处境不利，儿童用品伤害、营养状况、意识、知识不容乐观等[3]　中国青少年研究中心的调研表明，抚养和监护缺失、监护责任履行方式不当、遗弃及家庭暴力、贫困严重威胁未成年人的家庭安全[4]　晚近的专著则认为，儿童家庭安全主要受家庭暴力、虐待和照管不良的威胁[5]　第三，公共场所安全的研究主要集中于网络伤害。有研究认为，非社会因素、网络沉迷、网络聊天交友不慎、网络色情、侵权、道德失范、网吧不良文化是导致儿童身心伤害的重要方面，主要是由于网络文化与少年儿童发展特点、保护责任缺失与真空造成的[6]　第四，特殊人群安全的研究对象集中于困境儿童及弱势儿童，如女童、孤儿、受艾滋病影响儿童、流浪乞讨儿童、留守儿童等。据研究，流浪儿童一

[1]　陕西省近年来在此方面的典型案件是 H 市 X 县血案：48 岁的吴某因患病对生活失去信心从而产生自杀和报复他人的念头，2010 年 5 月 12 日 8 时左右持菜刀闯入某村幼儿园，杀死 7 名儿童（5 男 2 女）和 1 名教师，另有 11 名学生和 1 名成人受伤。

[2]　参见蒋月等：《中国家庭暴力问题实证研究——以福建省为例》，《金陵法律评论》2006 年第 1 期。

[3]　参见劳凯声、孙云晓：《新焦点——当代中国少年儿童人身伤害研究报告》，北京师范大学出版社 2002 年版，第 198—223 页、第 243 页、第 227 页。

[4]　参见郗杰英、鞠青：《家庭抚养和监护未成年人责任履行的社会干预研究报告》，中国人民公安大学出版社 2004 年版，第 4—51 页。

[5]　参见张鸿巍：《儿童福利法论》，中国民主法制出版社 2012 年版，第 113—119 页。

[6]　参见劳凯声、孙云晓：《新焦点——当代中国少年儿童人身伤害研究报告》，北京师范大学出版社 2002 年版，第 291—309 页。

半以上有过受害遭遇。《中国流浪儿童研究报告》对其受害经历和救助保护工作作了详尽研究。[1] 有学者较早对女性性安全与性侵害进行研究,分析人格权、被害人因素、性教育与性保护、情景预防、保护援助等方面。[2] 有学者从儿童福利层面入手,研究孤儿、受艾滋病影响儿童、脆弱儿童的生存与服务状况以及流浪儿童保护的制度创新、基本经验和发展方向等问题。[3] 有学者从刑事被害与人身意外两个层面研究女童。[4] 第五,意外伤害治理机制存在的问题是研究的重点。有学者认为,应确立多元治理主体,明确各自职责范围;建立协调联动机制,充分发挥集约效应;发挥政府主导作用,实现与社会良性互动;丰富安全教育内容,增强事故防范意识。[5] 第六,国外未成年人一般安全问题的研究。

在校园意外伤害方面,有日本、美国、加拿大等国学校体育伤害的防范与处理的研究。[6] 在食品安全方面,近十余年比较集中的研究是有关日本营养餐与饮用奶等问题的引介。[7] 校车(School Bus)安全是我国学者对国外未成年人安全问题研究的热点,虽然起步较晚,但成果颇丰。1997 年,洪良成较早介绍校车主要类型、管理制度以及校车公司与学校合作方式等。[8] 目前,研究成果集中于

---

〔1〕 参见鞠青:《中国流浪儿童研究报告》,人民出版社 2008 年版。

〔2〕 参见肖建国、姚建龙:《女性性犯罪与性受害》,华东理工大学出版社 2002 年版。

〔3〕 参见刘继同:《国家责任与儿童福利:中国儿童健康与儿童福利政策研究》,中国社会出版社 2010 年版,第 172—313 页。

〔4〕 参见劳凯声、孙云晓:《新焦点——当代中国少年儿童人身伤害研究报告》,北京师范大学出版社 2002 年版,第 321—361 页。

〔5〕 参见徐国冲、方易:《未成年人意外伤害治理机制构建——以厦门市 X 区未成年人溺水事件为例》,《厦门特区党校学报》2012 年第 5 期。

〔6〕 参见曾庆欣:《国外学校体育伤害的防范处理对我国的启示》,《河北师范大学学报(教育科学版)》2011 年第 8 期。

〔7〕 参见于陆琳:《日本学生营养餐开展情况简介》,《中国学校卫生》1999 年第 2 期;张志恒等:《日本学生营养餐与饮用奶情况考察报告》,《中国奶牛》2012 年第 22 期。

〔8〕 参见洪良成:《美国校车今夕》,《城市公用事业》1997 年第 3 期。

校车安全制度方面。校车安全制度肇始于 1939 年哥伦比亚大学教育学院教授弗兰克在纽约召集的校车标准研讨会，其制定了 45 项有关校车安全的设计标准和规章，细化到校车长度、顶棚高度和过道宽度等问题。[1] 1992 年，美国修订《车辆统一法典》，对校车让停做了详细规定，如校车停车、上下人时，任何车辆包括警车、救护车和消防车必须完全停车，且必须停在距离校车不少于 20 英尺之外。[2] "9·11" 事件后，美国立法将校车纳入政府反恐安全监视系统保护范围，并将对校车的攻击视为重罪。校车成为美国最安全的交通工具。[3] 因为美国枪支管制不力，其校园暴力较为严重，所以美国社会对校园暴力、校园安全的研究较早，成果较多，目前政策也较为完善。校园暴力处置方面，主要是以新的联邦机制（类似于应对自然灾害的 FEMA 计划）为基础，并由国会资助学校来紧急应对暴力问题。如在城市开展实施社区范围的学校安全计划和识别少数有重大情感和行为问题的学生，并提供强有力的干预措施。[4]

2. 关于未成年人刑事被害问题

刑事被害人学（Penal Victimology）是研究由于犯罪活动而产生的伤害和损失的科学，未成年人刑事被害问题属于此学科的研究范畴。[5] 其内涵包括以下两个方面：一是指由于社会、家庭等诸多因素的影响，导致未成年人堕落甚至走上犯罪的道路；二是指未成年人作为不法侵害的对象，遭受人身或财产的损失。[6]

〔1〕　参见冯帮：《美国校车运行制度对我国的启示》，《河北师范大学学报（教育科学版）》2012 年第 6 期。
〔2〕　参见丁芝华：《美国的"校车让停法"推介》，《交通企业管理》2008 年第 12 期。
〔3〕　参见王培祥：《近 200 年历史铸就的北美校车文化》，《商用汽车》2010 年第 7 期。
〔4〕　参见张旺：《美国校园暴力：现状、成因及措施》，《青年研究》2002 年第 11 期。
〔5〕　参见王大伟：《中小学生被害人研究——带犯罪发展论》，中国人民公安大学出版社 2004 年版，第 48 页。
〔6〕　参见罗红兵、梁晓琴：《刑事未成年被害人保护探析》，《四川警察学院学报》2008 年第 2 期，第 42—43 页。

我国对未成年人犯罪被害问题的研究始于 1984 年，但直至十年前，我国学者仍称其为"新概念"，可见该项研究近三十年进展缓慢。[1] 现有成果主要集中在未成年人被害的预防以及被害人被害性的研究。第一，在被害预防方面，有"三阶段"和"三级"的观点。预防可分为三个阶段：一是犯罪前预防（防患于未然）；二是犯罪进行中的预防；三是犯罪后的预防（防止重新犯罪）。[2] 按照公共卫生预防模式，预防犯罪又可分为三级，即初级、二级与三级预防。[3] 第二，被害原因的类型化方面，既有社会原因（主要来自家庭和校园），也有个人原因（如被害人具有某种容易招致被害的特性）。[4] 也有人将未成年人被害原因分为社会、家庭、个体三方面。[5] 第三，被害性的研究主要采用实证分析方法。根据 1999 年入狱的全部罪犯调查，女性、14 岁以下儿童是主要的被害人。[6] 这也是传统犯罪学的通说。亚文化理论认为亚文化增加了个体在违法者与受害者之间角色转变的可能性。美国水牛城青少年实证调查发现，青少年的越轨生活方式，诸如酗酒、吸毒、犯罪可以增加成为犯罪被害者的可能性；同时，犯罪被害也增加了越轨生活方式的可能性。[7]

---

〔1〕 参见王大伟：《中小学生被害人研究——带犯罪发展论》，中国人民公安大学出版社 2004 年版，第 45 页。
〔2〕 参见王大伟：《中小学生被害人研究——带犯罪发展论》，中国人民公安大学出版社 2004 年版，第 51 页。
〔3〕 参见［英］约翰·格拉海姆：《欧美预防犯罪方略》，王大伟译，群众出版社 1998 年版，第 16 页。
〔4〕 参见王良顺：《论被害预防》，《武汉大学学报（哲学社会科学版）》2008 年第 4 期。
〔5〕 参见罗红兵、梁晓琴：《刑事未成年被害人保护探析》，《四川警察学院学报》2008 年第 4 期。
〔6〕 参见王志强：《未成年人的被害研究》，《青少年犯罪问题》2000 年第 3 期。
〔7〕 参见崔璨等：《青少年越轨生活方式与犯罪被害》，《预防青少年犯罪研究》2012 年第 3 期。

因此，犯罪统计与被害调查应结合使用。[1]

（二）研究对象、内容和问题意识

1. 研究对象

（1）未成年人。本章所谓"未成年人"，在法律意义上同"儿童"概念相同。国际人权法上惯常使用的是"儿童"这个概念，如《儿童权利公约》中儿童是 18 岁以下任何人的统称。但我国未成年人保护法使用"未成年人"这个术语，即未满 18 周岁的公民。因此，除了引证的内容和约定俗称的概念，报告行文时统一使用"未成年人"概念。

据《陕西省 2010 年第六次全国人口普查主要数据公报》，截至 2010 年 11 月 1 日零时，全省常住人口中，0—14 岁人口为 5489396 人，占总人口 14.71%。同 2000 年第五次全国人口普查相比，比重下降 10.29 个百分点。[2] 据共青团陕西省省委权益部提供的数据，截至 2012 年年底，全省共有 18 岁以下未成年人 4623138 人，其中留守儿童近 130 万人，流浪乞讨儿童 1981 人，服刑在教人员未成年人子女 7930 人。从问卷调查的可行性角度考虑，报告选取陕西省 6—18 岁的未成年人作为调查对象。从社会学方面来看，6—12 岁为童年期（child），12—20 岁为青春期（adolescence）。按照义务教育法的规定，实施义务教育的最低年龄是 6 岁。因此，在此年龄跨度下，问卷调查对象主要限于在校学生，实际包括小学、初中、高中生，其中也有部分农村留守学生、残疾学生等城乡"困境儿童"群体。

（2）安全状况。安全用来指称本章调研主题的范围。"安全"

---

〔1〕　参见卢建平、车明珠：《犯罪统计、被害调查的价值与应用——以社会管理创新为视角》，《中国刑事法杂志》2012 年第 11 期。

〔2〕　参见《陕西省 2010 年第六次全国人口普查主要数据公报》，http：//www.gov.cn/gzdt/2011-05/11/content_ 1861638. htm，访问日期：2013 年 10 月 30 日。

（safety 或 security）无疑是一个宽泛的概念，表达一种状态、情形。按照不同标准，我们可以对安全划分为不同类别[1]。在风险社会背景下，往往是通过对危险的防止或禁止来实现安全。在《现代汉语词典》中，"安全"主要指"不出事故，没有危险，不受威胁"。因此，对安全可从风险的内涵来进行理解，即没有风险（伤害、危险）就是安全的状态。

潜在的风险是危险，现实的风险是伤害。最早提出"风险社会"概念的乌尔里希·贝克认为："风险可以被界定为系统地处理现代化自身导致的危险和不安全感的方式。"[2]"统计学、保险学等学科把风险定义为一件事件造成破坏或伤害的可能性或概率，用公式表示就是：风险（R）＝伤害的程度（H）×发生的可能性（P）。"人类学者、文化学者"把风险定义为一个群体对危险的认知"，历史唯物主义者认为"风险是人的一种存在状态或存在方式"[3]。由于伤害是风险的重要组成部分，又可从以下三个方面来进行分类：第一，从表现形式方面看，伤害可以分为显性伤害和隐形伤害。前者指物理性的损伤，后者指精神和心理上的损伤。按照联合国组织的定义，未成年人安全指 18 岁以下人群突然遭受超过其生理耐受阈值的力量总和所导致的伤害（物理性损伤）的总体情况[4]。这种定义明显排除了精神伤害，不适用于我国实际。按照我国侵权责任法的规定，精神损害有其特殊法律意义，能够引起法律责任。第二，从施害者

---

[1] 例如，从客体来看，可以分为个人安全、公共安全、国家安全、国际安全；从对象来看，可以分为人身安全、财产安全等；按照所涉及的生产生活领域，可以分为校园安全、校车安全、食品药品安全、玩具用具安全、游乐设施安全、交通安全、性安全等。

[2] ［德］乌尔里希·贝克：《风险社会》，何博闻译，译林出版社 2004 年版，第 19 页。

[3] 庄友刚：《跨越风险社会——风险社会的历史唯物主义研究》，人民出版社 2008 年版，第 29 页。

[4] *World report on child injury prevention*: *summary*, Geneva, World Health Organization, 2008, p. 6.

主观方面看，伤害可以分为故意的伤害和非故意的伤害。其中按照严重程度与违法性，故意的伤害又可以分为犯罪侵害和治安侵害（或称行政违法侵害）。非故意的伤害包括过失造成的伤害和意外事件造成的伤害两大类。《世界预防儿童伤害报告》指出，意外伤害（unintentional injuries）是未成年人 5 岁以后生存所面对的最大威胁，每年全球约有 83 万名 18 岁以下儿童死于非故意的伤害。该报告同时指出：非故意伤害是 9 岁以上儿童的首位致死因素；道路交通伤害及溺水约占全部非故意儿童伤害人数的近半数；每年有数千万儿童因非致死性伤害需要接受临床治疗；道路交通伤害及摔落是导致儿童受伤残疾的首要原因；95% 的儿童伤害发生于低收入和中等收入国家[1]。第三，从伤害发生的场域方面看，伤害可以分为校园伤害、家庭伤害、社会伤害。青少年成长、生活、学习的场域是不同的，在这些场域中的伤害也有所不同，不同场域可能出现不同程度的伤害，因此，未成年人所面临的安全问题千差万别。例如，《学生伤害事故处理办法》指出，所谓学生伤害事故专指在学校实施的教育教学活动或者学校组织的校外活动中，以及在学校负有管理责任的校舍、场地、其他教育教学设施、生活设施内发生的，造成在校学生人身损害后果的事故[2]。

---

[1]　*World report on child injury prevention*：*summary*，Geneva，World Health Organization，2008，p. 7.

[2]　该办法具体规定了六种情形下造成的学生伤害事故，如学校已履行了相应职责，行为并无不当的，学校无法律责任：地震、雷击、台风、洪水等不可抗的自然因素造成的；来自学校外部的突发性、偶发性侵害造成的；学生有特异体质、特定疾病或者异常心理状态，学校不知道或者难于知道的；学生自杀、自伤的；在对抗性或者具有风险性的体育竞赛活动中发生意外伤害的；其他意外因素造成的。在以下四种情形下发生的事故，学校行为并无不当的，不承担事故责任，事故责任应当按有关法律法规或者其他有关规定认定：在学生自行上学、放学、返校、离校途中发生的；在学生自行外出或者擅自离校期间发生的；在放学后、节假日或者假期等学校工作时间以外，学生自行滞留学校或者自行到校发生的；其他在学校管理职责范围外发生的。

2. 研究内容

本文所涉及的未成年人安全状况只是上述安全状况中的一部分内容。在调研内容方面，课题组综合考虑既要贴近社会关注热点，又要填补既有研究空白，同时还要使研究具有可行性和应用性（便于成果后续发挥政策建议功能等），选择以下问题予以研究：

首先，一般安全问题。主要研究意外人身伤害、交通安全（校车安全）、食品安全、校园安全等。对以往学界关注不多的性教育、安全教育、禁毒教育给予重视。而对于近年来我国社会比较关注的未成年人网络安全或网络成瘾问题，因为相关成果较多，加之共青团陕西省委专门研究和出版过相关报告论著[1]，为避免不必要的重复，本报告不再涉及。其次，刑事被害问题。近年来，未成年人的性侵害、被拐卖诱骗、被暴力伤害的事件时有发生，民愤极大，党和政府以及政法界非常关注。[2] 新闻界个别的炒作和不适当报道给党和政府声誉也造成了严重影响，干扰了政法机关正常办案，并对被害人的隐私造成"二次伤害"。就全国范围而言，此领域重要学术成果较少，其中针对陕西省未成年人的成果基本阙如。因此，本次调研对此问题予以特别关注，利用统计数据予以全面研究。需要说

〔1〕 李豫琦等：《陕西新媒体与青年发展蓝皮书》，红旗出版社2012年版。

〔2〕 2013年10月24日，最高人民法院、最高人民检察院、公安部、司法部联合发布的《关于依法惩治性侵害未成年人犯罪的意见》指出：在我国，对未成年人实施奸淫、猥亵、诱骗、组织、强迫未成年少女卖淫等违法犯罪活动时有发生，虽然在整个刑事犯罪案件中所占比例不高，但是这些犯罪给未成年人身心健康造成严重伤害，在社会上造成了极为恶劣的影响，人民群众反映十分强烈。该意见所称性侵害未成年人犯罪，包括刑法规定的针对未成年人实施的强奸罪，强制猥亵、侮辱妇女罪，猥亵儿童罪，组织卖淫罪，强迫卖淫罪，引诱、容留、介绍卖淫罪，引诱幼女卖淫罪，嫖宿幼女罪等。该意见通篇体现"最高限度保护""最低限度容忍"的指导思想，着重从依法严惩性侵害犯罪、加大对未成年被害人的保护力度两个主要方面作了规定。

明的是，对于未成年人主动犯罪或"无被害人犯罪"（黄、赌、毒、酗酒）造成的自我伤害，在我国通常归入"青少年违法犯罪"的学术范畴，不作为被害问题来讨论研究。

3. 问题意识

中国青少年研究中心出版的《新焦点》，王大伟教授专著《中小学被害人研究》都出版于十余年前。近十年来，我国未成年人安全状况和安全环境出现了很多新情况、新变化，本报告的问题意识，一方面是充分关注陕西省目前未成年人安全状况的变化规律，即陕西省和全国情况相比较，它的共性与特性是什么？对此，本报告有意同《新焦点》的数据和结论进行对比分析，同时在问卷中采用了部分量表的题目，以期同国内常模进行对比研究。另一方面，关注省内各地具体情况。陕西省地域差别大，北部地区是黄土高原，中部地区是平原，南部地貌是山地和盆地，属于地理上的"南方"。各地区社会经济发展状况存在显著差异，人口差别也较大。在调研过程中，报告适度关注各地区、城乡，以及小学生同中学生在安全方面的差异性，寻求地方安全状况的特殊规律，以便为下一步有针对性地推动立法和政策有所裨益。

综上所述，关注陕西省未成年人安全状况的特殊性，本章把重点放在"是什么"，详细研究一般安全问题和刑事被害问题，进行基本情况的摸排与分析，以掌握全省未成年人安全状况的现状和发展规律。同时，剖析"为什么"，即研究目前安全保障存在的问题及原因，提出"怎么办"，对党和政府如何有效地完善未成年人安全保障机制提出切实可行的建议。

二、研究方法和样本概况

本课题从 2013 年 8 月底启动，调研过程历时一个多月，除了利用文献法（搜集、查阅现存的相关书籍、论文、文件、政府和国际组织有关报告），主要采用实证研究方法。在数据方面，既采用调查问卷数据，又采用公安机关等政府部门的统计数据。同时，运用深度访谈、座谈会等方法收集相关资料，尽可能做到"涸泽而渔"，全面摸清情况。国庆节后，经过录入分析问卷，在十月上中旬开始研究报告的撰写。初稿完成后，两次召开社会学、法学专家和团省委领导、权益部相关干部参加的讨论会，对报告提出进一步修改完善意见，而后在十月底定稿送审，由团省委领导予以审定。

（一）研究方法

1. 问卷调查

第一，问卷设计。课题组在研读大量相关文献资料的基础上初步设计调查问卷。针对小学生、中学生、教师分别设计三种问卷。在设计问卷中，考虑和全国情况进行对比研究，一方面采用了部分心理量表的题目，如《青春期性心理健康量表》《安全感量表（Security Questionnaire，SQ）》[1]，另一方面采用了劳凯声、孙云晓主编的《新焦点》中的个别题目。问卷初稿经过 2013 年 9 月 25 日召开的座谈会讨论，相关厅局干部、专家进行了充分讨论，形成修改稿。而后经过试调查，吸收反馈意见，经过修改，在国庆前定稿下发各市县团委权益部。

第二，抽样方法和样本数。为了保证问卷调查所取得信息的全面、可靠和科学，课题组采用分层和多级简单随机抽样相结合的混合抽样方法。首先，按照陕西省第六次人口普查的数据为依据首先进行地区问卷抽样。其次，各市（区）抽取的学生数按照全省居住城市、乡村 6—18 岁未成年人的比例（以城市 54%、乡村 46% 抽

---

〔1〕 前者由骆一、郑涌编制，后者由丛中、安莉娟编制，参见戴晓阳主编：《常用心理评估量表手册》，人民军医出版社 2010 年版，第 52—56、175—176 页。

取）。再次，城市学生按照小学、初中、高中 6∶2∶2 的比例，乡村学生按照小学、初中、高中 5∶3∶2 的比例确定问卷分布。共发放问卷 1243 份（其中未成年人问卷 1199 份，教师问卷 44 份）。X 市全部问卷及 XY 市的部分问卷由团省委权益部会同专家亲自发放和回收。其他地区的问卷委托各地市（区）团委发放和回收。全部问卷经审核、编码和数据录入，剔除废卷后，共获得有效问卷 1031 份（其中未成年人问卷 999 份，教师问卷 32 份）。问卷全部以自我报告形式填写。

表 4-1 有效问卷地区分布情况

省内地区	人口地区分布（%）	有效问卷份数（份）
北部	14.84	52
中部	62.69	785
南部	22.47	194
共计	100	1031

表 4-2 有效问卷城乡分布情况

所属省内地区	城市（份）	乡村（份）
北部	28	24
中部	424	361
南部	105	89
共计	557	474

第三，问卷录入和统计分析。问卷委托 XB 政法大学的研究生、本科生录入。研究的问卷录入软件为 Excel，数据导入统计分析软件为 SPSS 13.0，由相关专业人员对所得数据进行统计分析。

2. 调研取得的统计数据

课题组从省公安厅调取 2012 年全年及 2013 年第 1—9 月以全省

未成年人为被害人的所有刑事案件的报案数据。经过一周时间的分析并剔除录入错误和无效数据，最终形成《陕西省未成年人刑事被害情况数据库》。该数据库包括 2012 年全年共发案 1146 起的基本案情，涉及犯罪嫌疑人 1742 人、受害未成年人 1108 人的主要信息，以及 2013 年 1—9 月共发案 1125 起的基本案情，涉及犯罪嫌疑人 1698 人、受害人 1072 名的主要信息。上述数据库构成了后文陕西省未成年人刑事被害的主要论据。除此以外，课题组还从教育厅、卫生厅、法院、检察院等机关调研取得相关数据作为报告撰写的依据。

3. 走访和深度访谈

2013 年 10 月 9 日、10 日、11 日、15 日课题组相继到 X 市长安南路小学[1]、XY 市 WG 县红太阳特殊康复教育学校、X 市 LT 县韩河小学[2]、X 市高新一中初中部、X 市第六中学等教育机构进行实地调研，分别对学校负责人、相关老师和工作人员、在校学生多人进行了深度访谈。

4. 座谈会

课题组在 2013 年 9 月 25 日、10 月 18 日、10 月 25 日分别召开公安、民政、教育、检察、法院、食品监督、卫生、工商、妇联等相关政府职能部门、人民团体的负责领导，以及西安交通大学、陕西省法学会专家参加的座谈会，沟通讨论相关情况。会后，还多次专门向省级政府负责未保的各机构收集相关资料文献。

（二）样本概况

本次调查的 999 份未成年人有效问卷的基本情况如下：

---

〔1〕 该学校现有学生 1400 多名，其中有 900 名是外来务工人员子女，比例高达 64%，教职工 80 多人。

〔2〕 该学校有 351 名学生，其中 49 人是父母在 X 市以外打工的留守儿童，32 位老师以及 4 名志愿者。

（1）城乡、性别比例。

表4-3　陕西省未成年人样本基本构成状况

| 性别 | 小学生 | | | | 中学生 | | | |
| | 城市 | | 农村 | | 城市 | | 农村 | |
	频次	百分比（％）	频次	百分比（％）	频次	百分比（％）	频次	百分比（％）
男	85	41.9	125	51.7	170	45.7	75	41.2
女	118	58.1	117	48.3	202	54.3	107	58.7
总计	203	100	242	100	372	100	182	100

（2）年龄。小学生方面，城市样本平均年龄10.8岁（最小8岁，最大15岁），农村样本平均10.59岁（最小7岁，最大15岁）。中学生方面，城市样本平均年龄14.71岁（最小12岁，最大18岁），农村样本平均年龄14.61岁（最小10岁，最大18岁）。

（3）家庭中的监护人。父母作为监护人，其职责的履行是防范未成年人受伤害及提高安全感的重要因素之一。当问及学生"目前主要跟谁一起生活"这个问题时，城市学生和亲生父母（双方）在一起生活的比例高（小学生占到样本总数的83.3％，中学生占到样本总数的79.8％）。但是，农村学生和亲生父母（双方）在一起生活的比例较低：小学生占到样本总数的一半以上（52.5％），中学生锐减至不到三成（29.3％）。与此相应，和亲生父母（一方）、祖父母外祖父母、兄弟姐妹一起生活的比例，农村学生均高于城市。由此可见，农村"留守儿童"问题比较突出，特别是农村父母双方都能尽到对学生监护职责的比例较低，这会影响到未成年人的安全状况。

（4）父母的文化程度。一般认为，文化程度的高低和父母对子女的安全教育程度或者对安全知识的重视程度有相关性。因此，问卷把未成年人的父母文化程度作为重要因素予以考察。调查发现，城市样本中父母学历普遍高于农村。51.7％的城市样本中父母学历

为大学专科及以上，农村样本中此项则只有 1.1%，大多数
（68.6%）属于初中学历。

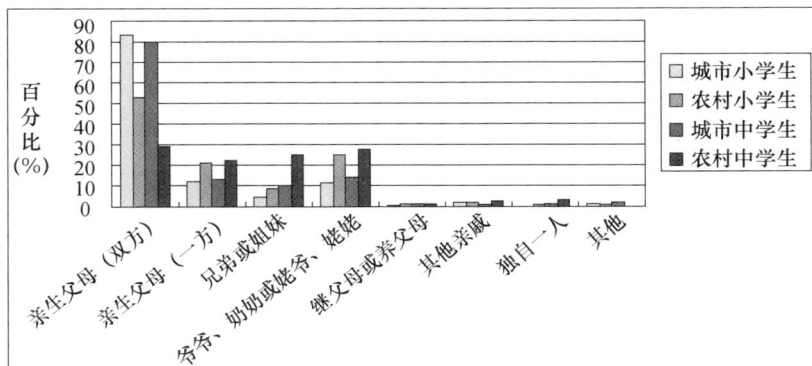

图 4-1　陕西省未成年人家庭中的监护人

表 4-4　陕西省未成年人父母的文化程度

文化程度	城市中学生		农村中学生	
	频次	百分比（%）	频次	百分比（%）
小学及未上学	4	1.1	19	10.4
初中	45	12.1	125	68.6
高中	102	27.4	34	18.7
中专	29	7.8	2	1.1
大学专科	40	10.8	0	0
大学本科	119	32	2	1.1
研究生（硕士、博士）	33	8.9	0	0
合计	372	100	182	100

另外，课题组还专门对三所学校（X 市高新一中初中部、X 市
长安南路小学、X 市 LT 县韩河小学）教师做了 32 份问卷（其中包括
一名负责安全管理的行政人员）。其样本情况是：男性 11 人，女性 21
人；平均年龄 36.53 岁（最小者 22 岁，最长者 52 岁）；全部具有大专

及以上学历（其中大专学历的教师 6 人，大学本科学历的 24 人，硕士研究生学历的 1 人，博士研究生学历的 1 人）；具有正高级职称的 1 人，副高级职称的 5 人，中级职称的 20 人，初级（含实习）的 6 人。

三、未成年人的校园安全、社会安全和家庭安全

（一）校园安全

1. 重人防，轻技防

截至 2013 年 9 月，陕西省 75.7% 的中小学、幼儿园设置了治安保卫机构，配备专职保卫人员（其余配备兼职人员），寄宿制学校全部都有专兼职宿舍管理老师。26.2% 的规模较大的中小学幼儿园聘请了专业保安。调查发现，教师对校内突发伤害应急处置认知程度较高。有 31.3% 的受访教师认为自己非常熟悉处置学生在学校内突发疾病（如食物中毒等）或者受伤等紧急状态的知识，28.1% 的人认为自己"熟悉"，34.4% 的人选择了"基本知道"。但仍有 6.2% 的人表示自己"不太熟悉"或"非常不熟悉"。84.4% 的受访教师表示，近三学年以来其参加学校开展的安全教育、培训、演习（如火灾疏散演练）等共有 4 次或 4 次以上。但是，只有 59.3% 的中小学幼儿园安装有重点部位视频监控和报警设施，设施与公安部门联网的只有 7.7%。

2. 公共场所和财产管理问题比较突出

学生对校园安全问题的回答较为分散，其中比较突出的是课间操及大型集会的管理（41.9%）和校内公私财物管理（38.2%）。农村中学生受访者因为住校的比例较高，所以认为校内宿舍安全管理（48.4%）和校内公私财物管理（46.2%）是最为突出的问题。《新焦点》发现，学生玩游戏或运动中受伤是校园安全存在的主要问题：有 56.9% 的城市学生、45.1% 的县镇学生及 44.6% 的农村学生在学校玩游戏或运动时受过伤；有 6.0% 的城市学生、6.6% 的县镇学生

及 4.2% 的农村学生在学校上实验课时受过伤;有 12.8% 的城市学生、14.5% 的农村学生及 13.3% 的农村学生有在学校因楼梯或其他通道拥挤导致同学受伤[1] 本次调查发现,就整体而言,陕西省未成年人在学校玩游戏或运动时的受伤率较《新焦点》的全国数据有所上升,但拥挤踩踏事故的发生情况有所好转。

表 4-5 未成年人在学校中的安全情况

问题	选项	城市中学生 (%)	农村中学生 (%)	城市小学生 (%)	农村小学生 (%)
玩游戏或运动时受过伤吗?	从来没有	37.4	56.5	47.8	65.7
	偶尔	59.9	42.3	49.8	33.5
	经常	2.7	1.1	2.5	0.8
因为楼梯或其他通道拥挤受过伤吗?	从来没有	88.7	84.1	92.6	86.8
	偶尔	10.8	14.3	6.4	12.0
	经常	0.5	1.6	1.0	1.2

过去出于防止运动意外,不少学校直接取消体育课长跑和双杠项目。教师问卷中,有 81.3% 的教师反对这种因噎废食的做法。目前,大部分学校恢复冬季长跑,但双杠项目至今仍未恢复。有校长和老师反映,即使重视和强调安全,还是很难避免意外的发生,学校平均每年至少会发生一起学生校内安全事故(大多是骨折)。

3. 校园欺凌现象有所缓解但教师对学生体罚还存在

《新焦点》的研究表明,38.6% 的学生经常和偶尔遭到高年级同学欺负[2] 本调查发现,小学生的校园欺凌现象有所缓解。有

---

〔1〕 劳凯声、孙云晓:《新焦点——当代中国少年儿童人身伤害研究报告》,北京师范大学出版社 2002 年版,第 14、81 页。

〔2〕 劳凯声、孙云晓:《新焦点——当代中国少年儿童人身伤害研究报告》,北京师范大学出版社 2002 年版,第 19、173 页。

68.0%的城市小学生和68.6%的农村小学生从来没有被同学欺负过，29.1%的城市小学生和27.7%的农村小学生偶尔会被同学欺负。中学生方面，89.0%的城市中学生和78.0%的农村中学生从来没有被同学欺负过。但是，20.3%农村中学生和9.1%的城市中学生偶尔会被同学欺负，说明农村校园欺凌现象较城市稍严重。

教师对学生罚站、罚跑、责骂、增加作业量、打人也是校园暴力的表现形式。全国调查中，有40.3%的少年儿童有过被罚站或罚跑的经历，29.0%有被留校的经历，26.7%有被责骂的经历，37.8%被增加过作业量[1]。本次调查教师问卷中，当问及"如果您班上学生犯错且不服管教，您通常会使用什么方式教育？"时，有93.8%的教师选择了"谈心"，68.8%的教师认为"打骂、体罚学生的行为绝对不应做"，无一人选择"非常有必要"。但是，通过学生问卷询问教师采用的主要教育手段，发现体罚和变相体罚的现象却普遍存在。"罚站和罚跑"不论在城市还是农村，中学生还是小学生，都排进教师主要教育手段的前三位。

（二）社会安全

校园周边环境中，直接影响到未成年人的是交通和商业环境。校园周边环境治理难度大。本次调研发现，对于城市中学生来说，交通安全和堵塞（21.5%）是校园周边环境存在的最突出的问题，其次还有噪声污染（6.50%）、空气污染（4.60%）等。对于农村中学生来说，最突出的问题是噪声污染（20.9%）、空气污染（11.50%）、食品卫生差（2.70%）及网吧游戏厅林立（7.70%）。对于农村中学生而言，噪声污染已成为了最突出的校园周边环境问题。还有0.5%的城市小学生和2.1%的农村小学生被校外黑社会或流氓混

[1] 劳凯声、孙云晓：《新焦点——当代中国少年儿童人身伤害研究报告》，北京师范大学出版社2002年版，第19页。

混殴打过，有 1.0% 的城市小学生和 1.7% 的小学生曾被抢劫、勒索钱财。有 6.7% 的城市中学生和 1% 的农村中学生曾被抢劫、勒索钱财。

1. 交通安全问题较为严重

调查发现，13.9% 的城市中学生、4.4% 的农村中学生、3.4% 的城市小学生和 2.9% 的农村小学生曾在上学放学的路上出过交通意外。但是，98.4% 的城市中学生、全部农村中学生及 98.0% 的城市小学生和 96.7% 的农村小学生表示在坐校车期间从来没有受过伤。这说明校车对学生交通安全的意义重大，校车运行质量是可靠的。陕西省无论是参与营运的校车数量，还是经由校车接送上下学的未成年人数量都颇为庞大。全省共有校车 4342 辆，但是符合国家校车标准的校车只有 623 辆。全省义务教育阶段在校学生乘坐公交车上学的有 547531 人，乘坐校车的有 80891 人。乘坐校车的幼儿园学生有 129970 人。全省校车中，由政府购置并为学校幼儿园配备的约占 2%，学校自备的约占 55%，道路旅客运输经营企业提供的约占 12%，城市公共交通企业提供的约占 6%，专门设立的校车运营企业提供的约占 20%，取得道路旅客运输经营许可的个体经营者提供的约占 5%。

目前校车管理存在的问题是：第一，由教育部门牵头协调难度大。国务院校车安全管理部际联席会议的召集部门为教育部，陕西省参照国务院模式，召集部门为省教育厅。因为校车安全管理涉及多个部门，很多管理环节在学校以外，教育厅协调难度较大。第二，从实践来看，设立校车运营企业，实现公司化运作的模式效果最好，但这需要政府出台相关优惠政策鼓励社会力量参与校车运营。

与《新焦点》的结论比较，发现农村学生安全隐患问题更为突出，过马路从不走人行横道的比例，城市中学生占 16.7%，农村中学生占 11%，城市小学生占 13.3%，农村小学生占 21.5%，这说明学生良好的交通安全习惯并未很好养成。

2. 校园周边食品安全亟待改善

食品安全问题，主要是学校周边尤其是城乡结合部的监管问题。各种流动摊贩、无照经营的小商小贩造成执法难度增加，作为在学校周边用餐的主要人群，学生群体的食品安全不容乐观。调查发现，每年因食用学校周边不洁食物而患病的次数有 1—2 次的，城市中学生、农村中学生、城市小学生、农村小学生的比例分别为 21.8%、18.1%、11.3%、10.7%，比较频繁（3—4 次）的比例分别为 3.8%、2.7%、3.0%、3.3%。

（三）家庭安全

据前文所述，未成年监护人的情况，目前农村未成年人在家庭构成的完整度上与城市未成年人有着明显差别。具体而言，就是其父母双方同时履行监护义务的比例较低。这种监护责任的缺失会造成未成年人在家庭中意外风险的上升。据省卫计委提供的监测数据，陕西省五岁以下儿童意外和中毒死亡人数每年都在增加，2008 年意外死亡占到儿童死亡总数的 11.1%，2012 年以后则骤升至 21.24%。按死亡原因顺位分析，第五位为意外窒息（前四位原因均为疾病）。意外窒息造成的死亡上升至前五位的情况在 2011 年之前都不曾出现过。究其原因，主要在于家长的重视程度不够。有不少家长疏于对子女的监护，增加了未成年人遭受意外风险的概率。

有学者调查显示，主动性质的家庭伤害依次是：玩耍中受伤（68.7%）、被锐器划伤（64.8%）、摔伤（56.7%）、烫伤或烧伤（36.3%）、被猫狗等动物弄伤（27.8%）、触电（20.3%）。[1] 本次

〔1〕 劳凯声、孙云晓：《新焦点——当代中国少年儿童人身伤害研究报告》，北京师范大学出版社 2002 年版，第 207 页。

调查则发现，未成年人的家庭意外（即主动性伤害）依次是：摔伤、玩耍中受伤、被锐器划伤、烫伤或烧伤、被猫狗等动物弄伤。触电造成未成年人伤害的情况有所好转。同时，农村小学生遭受家庭伤害的比例比较大，未在家中受伤的比例分别为城市小学生21.7%、农村小学生19.0%。

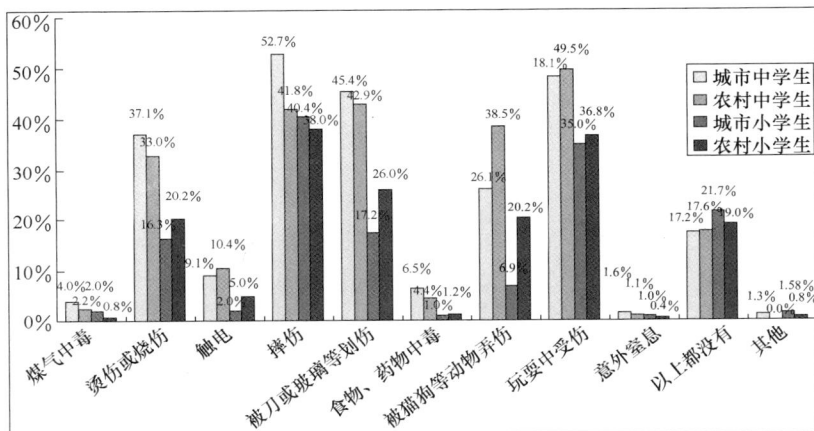

图4-2　未成年人在家庭中发生意外的比例图

四、未成年人的刑事被害

（一）侵害未成年人的主要犯罪类型

课题组通过对刑事案件立案数据的分析，剔除无效数据，发现2012年全年共发案1146起，涉及犯罪嫌疑人1742人，受害未成年人1108名。2013年1—9月共发案1125起，涉及犯罪嫌疑人1698人，受害人1072名。侵害未成年人的主要犯罪类型是侵财、性侵及侵害生命健康。2012年发案超过总数百分之十的类型是：盗窃（350起，占30.54%）、抢劫（214起，占18.67%）、故意伤害（159起，占13.87%）、强奸案（155起，占13.53%）。2013年第1—9月发案超过总数10%的类型是：盗窃（325起，占29.04%）、抢劫（209起，占

18. 68%）、强奸案（137 起，占 12. 24%）、故意伤害案（121 起，占 10. 81%）。下文将具体对未成年人被害状况进行详细研究。

1. 侵犯人身权利的犯罪以故意伤害、强奸和拐卖为主

此类犯罪按照所侵犯的法益不同，主要分为侵犯未成年人的生命健康权、性的自我决定权和人身自由权三类。第一，侵犯生命健康权类犯罪以故意伤害行为为主，此类犯罪总体呈现下降趋势。此类犯罪主要包括故意杀人、过失致人死亡、故意伤害、过失致人重伤。故意伤害在 2012 年共 159 起（占 13. 87%），2013 年 1—9 月 121 起（占 10. 81%）。故意杀人在 2012 年有 16 起（占总数 1. 40%），2013 年 1—9 月有 12 起（占总数 1. 07%）。另外两类都较少，如过失致人死亡 2012 年共 3 起（占 0. 26%），2013 年 1—9 月 4 起（占 0. 36%）。过失致人重伤在 2012 年共 1 起（0. 09%），2013 年 1—9 月 1 起（占 0. 09%）。第二，侵犯性的自我决定权类犯罪以强奸为主，猥亵有较大幅度上升。此类犯罪主要包括强奸、猥亵及组织、强迫、引诱、容留、介绍卖淫。强奸在 2012 年共 155 起（占 13. 53%），在 2013 年 1—9 月 137 起（占 12. 24%）。猥亵在 2012 年共 15 起（占 1. 31%），在 2013 年 1—9 月 26 起（占 2. 32%）。组织、强迫、引诱、容留、介绍卖淫案 2012 年共 34 起（占 2. 97%），在 2013 年 1—9 月 30 起（占 2. 68%）。有受害人在一个月内先后遭受多人多次强奸或猥亵。其中，强迫卖淫案件在被害人不从的情况下，大多也涉及强奸、人身伤害、侮辱妇女等情节。如某地马某某、吴某某等人特大强迫少女卖淫案件。该案马某某、吴某某团伙共涉嫌组织卖淫、强迫卖淫、强奸、抢劫、寻衅滋事等案件 17 起，抓获犯罪嫌疑人 16 名（已移交起诉至人民检察院），解救妇女 6 名，查证落实涉及受害人 22 名，查处嫖娼违法人员 11 名。第三，侵犯自由权类犯罪以拐卖为主，其绝对数较大，增长速度很快。此类犯罪主要包括非法拘禁、绑架、拐卖。《中国反对拐卖妇女儿童行动计划（2008—2012

年)》开宗明义地指出:"拐卖妇女儿童犯罪严重侵犯妇女儿童人身权利,对被拐卖妇女儿童身心健康造成巨大伤害,并由此引发一系列社会问题,严重影响社会和谐稳定。"拐卖在 2012 年共 21 起(占 1.83%),但 2013 年 1—9 月较上一年度增长很快,共 48 起(占 4.29%)。非法拘禁有小幅上升,其在 2012 年共 8 起(占 0.70%),在 2013 年 1—9 月 10 起(占 0.89%)。绑架在 2012 年共 7 起(占 0.61%),2013 年 1—9 月共 6 起(占 0.54%)。

2. 侵犯财产权利的犯罪以盗窃、抢劫为主

此类犯罪占发案总数的比例高,特别是暴力胁迫型、窃取骗取型的犯罪,而侵占和故意毁坏财物犯罪非常少。第一,抢劫是高发的侵犯未成年人犯罪。暴力胁迫型主要包括抢劫、抢夺、敲诈勒索。抢劫在 2012 年共 214 起(占 18.67%),2013 年 1—9 月 209 起(占 18.68%)。抢夺在 2012 年共 15 起(占 1.31%),2013 年 1—9 月 16 起(占 1.43%)。敲诈勒索在 2012 年共 16 起(占 1.40%),2013 年 1—9 月 22 起(占 1.97%),2013 年较上年度有所上升。第二,盗窃是主要的窃取骗取型犯罪,也是未成年人被侵害案件中数量最多的类型。盗窃在 2012 年共 350 起(占 30.54%),2013 年 1—9 月 325 起(占 29.04%)。除此以外,诈骗案在 2012 年共 35 起(占 3.05%),2013 年 1—9 月 34 起(占 3.04%)。第三,侵占和故意毁坏财物犯罪非常少。侵占和故意毁坏财物在 2012 年和 2013 年 1—9 月各只有 1 起(占 0.09%)。

3. 其他类犯罪以交通肇事、寻衅滋事为主

第一,危害公共安全类的犯罪以交通肇事为主。此类犯罪主要分为违反安全管理规定和以危险方法危害公共安全两类。前者主要包括交通肇事、危险驾驶、重大责任事故。交通肇事在 2012 年共 54 起(占 4.71%),在 2013 年 1—9 月发案 66 起(占 5.90%),不仅发案数有超过 20% 的上升,而且占所有案件总数的比例也上升

1.21%，应值得重视。危险驾驶在 2012 年共 5 起（占 0.44%），在
2013 年发案 3 起（占 0.27%）。重大责任事故在 2012 年和 2013 年各
发案 1 起（占 0.09%）。后者主要包括放火、爆炸及以危险方法危害
公共安全。放火在 2012 年未发案，但在 2013 年 1—9 月有 1 起（占
0.09%）。爆炸在 2012 年和 2013 年各 1 起（占 0.09%）。以危险方
法危害公共安全在 2012 年未发案，但在 2013 年 1—9 月有 2 起（占
0.19%），均系酒驾造成重大交通事故。第二，扰乱公共秩序类的犯
罪以寻衅滋事为主。此类主要包括招摇撞骗、聚众斗殴、寻衅滋事、
嫖宿幼女四类。寻衅滋事在 2012 年共 21 起（占 1.83%），2013 年
1—9 月 20 起（占 1.79%）。招摇撞骗在 2012 年共 2 起（占
0.17%），均为犯罪嫌疑人冒充警察来骗取未成年人财物，2013 年未
发案。聚众斗殴在 2012 年未发案，但在 2013 年 1—9 月有 4 起（占
0.36%），其中三起涉及在校学生。嫖宿幼女在 2012 年没有报案，
2013 年有 1 起（占 0.09%）。第三，组织领导传销活动案件有小幅
上升。除了上述类型，侵害未成年人的其他类型犯罪还包括容留吸
毒、组织领导传销活动、恶意欠薪、信用卡诈骗、掩饰隐瞒犯罪所
得犯罪收益。此类发案率普遍较低。恶意欠薪和信用卡诈骗发生在
2012 年，掩饰隐瞒犯罪所得犯罪收益及容留吸毒发生在 2013 年，均
只有 1 起。值得注意的是，组织领导传销活动在 2012 年和 2013 年
1—9 月均有发案，分别为 2 起和 3 起（分别占 0.17% 和 0.27%），
出现小幅上升。

（二）未成年人易被侵害的主要犯罪空间和时间

（1）酒店娱乐场所和学校是防止未成年人被害的重点防控场所。
加强公共安全是预防未成年人被害的首要环节，从未成年人被侵害
的犯罪空间角度看，2012 和 2013 年 1—9 月近两年间主要发案地前
三位均为：公共场所（包括道路、商场、广场、公园等公众从事社
会生活的场所，2012 年为 48.81%，2013 年为 46.62%）、酒店及娱

乐场所（包括宾馆、网吧、洗浴场所等以营利为目的的游艺场所，2012 年为 18.33%，2013 年为 19.15%）、学校及宿舍（2012 年为 11.49%，2013 年为 10.44%）。

（2）公共场所的高发案件以侵财类、交通肇事和故意伤害犯罪为主。在公共场所中，所占 2012 年和 2013 年 1—9 月期间所有发案数比例超过 10% 的犯罪类型是：盗窃案（33.27%）、抢劫案（25.29%）、故意伤害案（15.56%）、交通肇事案（10.51%），2013 年则分别为：盗窃案（31.54%）、抢劫案（26.35%）、交通肇事案（13.69%）、故意伤害案（12.24%）。

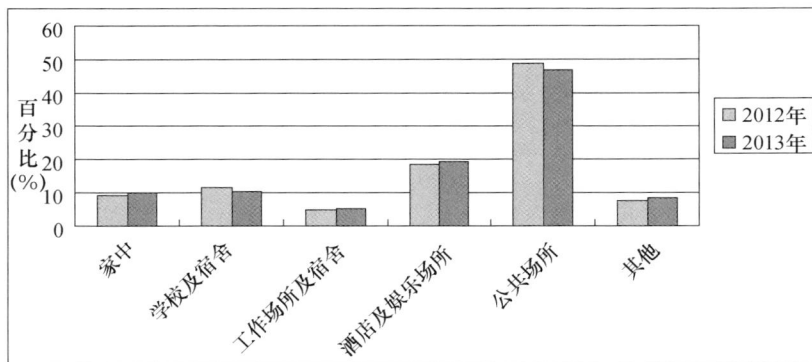

图 4-3 陕西省未成年人被侵害的主要犯罪地

（3）酒店及娱乐场所是侵财和性侵案件的主要犯罪地点。在酒店及娱乐场所中，2012 年中发案所占比例超过 10% 的犯罪类型分别是：盗窃案（30.05%），强奸案（20.21%），组织、强迫、引诱、容留、介绍卖淫案（13.47%），抢劫案（12.95%），故意伤害案（10.36%）；2013 年分别是：盗窃案（27.27%），强奸案（27.27%），抢劫案（14.65%），组织、强迫、引诱、容留、介绍卖淫案（13.13%）。

（4）校园中发生的案件主要是抢劫和盗窃。学校及宿舍在两件发案率最高的均为抢劫案（2012 年所占比例为 37.19%，2013 年所占比例为32.41%），其次为盗窃案（2012年所占比例为26.45%，2013年所占比例为24.07%），多发故意伤害案（2012年所占比例为25.62%，2013年所占比例为23.15%）。在校园中犯罪类型的集中发案现象应当引起有关部门的足够重视。

（5）案件发生的主要时间特征。有学者认为，我国的犯罪时间分布存在一年三次犯罪高峰的现象，分别出现在4月、8月、12月。[1]通过对2012年全年的数据进行分析发现，针对未成年人的犯罪并没有特别突出的峰值出现，但6月及下半年这7个月的时间中发案数量是明显高于其他几个月的。

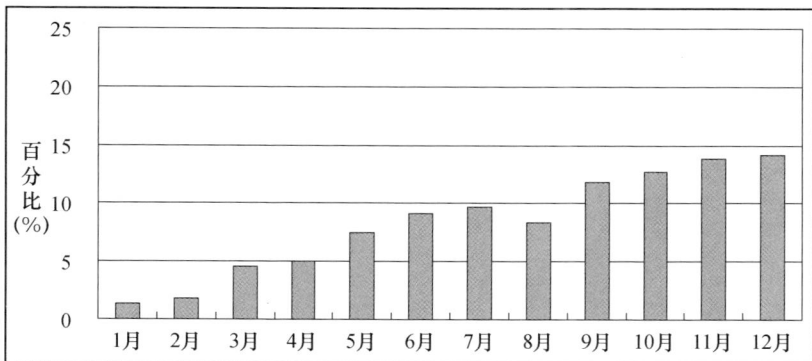

图4-4　陕西省未成年人刑事被害的主要发案月份

通过对全年发案最多的四类案件——盗窃、抢劫、故意伤害、强奸进行统计可以发现：盗窃案在7月、9—12月存在两个高发期。其中，第一高峰期（7月）发案数占全年的9.43%，第二高峰期（9—12月）的发案数占全年的64%。从时间分布上来看，一天时间内存在0—2时（9.71%）、7—9时（12%）、10—16时（30.86%）、

17—21 时（24.29%）四个高发期。抢劫案在 3—5 月及 9—12 月存在一小一大两个高发期。其中，3—5 月份发案数占全年的 21.03%，而 9—12 月则占 60.75%。从全天发案时间来看，除上午（6—12时）发案较少（只占全天发案的 6.07%）外，其他时间段发案较为平均。其中 0—6 时发案比例为 26.17%，12—18 时发案比例为 29.44%，18—0 时发案比例为 38.32%。故意伤害案在 6—7 月、9—10 月、11—12 月出现三个高发期，所占全年故意伤害发案总数的比例分别为 23.27%、21.38%、23.27%。21—0 时时间段内是故意伤害案的绝对高发期，可占到全天发案总数的 31.45%。其次为 16—21时，比例为 28.93%。再次为 0—3 时，比例为 16.35%。其他时间段内每个小时的发案比例大多只占 1 到 3 个百分点。只有 12 时到 13 时期间发案比例为 7.55%，远超相邻时间段的发案比例一倍有余。

强奸发案自 1 月开始逐月递增，在 5—9 月形成全年发案的高峰期，峰值出现在 6 月份，此后逐月递减。发案高峰期占全年发案总数的比例达到 64.52%，峰值为 19.35%。从全天时间来看，17 时到凌晨 2 时 9 个小时内的发案比例为 58.06%，9 时到 16 时 7 个小时内的发案比例为 33.55%，并形成两个高发期。

（三）被害未成年人的特征

（1）13—18 岁年龄段段易遭受犯罪侵害且受害后预防再次被害难度较大。课题组统计发现，2012 年该年龄段占全部刑事犯罪被害未成年人总数的 86.37%，2013 年 1—9 月此比例有所下降，但仍高达 60.86%。从未成年被害人年龄阶段来讲，大致可分为婴儿期（0—3岁）、学龄前（3—7 岁）、幼年期（7—14 岁）、少年期（14—18 岁）四个阶段。从下图可见，13 岁是刑事受害概率增大的起始点，这也是未成年人由幼年期转向少年期的时期。该阶段未成年人性生理已经成熟，心理上则呈现半成熟半稚气的复杂状态，特别是逆反意识强。这一时期未成年人应急处理能力较差，而且学业压力重，家庭

控制能力弱，青少年处于家庭管理和引导的失控状态。总之，虽然
未成年人被害的原因是由多种条件共同作用下的结果，但易被害性
增加无疑是诱发犯罪的重要因素之一，造成其受害率的上升。这一
年龄段的受害人受害后预防难度较大。例如 14 岁的受害人孟某，在
2011 年起的近一年时间内，先后遭轮奸、强奸近二十次，均未报案。
直至发展为最终被骗至某省强迫卖淫的严重后果。

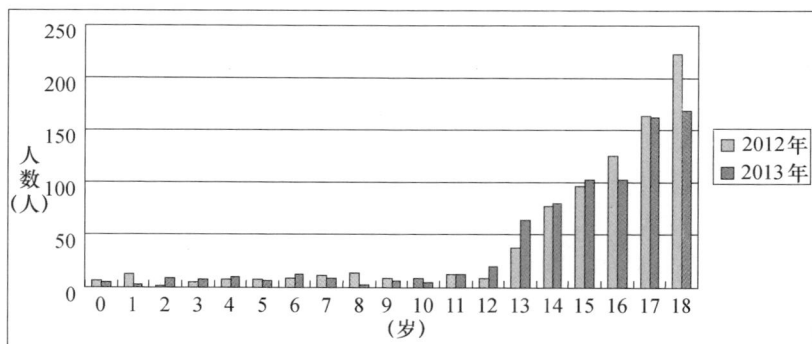

图 4-5 陕西省未成年人受害人年龄分布图

（2）女性未成年人易遭受犯罪侵害。在各类型案件发案总数呈
现下降趋势的背景下，针对未成年女性犯罪数量有上升趋势。如拐
卖妇女、儿童的发案数，2013 年较上一年度增长了一倍多，猥亵儿
童的发案数较上一年度增长了近一倍。另外，从近两年受害人性别
比例的变化也可以印证被害人中女性比例的上升趋势。

表 4-6 陕西省未成年人受害人性别比例

年份 性别	2012 年		2013 年	
	频次（人）	频率（%）	频次（人）	频率（%）
男	642	56.02	593	52.99
女	504	43.98	526	47.01
总数	1146	100	1119	100

（3）农村受害人比例高于城市。受害人城乡分布存在差异。农村受害人所占比例大且有进一步上升趋势。2012 年，经常居住地为农村的占刑事犯罪未成年受害人总数55.93%，2013 年 1—9 月已经小幅上升至61.31%。同时，被侵害的场域呈现从城市到农村的递增形态。（见图4-6）调研结果和王大伟教授以前提出的"从农村→城镇→城市"的犯罪递增趋势不同，王教授认为，就各类犯罪总体而言，乡村好于城镇，城镇又好于城市。[1]

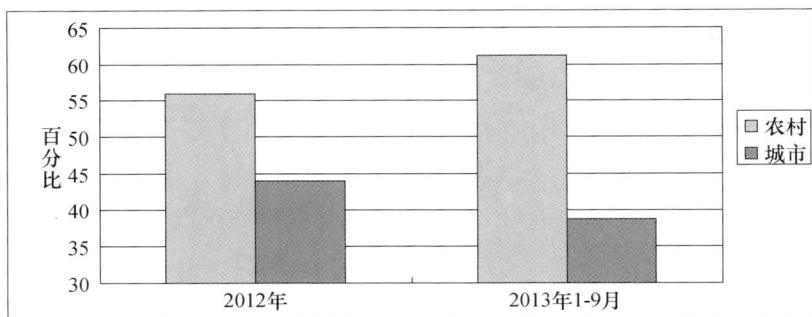

图4-6 陕西省未成年人受害人城乡分布图

（四）犯罪嫌疑人的特征

调查表明，男性、农民、学生和无业人群是主要犯罪人。

（1）青少年为主体的男性犯罪人所占比例较高。男性犯罪人比例为90%左右。按照我国刑法规定，16 岁以上就要承担刑事责任，14—16 岁未成年人只对八种严重犯罪承担刑事责任。调查发现，2012 年 16—25 岁的犯罪人所占比例为71.0%，2013 年 1—9 月青少年犯罪人所占比例降低到60.3%。

---

〔1〕 参见王大伟：《中小学生被害人研究——带犯罪发展论》，中国人民公安大学出版社 2004 年版，第97 页。

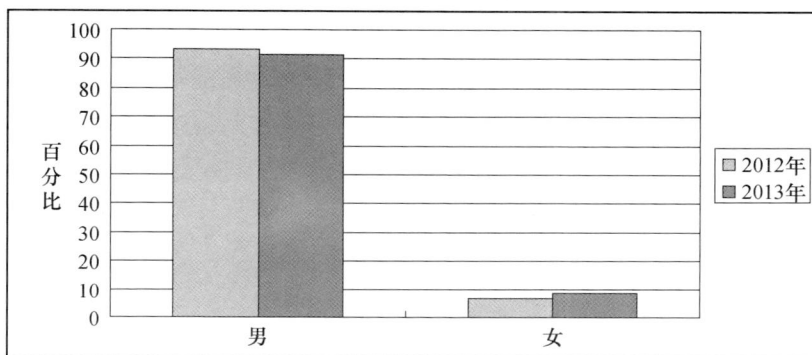

图4-7　犯罪者的性别

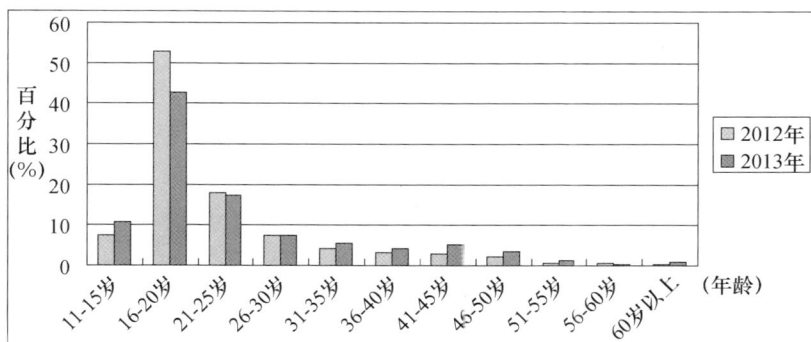

图4-8　犯罪者的年龄分布

（2）犯罪人的职业或身份以农民、学生和无业人群为主。2012年，农民和学生身份的犯罪人所占全部犯罪人比例并列在首位（占35.15%），第三位是无业人群（29.38%）。2013年犯罪人中农民占40.1%，学生占35.4%，无业人群占20.9%。其他有工作的犯罪人所占比例虽然在2013年有所上升，但均不超过4%。2013年另有3名学龄前儿童成为涉案人，分别涉及抢劫案、故意伤害案和盗窃案。

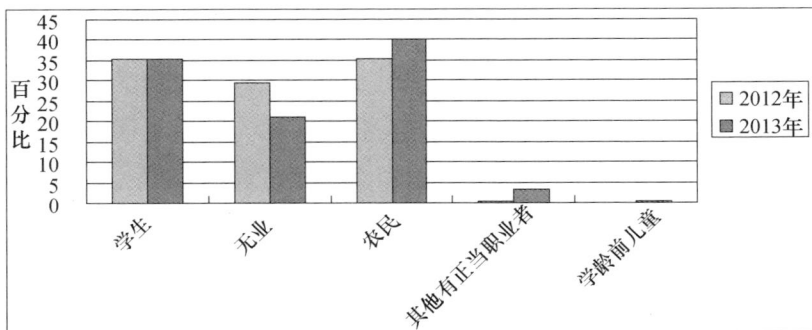

图 4 - 9　犯罪者的身份特征

（3）作案方式并非团伙犯罪而是单独犯罪高发。传统观点认为青少年团伙犯罪较多。但在侵犯未成年人的案件中，课题组调查发现 2012—2013 年间，单独犯罪与共同犯罪变化较少，单独犯罪所占比例维持在 60% 左右。

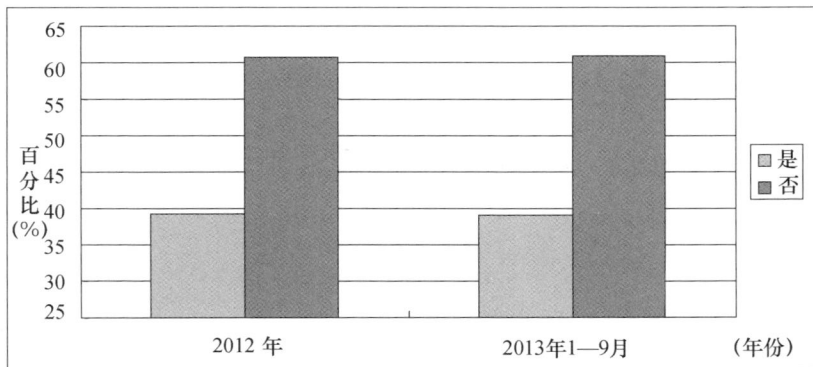

图 4 - 10　单独犯罪频率对比表

（五）被害人与犯罪嫌疑人的关系

（1）被害人与犯罪嫌疑人的关系多元复杂。犯罪加害方（犯罪人）与犯罪被害方（被害人）是相互转化的。例如，个别女生被性侵害之后，变为犯罪团伙中的成员，有的甚至成为骨干。被害人的被害性是诸多犯罪诱因组成部分之一，是诱发犯罪的必要不充分因素，而非诱发犯罪的唯一条件。

（2）犯罪嫌疑人为犯罪有意结交受害人。某些女学生和闲散社会人员结交的原因多由与同学的小矛盾（如打水排队、洗漱用品摆放造成言语冲突）引起，进而在闲散社会人员处寻求报复同学的手段，作为发泄矛盾的方式。犯罪嫌疑人正是利用受害人的这种需求结交受害人，随后约其一起外出（如一起吃饭、上网等）进而借机控制被害人。在加害人性侵被害人后，往往还会将被害人介绍给其他人发泄淫欲。还会要求被害人将自己的好朋友叫出来一起吃饭，进而对第二名受害人施暴。

（3）熟人作案现象较为突出。课题组调研中，警方还谈及以下典型案例。被害人 A 不满 14 岁，有残疾，其父母长期在外打工，A 的爷爷负责照管其日常生活。2012 年 6 月起，同村犯罪嫌疑人王某知道 A 智力发育不健全，便采用引诱、强迫等方式多次与其发生性关系。2012 年 9 月，王某趁 A 的爷爷外出之际，在其家中再次与 A 发生性关系，A 的爷爷因故提前回家，才发现犯罪嫌疑人王某性侵的事实。去医院检查治疗后发现 A 已怀孕数月。通过调查走访，警方掌握了其他犯罪嫌疑人赵某、王某某性侵 A 的大量事实，本案现已向检察机关移送起诉。从省检察院 2013 年起诉的案件来看，猥亵儿童案共计 14 件，涉及 14 名犯罪嫌疑人及 18 名被害人，大多是熟人作案，包括邻居、同事等，也有个别是网友。拐卖儿童案件在法院受理的 5 件中，有 4 件是亲生父母卖掉自己的孩子。在 2012 年的一起强迫卖淫案中，犯罪嫌疑人之一正是利用与受害人的密切关系，联系并引诱受害人至某宾馆，并收取其他犯罪嫌疑人酬金。

五、未成年人的安全感

安全感是对可能出现的身体或心理的危险或伤害的预感，以及个体在应对处置时的有力或无力感，主要表现为确定感和可控制感。比较成熟的《安全感量表》包括两个因子：人际安全感因子（人际交往过程中的安全体验）和确定控制感因子（生活的预测及确定感、控制感）。安全感和人际信任、自我接纳、个人评价有关，是主体对外界的一种心理上的反应[1]。安全感的缺失会造成未成年人面对安全问题时的反应能力降低，预防风险的能力下降。因此，安全感是决定心理健康的最重要的指标（心理健康的标准是要有充分的安全感），甚至是心理健康的同义词。安全感受很多因素的影响，例如社会支持度、抗挫折性，学校、社会、家庭等生活环境。因为条件所限，本书仅对部分因素进行调研，而且考虑到小学生因年龄小而导致问卷测试适应性较差，安全感测试的题目只针对中学生样本进行。

（一）社会支持单一且集中

社会支持是未成年人遭遇风险后，防止伤害扩大及再次被害的关键。其一方面对未成年人提供保护，对风险起缓冲作用，另一方面对维持良好情绪体验也有重要意义。社会支持分为客观支持和主观感受到的支持两类。前者既包括物质上的援助、社会网络团体关系的存在，也包括个体稳定的社会关系或不稳定的社会联系；后者主要指未成年人感受到来自他人的支持、关爱，是一种被支持、理解的情感体验。

陕西省未成年人遇险求救的对象依次为父母或亲属、同学、老师、警方。中学生组中，城市排前四位的分别为：父母或亲属（81.7%）、关系好的同学（56.7%）、老师（45.7%）、警方（39.0%）。农村前四位的分别为：父母或亲属（73.6%）、关系好的同学（43.4%）、警方（40.7%）、老师（37.4%）。小学生组中，同学所占的比例有所下降。城市小学生求助对象分别为：父母或亲属（58.6%）、警方

---

[1] 参见戴晓阳主编：《常用心理评估量表手册》，人民军医出版社2010年版，第175页。

（33.0%）、老师（26.1%）、关系好的同学（18.2%）；农村小学生与之顺序相同。虽然问卷选项中罗列了"共青团、少先队""村或社区组织""网友"等，但所占比例均比较低，可见未成年人求助主体的集中性十分显著。在针对教师的问卷中，当问及"如果学生在校内外遭受人身、财产安全的威胁是否会将情况反映给自己？"时，81.3%的受访教师表示肯定。但是，虽然教师有心理预期和准备作为学生的"保护神"，但是学生愿意求助教师的比例，在中学生中只有45.7%（城市）和37.4%（农村），在小学生中只有26.1%（城市）和29.8%（农村）。

（二）受挫应对的方式和程度不同

如上所述，未成年人的社会支持主要来自父母、教师或同伴的肯定性评价，其安全感和未成年人对这种肯定的依赖程度有密切关系。当未成年人面对父母、老师说教或者打骂等非肯定性的行为时，其心理承受力（抗挫折能力）亦可作为衡量其安全感强度之依据。据伤害报告调查，未成年人主要选择"气愤、伤心、痛苦"（67.3%），以及"无所谓"（28.5%）和"想离家出走"（18.1%）。本次调查则发现城乡、年龄不同的未成年人被父母、老师打骂时心理感受存在较大差异。第一，科学的教育方式得到一定程度的社会认同。有7.5%的城市中学生和9.3%的农村中学生，20.2%的城市小学生和14.9%的农村小学生，选择"从没有说教或者打骂过"。第二，未成年人的心理反应主要是内生性的。"气愤、伤心、痛苦"和"无所谓"占主要比例。第三，中学生"想离家出走"的比例明显高于小学生，农村学生高于城市学生。"想离家出走"的城市中学生有14.0%，农村中学生有15.9%。而小学生此比例较低（城市占1%，农村占5%）。第四，城市中学生、农村小学生自杀倾向比较严重。有9.7%的城市中学生有自杀想法，超过农村中学生一倍多，而农村小学生4.5%有死亡的念头，是其城市同龄人的三倍。

（三）安全感整体较差

选择安全感"差"及"非常差"的未成年人占到全部受访者的74.48%，"好"及"非常好"的仅占3.45%。农村中学生自评安全感处于非常差、差、一般的比例分别为30.22%、44.51%和23.63%，安全感好者仅为1.65%，非常好的为0。城市中学生方面，0.40%的人自评"非常好"，另有4.35%的人自评"好"，比例稍高于农村，同时选择"非常差"和"差"的中学生分为32.81%和41.50%，较农村中学生高。

六、未成年人安全教育存在的问题

（一）教育形式单一，效果不佳

学生安全知识教育旨在培养学生基本的自救互救技能，从而提高学生安全意识及抵御、应对各种意外突发事件的能力。学生个体存在差异，学校教育又必须面对学生整体，所以要做到有的放矢、个体化的安全知识辅导存在困难。65.6%的受访教师表示，其所在学校平均每年针对学生所开展的人身安全、公共安全、自护教育的专题教育（培训）次数为4次及以上。但是，问卷访问的学生回答却不甚乐观，不能排除有学校搞形式主义或弄虚作假，至少表明学生对学校安全教育的印象并不深刻。农村学生安全教育和演练情况略差于城市学生，竟有25.2%的小学生回答学校没有开展过安全教育。同时调查了解到，演练存在走过场的情况，即班主任提前通知具体时间和要求。在演练时，大多数学生已有准备，且无人考核未成年人在演练中的表现是否合乎规范（如防火灾演习是否按照要求弯腰、掩盖口鼻等）。实践中，安全教育形式上宣传口号化、演练娱乐化，或照本宣科变成班会课，或干脆把书本发给学生自学。

（二）禁毒教育和性教育缺失

安全教育内容的不完善，主要反映在禁毒教育和性安全教育缺失上。

（1）禁毒教育水准低，农村禁毒教育缺失。防毒、禁毒教育是安全教育的重要组成部分。调查发现，城市学生禁毒教育整体状况较好，农村学生禁毒教育水平较低。自称对毒品和禁毒毫不了解的农村中学生、小学生所占比例分别为13.7%和33.5%，远高于城市中学生（3%）和小学生（15.8%）。禁毒教育和宣传比较欠缺，有35.5%的城市小学生和43.8%的农村小学生表示其所在学校从未进行过禁毒教育或宣传。即使进行了禁毒教育和宣传的学校，其效果也并不理想。禁毒的学校教育不仅流于形式，而且内容过于肤浅。访谈中发现，未成年人对毒品具体指什么物质并不清楚，只是通过看电视知道吸毒会上瘾、死亡。

课题组曾和 X 市某标准化（重点）高中二年级学生有如下访谈：

问：学校里有禁毒教育吗？

答：有，板报、宣传栏上都有过，电影里也演过。

问：内容是什么？

答：就是毒品的样子啊、名称啊、危害啊，还有一些标语、口号。

问：那你知道哪些毒品的名称吗？

答：知道啊，大麻，（问旁边人）大麻是不是？还有海洛因、摇头丸、白粉。

问：那你知不知道有些人喝止咳水的？

答：我弟弟感冒的时候会喝，不生病的时候不会。

问：家人会对你进行毒品方面的教育吗？

答：会，经常会告诉我别人给的东西不能吃。小时候还告诉我不要随便捡地上扔的针管之类的。

（2）性教育特别是性安全教育严重缺失。据笔者对近年来陕西省未成年人刑事被害发案数的统计，被害未成年人主要以13—18岁年龄段、女性、居住在农村为主。一般而言，8—12岁为被性侵高危阶段时期。调查发现，2.2%的城市中学生、1.1%的农村中学生、1.0%的城市小学生和0.8%的农村小学生表示自己有被别人以非医疗体检目的抚摸过隐私部位（生殖器）的经历。

性认知水平不仅关系到未成年人群体的身心健康，更是降低其被害性、提高自护能力的重要环节。较高的性认知水平是预防被害的重要因素。笔者以《青春期性心理健康量表》为基础对受访中学生群体进行了性认知水平的测量，发现陕西省未成年人性教育总体水平较低，且农村中学生整体认知水平更差。有7.48%的城市中学生和13.74%的农村中学生性认知水平为"非常不了解"；还有12.2%的城市中学生和22.53%的农村中学生为"不了解"。至少分别有两成和三成的城市、农村中学生的性知识处于蒙昧状态。在X市一所标准化（重点）高中，课题组和一个高二男生有如下对话。

问：学校开过性教育课程吗？

答：在初中时上生物课开过，老师把男生都留下来，女生回家。一开始也不知道是要干什么，后来才知道是讲这个。

问：讲些什么内容呢？

答：就是用课本讲讲，其实也没啥。

问：那平时父母会给你讲这方面的知识吗？

答：我爸爸会说，但是一般等他说的时候我早就知道了。

人口与计划生育法规定，学校应当在学生中，以符合受教育者特征的适当方式，有计划地开展生理卫生教育、青春期教育或者性健康教育。但是在实践中，政府和学校对性教育重要性认识不够。家长、老师对性的羞耻感，以及教育内容过时、忽视未成年人现实需求，都是造成未成年人性认知水平较差、性教育落后的主要原因。调查发现，学校大都没有专门性教育课程，性教育内容大多内置为六年级生物课的一次课。学校均无专业师资（授课老师是生物课教师或校医）。老师也不知道怎么跟学生讲，把握不好讲的时机和深浅。部分农村学校根本未进行过专门的性教育。性教育应该着重使未成年人了解相关生理知识，根本目的是增强其性防护意识、消除性困惑，最终提高其性安全认知水平。但有部分县市以预防早恋的教育内容替代性教育内容，造成教育目的错位，这对增强未成年人性安全防护能力几乎毫无用处，无法达到性教育的效果。

七、加强未成年人安全保障的建议

综上所述，未成年人是社会可持续发展赖以维系的重要环节，其处于人生成长发展的特殊阶段，极易遭受各种危险和伤害。加强对未成年人的安全保障不仅是家庭、学校和政府的职责，更应是全社会的责任。建议着重加强未成年人安全教育，完善未成年人的家庭、社会保护；健全救助保护体系，加强政府投入和司法保护的力度。具体而言，应着重加强以下几个方面的工作：

（一）加强未成年人安全教育

安全教育是未成年人面对普通安全问题、特殊安全问题（犯罪被害）时有效避免伤害、提高个体预防能力、降低被害易感性、受容性的重要手段。调查显示，目前陕西省未成年人安全教育没有统一规范的教材和课时安排，教育方式也多局限于口号式、应景式、说教式的宣传、教育模式，教育内容零散不成系统，教育效果有限。从前文可见，有些教育形式，如禁毒教育过于僵化或流于形式，使得未成年人知其表而不知其里，很难达到预期的教育目的。未成年人安全教育应与普法教育相结合，在教材规范、课时保障、教师配备、方式方法丰富多样等方面进行强化，充分发挥教材生动有趣、教员专人专职、时间充足合理等各环节的合力作用，特别是要增强未成年人安全自护教育体验，提高未成年人安全教育的参与度和实效性。有研究显示：普通青少年主要是观看法制宣传片或新闻（35.9%）、上法制教育课或讲座（35.5%）。重点青少年最主要的了解法律的途径是观看法制宣传片或新闻（31.8%）和阅读相关书籍（20.8%）。普法教育的两大主要渠道（媒体与学校）中的学校渠道在重点青少年群体中明显弱化（15.4%），甚至不及"单位、同事"（20.8%）的比例。在开展安全教育、法制教育时，应当继续发挥现有渠道作用，拓展网络媒体等渠道，采用未成年人易于接受、喜闻乐见的形式。

另外，从调研可知，仍有部分未成年人尤其是小学阶段的未成年人尚未接受过安全演练等体验式的自护教育，应当改变"弯弯腰、跑跑腿、打打闹闹课间操"的伪"演练"，丰富未成年人自护教育体验。同时，课题组发现，当前未成年人性教育、性安全、性健康知识掌握程度不容乐观，特别是近年来未成年人遭性侵案件多发，与忽视未成年人性教育、性安全有直接关系。性教育目前多只停留在小学高年级一节生理卫生课、一场讲座，其他时段遮遮掩掩，甚至谈性色变。课题组认为，未成年人在幼儿园、小学、中学阶段应有程度不同、方式多样的性知识、性安全普及，才能帮助未成年人树立正确的性观念，提高自我保护的意识。因此，学校安全教育中应当科学增加各年龄阶段未成年人掌握的性知识内容，将性安全、性教育纳入安全教育范畴，减少针对未成年人的伤害。

（二）完善未成年人司法保护

课题组发现，针对未成年人的抢劫、故意伤害、强奸案件等恶性案件的发案比例较高，已严重危害未成年人的人身安全。此外，

涉及民事纠纷、意外事件等侵犯未成年人合法权益的案件也比比皆
是。因此，未成年人安全问题在社会关注的同时更需要法律调整，
尤其是侵犯未成年人合法权益并造成严重社会后果的，更需要依法
加大打击力度。下一阶段的未保立法和陕西省配套法规应当增加或
完善以下几方面的内容：一是强化义务主体和法律责任的规定。如
监护人缺失或失职造成未成年人合法权益受损的，应当立法建立社
区监督、公安介入、法院判决的监护权剥夺或转移的模式。二是增
强法律的可操作性。避免"有关部门""相关机构"等语焉不详的
责任指向，完善对涉及未成年人的社会保障制度。如流动孤残未成
年人在原居住地与暂住地之间补助转移、落地、管理的衔接方式。
三是加大打击力度，增强执法效能。立法的完善还需要有效的执法
使之活化。立法中应对保护未成年人合法权益负有职责的单位和部
门上紧箍咒，敢于对侵犯危害未成年人合法权益。造成未成年人安
全状况受损的有关单位和个人亮红牌。

（三）健全未成年人救助保护体系

未成年人救助保护是一项系统性的社会工程，单靠某个部门的
工作难以达到理想的效果，需要形成政府牵头，各部门各司其职、
齐抓共管、协作配合的工作机制。目前，陕西省省、市、县三级未
成年人保护机构基本建立，但市、县级机构统筹协调作用发挥有限。
各级政府要从战略高度重视未成年人保护救助工作，从三个方面着
手强化：一是要加强领导，完善机构建设。应当完善包括政府分管
领导、相关职能部门主要领导参与的未成年人救助保护领导小组机
制，理顺各部门关系，加强分工协作，形成合力。二是要健全工作
机制，主动进行摸底排查，做源头预防、关爱帮扶、控辍保学、教
育转化相结合。近年来，BJ 市构建的未成年人社会化大救助模式，
采取提前介入、源头预防措施，对 BJ 市周边农村山区高危、困境儿
童展开危机介入早期干预工作，预防困境儿童盲目流入社会，成效

明显。预防为主、提早干预对提高未成年人救助保护工作效率，降低成本有着事半功倍的效果。三是要从制度机制上促进未成年人成长环境改善，加大对校园周边环境，网吧、游戏厅等娱乐场，网络媒体，社会文化环境的治理净化力度。

同时，各级妇联、共青团等群团组织也应充分发挥组织网络灵活、广泛联系青年的优势，深入青年生活，及时了解未成年人成长发展过程中的新情况、新动态。一要主动排查并化解校园安全、家庭安全隐患。二要建立先期预警机制，及时听取未成年人诉求，将威胁未成年人安全的事件、原由遏制在萌芽状态。三要及时反馈，动态监管，及时收集、整理、分析未成年人安全状况相关数据。

（四）加大未成年人保护投入力度

儿童优先是《中国儿童发展纲要（2011—2020 年）》所确认的基本原则。为了保障未成年人安全，需要社会救济、社会保险、救助保护、教育感化、医疗卫生等事业的大力配合，而此种完善的社会保障制度又需要财政投入力度的增加。同时，受客观社会经济状况等因素的制约，陕西省的政府财政在投入对象上的选择不得不审慎。因此，只有在合理统筹的基础上加大财政对未成年人保护的投入力度，才能使整个"未保体系"持续运转、健全高效。各级政府应将未成年人保护工作摆在"首善之区"的高度上，在财政上应支持以学校、社区为单位，建立专业人才队伍，加强对学校、社区、家庭中的未成年人进行安全教育的力度，并出台相关制度对教育效果进行动态考核；相关职能部门应当转变观念，出台相应政策，将未成年人安全教育、安全演练纳入学校教师培训内容，并出台相应的制度、办法，通过政府财政加以保障。

第五章

青少年社会工作专业人才队伍建设研究

青少年社会工作是一种以青少年为服务对象的社会工作。用社会工作来介入青少年事务，既适应我国解决青少年社会问题的需要，也是完善青少年社会化服务体系，创新青少年事务工作机制的需要。近二十年来，随着市场经济和社团文化的发展，青少年中"社会化不足"和"过度社会化"两极现象趋升，在追求个性发展和价值实现上，青少年的需求具有个性与差异性。因此，青少年工作一方面"不能局限于某个部门，既不同于过去的团务工作，也不同于西方社会那种纯粹的社会福利工作或慈善工作"[1]，应打破条块分割的旧模式；另一方面应以青少年需求为导向，有效推动政府提高提供青少年公共服务的质量，建立公共事务管理"责任分担"机制，即把由政府直接承担的公共事务转移给非政府组织。[2]

青少年社会工作所提供的服务可分为补救性、预防性和发展性三类。[3] 社会工作能够给青少年提供大量专业性、多侧面、多层次的服务，其尽管与政府青少年事务职能部门的工作对象相同，但能让青少年得到更切实有价值的多元服务，其工作理念、工作方式带有鲜明的社会化运行特点，是市场经济条件下激发社会活力、实现社会自我调节的重要力量。总之，社工自身的专业性和民间性，使其能够有效介入青少年事务，参与解决社会问题，满足青少年多样

[1] 苏颂兴、陈建强：《论青少年社会化服务体系》，《当代青年研究》1995 年第 3 期。

[2] 其旨在打破公共事务管理政府唯一主体、包揽一切的局面，逐步实现公共事务管理的社会化，这样做可以激发民间的创造性潜力和建设能量，而政府依然承担着青少年事务的政治责任和经济责任。参见钱崇贤：《关于青少年事务管理社会化的探索》，载黎陆昕主编：《青少年事务与政策研究报告——中国青少年研究会优秀论文集》，天津社会科学院出版社 2002 年版。

[3] 补救性服务是针对已经发生问题、处于困境中的青少年的个人、家庭、社区环境的不良因素而提供的。预防性服务是针对青少年个人及其家庭、学校、社区的现状和可能面临的挑战而开展的。发展性服务是针对青少年的生理、心理和社会发展需要，提供社会资源，协助其正常发展而开展的。参见民政部社会工作研究中心：《社会工作蓝皮书：中国社会工作发展报告（2011—2012）》，社会科学文献出版社 2013 年版，第 64—66 页。

化的需求，既能最大限度地满足服务对象的多样化需求，又能充分发挥市场的调节作用，提高服务效率和质量。

我国将社会工作引入青少年事务借鉴了香港及国外社会工作理论与实践，早期主要模仿香港地区的模式，后来逐渐本土化。近十年来，我国各地积极探索和创新适应我国本土实际的青少年事务工作机制与方法，形成了一些具有地方特色的青少年社会工作经验。例如，上海在禁毒、犯罪矫治和青少年等领域建立了自强、新航、阳光三个专业社工机构，1300 多名社工为分布在全市社区 12.7 万多名吸毒人员、刑释解教人员、失管青少年提供专业服务。2004 年 2 月，受上海市社区青少年事务办公室指导的上海市阳光社区青少年事务中心注册成立。该中心为民办非企业社会组织，主管单位为共青团上海市委员会，实行理事会领导下的总干事负责制；依托青少年社会工作站运作，预防与减少青少年犯罪，进行青少年社区服务等。上海社区青少年工作建立"主轴型"三级政府行政管理体系，并通过政府购买服务的方式以实现社会管理职能。[1] 其具有四个特点：立足职业化发展、突出专业化提升、强调多元化推进、探索社会化运作。[2] 例如，广州青少年事务社会服务中心称为"青年地带"，采用"1＋1＋X"模式（即 1 个出资机构，指政府，将预防犯罪项目综合"打包"。1 个监管机构，指团委组织。X 个营运机构，指具有社会工作专业能力的民间非营利独立组织。），从而实现从原先体制内相关职能部门各司其职、形成合力的传统工作模式，改为政府加大资金投入、支持社团自主运行的方式。其特点是：第一，服务购买主体（政府）与实际主管单位（团委）分离。政府资金投

---

〔1〕　沈黎：《社会工作视野下的社区青少年工作探索——上海市阳光社区青少年事务中心个案研究》，《青年探索》2007 年第 3 期。

〔2〕　徐麟：《上海探索发展社会工作的主要做法》，《中国社会导刊》2007 年第 12 期。

入主要以员工经费和工资为主。"青年地带"曾以1650万元中标，按照要求3年内必须筹募到330万投入到海珠区青少年服务中。近2000万资金的支出将60%用于人员经费、工资方面的支出；20%用于各类服务活动的经费，而10%则用于投标税费等服务，剩下的10%则用于日常行政工作的支出[1]。第二，服务主体运营自由。专业社工及其他工作人员的招募、人员管理架构的建立、专业的培训和督导、对社区需求的了解、服务的策划和开展，以及服务素质的评估等，均由NGO自行运作完成，实行多元和灵活的员工政策。为应对社工缺口较大的状况和青少年社工服务领域"供不应求"的现状，NGO积极培育社区志愿者，以社工带志愿者的模式，建立志愿服务队伍对接到社区的低保、低收家庭等弱势群体家庭；在人员聘用时对专业要求予以放宽，除保留本科学历等基本条件外，适当放宽了专业限制，引入心理学、教育学、管理学、法学等相关专业人员。第三，以社区或学校为基本单位，社工进驻的工作服务模式。以社区、学校为单元，受益人群也基本以此为单位划分；主要采取区（县级市）一级财政为本辖区内青少年购买公共服务的"区级购买"模式，而街（镇）主要负责提供场地、办公设施等，社工进驻社区。第四，采用专业的社会工作方法，灵活且有针对性地进行个性化服务。运用个案辅导、小组工作、社区发展积极开展家庭生活教育、学校社会工作、外展社会工作、就业辅导、富有学习元素的志愿者服务等方法。各个"青年地带"根据所在街道和区域群体的特性，提供各有侧重的服务。"青年地带"将根据不同青少年群体的不同特点，重点以失学失业、单亲家庭、外来工家庭、残障青少年、亚氏保加症、读写障碍等六类青少年群体为服务对象。

---

[1] 姜文明《3年1650万"青年地带"怎么花？》，《信息时报》2012年9月21日。

青少年社会工作者[1]是青少年社会工作的基本构成要素之一，是青少年社会工作存在的前提，亦是实施青少年社会工作的关键力量。2014年1月10日团中央等部委联合下发的《关于加强青少年事务社会工作专业人才队伍建设的意见》提出，到2020年在全国初步实现20万人的青少年社会工作专业人才队伍的目标。为推动目标达成，团中央办公厅于2014年11月颁布《关于落实青少年事务社会工作专业人才队伍建设目标任务的通知》。该通知明确指出以各省（区、市）6—25岁青少年常住人口比例为主要依据，同时兼顾各地经济发展水平、工作基础，把20万人的目标任务分解到各地。按照分解后的任务，陕西省省青少年社会工作专业人才队伍应在2020年达到5680人。

而据共青团陕西省委2014年上半年的摸底，全省具备社工专业资质的只有1300人，其中从事社工实务的只有600多人，人才缺口明显。为了对当前青少年社会工作人才队伍的状况有一个全面深入的了解，课题组以问卷调查与深度访谈的方式，对陕西省青少年社会工作人才队伍的状况进行了实证调查，以期在了解现状的基础上把握问题，明确方向。

一、调查对象、过程与方法

（一）调查对象

本次调查的对象主要包括下列人员：第一，专业青少年事务社

---

[1] 按照团中央的界定，青少年社工是指职业从事青少年事务社会工作服务、督导、机构管理等工作的实际在岗人员。具体符合四个方面：第一，从事青少年事务。应专门从事或主要从事青少年成长发展、权益维护、预防犯罪等三大领域的社会工作。第二，具有专业性，即通过社会工作者职业水平考试或取得社会工作专业大专以上学历或具有1年以上青少年事务社会工作从业经历，且接受过青少年事务社会工作专门培训。第三，共青团统筹管理。第四，经费保障明确。承接政府的青少年事务社会工作，要明确相关工作经费以财政资金为主、社会资金为补充。对于社会关爱、公益服务等领域的青少年事务社会工作，相关工作经费可多渠道筹集。

工，指拥有社会工作专业资格证书，能运用社会工作专业知识、技能和方法从事青少年社会工作职业活动的人员；第二，事实上的青少年事务社工，指没有社工专业资格证书，但事实上从事青少年社会工作的专职工作人员；第三，从事青少年事务社会工作服务的志愿者。

（二）调查过程与方法

根据研究计划，课题组于2014年9月20日至10月20日，对陕西省青少年事务社工的职业状况进行了实证调查。调查方法及所获原始数据资料的情况如下：

（1）问卷调查。在编制调查问卷的基础上，课题组对陕西绿草地社区文化促进中心、陕西天语婚姻家庭服务中心、12355青少年服务台、B市青少年社会工作者协会、陕西普辉青年社会发展中心、X慧灵智障人士服务工作站、陕西妇源汇性别发展培训中心、陕西仁爱儿童援助中心、Y市青少年社工协会、Y市青年服务中心等组织机构的青少年社会工作者进行了问卷调查。该调查是在事先联系相关单位的工作人员的基础上，以网络调查形式进行的。调查历时30天，浏览量与数据量分别为830和130，填写率为15.66%。

（2）深度访谈。在编写访谈提纲的基础上，课题组以集体访谈的方式分别针对省民政厅、人社厅、教育厅、财政厅、司法厅、卫计委、疾控中心、公安厅、检察院、高级法院、总工会、妇联、残联等部门，以及B市青少年社会工作者协会、X慧灵智障人士服务工作站、陕西仁爱儿童援助中心等行业协会、社会组织等召开了陕西省青少年事务社会工作及人才队伍建设工作座谈会。以个别访谈的方式分别针对FYH性别发展培训中心、XHL智障人士服务工作站、C社工发展中心的负责人与一般工作人员，以及XB大学哲学与社会学院社会工作专业的师生等开展了深度访谈。涉及访谈对象50余人，获得访谈资料10万余字。由于本研究采取非概率抽样方式选取调查样本，调查过程中又采取网页调查的方式获取原始调查数据，同时，受人力、时间等条件限制，样本规模又相对较小。因此，研究结果的代表性和概括性可能会受到一定限制。但即便如此，这一结果仍可向我们大概地呈现一个正在生成中的职业群体的基本轮廓，而且，对于分析和认识当前青少年社工人才队伍的群体特征也有一定的参考价值。

二、青少年社会工作发展状况

（一）政策与历史沿革

陕西省的社会工作起步较晚，仍在探索进行当中。2012 年以后随着国家整体政策的完善，陕西省的相关工作也有了长足发展，但是和发达地区相比，陕西省出台的具体且有地方特色的政策较少，工作稍显滞后。按照 2007 年 2 月民政部《关于开展社会工作人才队伍建设试点工作的通知》，X 市未央区和 X 市儿童福利院等 9 个区（县）12 个民政事业单位被确定为试点单位。2009 年，YA 市 A 县、X 市第一社会福利院等 19 家单位被民政部确定为第二批社会工作人才队伍建设试点单位。2010 年 4 月，民政厅召开全省社会工作人才队伍建设推进会。2011 年 11 月 8 日，中央组织部、政法委、民政部等 18 个部门和组织联合发布《关于加强社会工作专业人才队伍建设的意见》。2012 年 3 月 7 日，中央组织部、中央政法委、民政部等 19 个部委和群团组织联合印发《社会工作专业人才队伍建设中长期规划（2011—2020 年)》。陕西省教育厅协调省人才工作领导小组，将社会工作人才队伍纳入全省七支人才队伍建设范围，通过与陕西省组织部、陕西省人社厅沟通，2012 年下发《关于加强社会工作专业人才队伍建设的实施意见》，明确了社会工作专门人才在教育培训、岗位待遇、评价激励等方面的支持政策。该意见提出力争"十二五"期间，实现新增社会工作人才 5 万人、社会工作专业人才 1 万人，每千人口中拥有 2 名社会工作专业人才的发展目标。

陕西省青少年社会工作的政策伴随着社会工作整体政策的发展而推进。2008 年 4 月 25 日，由团中央、中央综治办、民政部等部门联合发文，陕西省 B 市被确定为 13 个全国首批青少年事务社会工作者试点城市，也是西部地区唯一的试点城市。2010 年 11 月 22 日，陕西省综治办、团省委等《关于开展青少年事务社会工作试点的意见》提出，全省开展青少年事务社会工作试点，结合宝鸡市的经验，探索建立青少年事务社会工作者队伍。结合预防青少年违法犯罪、未成年人保护工作，招用人员，立足街道（乡镇）、社区开展工作，面向特殊青少年群体开展帮助和服务。2013 年 5 月 6 日，民政部《关于开展未成年人社会保护试点工作的通知》确定陕西省 B 市和 XP 市作为试点城市。2014 年 4 月 18 日，民政部决定陕西省 XP 市为第二批开展适度普惠型儿童福利制度建设试点工作的城市。

为推动青少年事务社工队伍建设任务的完成，《关于加强青少年事务社会工作专业人才队伍建设的意见》提出以各省（区、市）6—25 岁青少年常住人口比例为主要依据，同时兼顾各地经济发展水平、工作基础，把建立 20 万人的青少年社会工作专业人才队伍的目标任务分解到各地。经征求民政部意见，并参照有关惯例，实际以 2010 年全国第六次人口普查青少年常住人口数据、2013 年国家统计局全国地区生产总值统计数据为两组指标（权重比例 7∶3），计算形成了《各地青少年事务社会工作专业人才队伍建设目标任务分解表》。根据任务分解表，陕西省青少年社会工作人才队伍应在 2020 年达到 5680 人的最低规模，这和目前全省具备社工专业资质的只有 1300 人（其中从事实务的只有 600 多人）的实际之间差距甚大，未来的建设任务相当繁重。

（二）组织机构的分布

2012 年，全省在民政部门登记和备案的社会组织有 23465 家，登记民办非企业单位 8438 家、基金会 71 家、农村专业经济协会 3704 家、社会团体 8274 家（会员总数 322.5 万人）。社会组织在陕西省社会管理创新中发挥积极作用，但其素质也参差不齐，一些社团行为不规范，社会组织发展的区域、行业结构不合理，未经登记的非法组织大量存在，对境外非政府组织缺乏有效监管。例如，从10 个设区市的市本级社会组织情况看，X 市有 1065 家，YL 市有 318 家，而 SL 市仅有 124 家，区域差距明显。省本级登记的社会团体结构中，和青少年社会工作相关的教育（占 2.54%）、农业及农村发展（占 2.54%）、社会服务（占 1.82%）社会组织所占比例较少。[1]

　　陕西省列入《中国发展简报》网站国内 NGO 名录的公益组织有42 家，仅次于北京、四川、上海、广东、云南，居全国第六位。其中有本土民间公益组织 25 家，其余为非本土民间公益组织或国际公益组织在陕的分支机构工作站或合作项目。陕西省民间公益组织限于经费等原因，大多规模较小，专职人员少，大量未注册的民间公益组织甚至没有全职工作人员。陕西省公益组织工作领域呈多元化态势，涉及环境保护、妇女儿童老人服务、能力建设与支持、扶贫、残障康复服务、艾滋病防治、社区服务、救灾等领域。在资源获取上，全省社会工作公益组织主要通过基金会、政府及业务主管部门、企业、社会等途径获取公益资源。[2] 已有调查表明，全省社会组织的工作人员数量整体比较少，而且分布很不均衡。全省社会组织平均全职员工 10.69 名，兼职工作人员 8.61 名，长期志愿者平均117.77 名，短期志愿者平均 53.70 名；有 58.9% 的组织的全职员工

〔1〕　陕西省决策咨询委员会课题组：《陕西社会组织参与社会服务与管理调研报告》，《陕西蓝皮书：陕西社会发展报告（2014）》，社会科学文献出版社 2014 年版，第216—217、221 页。
〔2〕　吴菲霞：《陕西省民间公益组织的现状、问题及建议》，《陕西蓝皮书：陕西社会发展报告（2014）》，社会科学文献出版社 2014 年版，第 55—58 页。

数在 15 人以下，其中 1—6 人的社会组织所占比例较高，同时仍有 23.70% 的组织没有全职员工；大量使用志愿者是社会组织的特色之一。[1]

在青少年社会工作组织建设和培育方面，在共青团陕西省委指导下，由共青团陕西省委机关后勤服务中心筹集资金举办成立并在省民政厅注册的具有独立法人资质的陕西青年社会组织培育发展中心，通过搭建信息、项目策划、培训、交流和服务平台，促进松散的青年社会组织向组织化、专业化和规范化方向发展。该中心办公区域面积约为 1000 平方米，配备了一支以专职团干、专职社工和志愿者为核心的专业团队。截至目前，共有 150 余家青年社会组织和草根社团向该中心提交入驻申请，已有 84 家社会组织与其签订入驻协议。各入驻的社会组织充分利用该中心资源已为社会提供助学助困、绿色环保、就业创业、法律援助、心理咨询等各种服务 674 次，服务涉及 8.5 万余人。全省 12 个市（区）的青年社会组织培育发展中心也已全部建成，并投入使用。各级培育发展中心对入驻的青年社会组织实行"零"门槛、"零"费用政策，免费提供办公场地、办公设备及中心内所有设施；免费提供项目设计、宣传策划、人才培训、团队建设等方面的配套服务，提升青年社会组织自身成长能力，促进松散的青年社会组织向组织化、专业化和职业化方向发展。

2008 年 4 月 BJ 市建立了重点青少年群体摸底排查和服务管理工作机构，成立了具有独立法人资格的宝鸡市青少年事务社会工作者协会（下文简称青社协）青社协全面承接青少年社会工作试点工作，其基层工作站统一命名为"青春驿站"。BJ 市截止到 2013 年已建立 16 个"青春驿站"，配备专职社工 41 人。"青春驿站"办公场地都

---

〔1〕 陕西省妇女理论婚姻家庭研究会：《陕西社会组织发展调研报告》，《陕西蓝皮书：陕西社会发展报告（2013）》，社会科学文献出版社 2013 年版，第 44—45 页。

在 50 平方米以上，实现了机构健全、设施到位、社工到岗、工作铺开。青协会现有专职社会工作者 15 名，会员 245 名。另外，招募了 466 名骨干志愿者。"青春驿站"还免费为社会组织开展的个案帮扶团队辅导等活动提供场所和平台；与社区、镇街、基层法院、检察院、司法局建立了普遍业务联系，协助开展青少年社会调查、青少年社区矫正、闲散青少年行为矫正等工作业务，同时开展家庭生活教育、法制讲座、就业辅导、心理疏导、困难帮扶等服务项目。

　　YL 市青少年社工协会是共青团榆林市委设立青年社会组织孵化基地之后的首批孵化组织，2013 年 7 月正式成立。该协会成立初，会员中只有 2 名社工，为了便于开展相关工作，吸纳了心理咨询师、律师、教育工作者。现有会员 152 人，义工 129 人，会员中有中级社会工作师 3 名，社工督导 1 名，助理社会工作者 9 名，国家二级心理咨询师 12 名，国家三级心理咨询师 36 名。协会直接联系青少年 5823 人，有定点帮扶机构 3 个（J 县 C 家沟留守儿童学校、M 县 S 镇中心寄宿制小学、陕北 ASS 特殊儿童教育中心等三所学校），合作单位 41 个，成立一年来总收入 626085 元。该协会采取团委指导、社团承接模式；共青团 YL 市委把 12355 青少年服务平台工作交给协会承接，协会提出社工走出去—热线打进来—专家跟进的工作思路，变被动等热线为主动找服务对象，打开了平台工作局面，累计接听热线 317 例，组织社工上门家访 12 例，心理咨询师在服务中心接访 19 例，热线解答 276 例，通过未保委和综治委转介 2 例，转介到医院和政府部门 10 例；建设"河马老师"团队，成为当地青少年喜闻乐见的一个知心老师品牌；对当地困境儿童摸底排查，直接帮扶服刑人员未成人子女 13 名，留守儿童 645 名，自闭症患儿 28 名。

　　本省在全国范围内具有一定知名度的陕西妇源汇性别发展培训中心（下文简称妇源汇），是陕西省妇女研究会于 2008 年成立的。妇源汇的性质为民办非企业单位，总部设在 X 市，并在 NQ 县注册成立在地公益机构——NQ 县妇源汇妇女儿童发展中心。妇源汇的主要工作领域有农村社区可持续发展、农村妇女经济赋权、儿童早期发展、公益组织能力建设与培育等。该组织以理事会为领导，下设主任，分别由培训部、公益组织促进部、农村社区发展部、社会企业运营部以及行政财务部构成。

X 慧灵智障人士服务工作站于 2002 年 8 月成立，属于在 X 市民政局注册的民办非企业单位，现在有员工 41 名，其中专职社工 13 名，除了中层管理、财务、财会为其他专业之外，所有的部门均由社工担任；现有中级社工师 7 个，助理社工 8 人。该服务站主要为智障青少年及成人提供良好的学习环境，使他们的生活自理能力和社会适应能力得到提高，同时帮助他们建立、发展与个人、家庭、社区之间的良好关系，使他们能真正地融入社区，享受应有的生活乐趣和平等的权利。

另外，本省还有一些 2014 年成立不久的社会组织，例如陕西社会工作发展中心，其正在开展的青少年社会工作项目是城中村流动儿童相关的社会工作服务。SP 青年社会发展中心主要为城乡贫困家庭青年参与社会发展、共享社会发展成果提供专业支持。

总体来讲，陕西省青少年社会组织地域分布不平衡，主要集中于省会城市，同时从事的领域也不均衡，工作内容比较单一，预防性与补救性服务较多，而发展性服务较少。

（三）工作项目的开展

从近年来全国青少年社会工作的服务实践来看，当前青少年社会工作服务主要依托社区、社会福利机构等平台开展，其中社区领域较多开展关于青少年成长发展、课余托管、公民教育等方面的服务，社会福利机构领域则较多开展针对孤残儿童、流浪儿童等特殊青少年群体的救助保护服务。但从整体来看，学校社会工作服务和农村地区青少年社会工作服务有待加强。从全国范围来看，学校社会工作服务项目偏少，难以满足青少年的实际需求。虽然也有一些地区开展了留守儿童服务等社会工作项目，但整体来说，农村地区的青少年社会工作服务在专业人才、服务场地设施、资金支持等方面均受到很大限制，步履艰难。[1]

陕西省级政府部门和群团组织实施的社会工作项目和上述全国情况类似，即刚刚起步，还处在探索阶段，工作比较薄弱，也未覆盖全省各地各领域。陕西省的青少年社会工作主要以项目化的方式进行，其服务主要涉及社会福利、社会救助、优抚安置、残障康复、社区建设、司法矫正、妇女儿童权益保护、慈善事业等多个领域。以前，陕西省政府购买服务涉及青少年社会工作的主要是根据城市流动人口、农村留守儿童、社区残疾人、受灾群众等特殊群体的需求，安排省级福利彩票公益金资助符合条件的社会组织，开展困难救助、综合性社会支持网络构建以及技能培训等社会服务。主要开展的项目是：

第一，共青团陕西省委实施的项目。共青团陕西省委近年来提出"枢纽构建计划"，拟建立"一体两翼"工作体系，即形成以服务青少年为主体，一手抓青年组织体系建设，形成以团组织为"龙头""核心"，以骨干青年社会组织为基础外延，辐射带动各级各类青年社会组织发展的工作格局；另一手抓各类青少年活动阵地建设，以阵地为依托，用基地固化吸引一批青年社会组织，用制度培育提升一批青年社会组织，用项目催生和孵化一批青年社会组织，用资金扶持整合一批青年社会组织。"青春驿站"是共青团陕西省委近年来创立的一个社工品牌。2014 年年底前，共青团陕西省委将实现

---

[1] 参见孙莹等：《青少年社会工作服务与发展》，载王杰秀、邹文开主编：《社会工作蓝皮书：中国社会工作发展报告（2011—2012）》，社会科学文献出版社 2013 年版，第 61、67、70 页。

"青春驿站"对全省 107 个县（市、区）的全覆盖；为加大对县（区）团委建设"青春驿站"的扶持力度，与团中央协调，为陕西省 10 个县（区）团委争取"青春驿站"建设资金 100 万元。同时，共青团陕西省委多方筹措资金，采用社会化募集的方式，给 47 个县级团委"青春驿站"每个支持 4 万元，共计 188 万元工作经费。

第二，省级民政部门实施的项目。2014 年年初，在民政部统一部署下，陕西省民政厅在全省范围启动"大爱之行——全国贫困人群社工服务及能力建设项目"征集和申报工作，项目共投入资金 76 万元（其中李嘉诚基金会 38 万元、省市配套资金 38 万元），涉及留守儿童和青少年、老年服务、贫困残障、医疗卫生等 4 类。经遴选，陕西博爱养老助残社工发展中心、BS 县隆纳济世助残民生资源协会、WN 新星困境儿童援助中心、HZ 佳福乐居家养老服务中心、陕西蓝田社会工作发展服务中心 5 家服务机构成果获批本项目。

第三，陕西省妇联实施的项目。陕西省妇联依托妇女儿童民生工程，每年投入 300 万元开展维权救助行动，依托专业化服务机构向妇女儿童提供心理援助、精神抚慰、社工服务等，并采取购买服务的方式对其进行帮扶。陕西省妇联吸纳全省 210 余名律师及心理咨询师设立维权志愿者队伍。省妇联从事的和青少年社会工作相关的项目有：一是受瑞典国际发展署资助，2011—2013 年在 Y 县等三县共投入 261 万元，覆盖 93 万人，重点覆盖 8 万余名儿童，致力于提高试点县相关部门、司法机构、公民社会组织及监护人履行保护儿童和青少年的责任意识和能力，建立健全儿童保护网络，完善现有的儿童保护工作机制，以更好地应对儿童非意外伤害案件。二是自 2011 年起每年投入省妇女儿童民生项目 200 万元，2011—2014 年在全省留守儿童多的县区建立留守儿童成长家园 86 个，儿童幸福家园 38 个，留守儿童活动站 10 个。

第四，法检系统实施的项目。例如，X 市新城区检察院和 XB 大学哲学与社会学学院联合成立"儿童司法（检察）社会工作研究与服务中心"，这是西北地区首家司法社会工作者（志愿者）介入未成年人刑事诉讼工作，以社会工作的专业方法和价值观，汇聚社会力量，履行挽救、感化、帮教未成年人的社会责任。该中心刚成立，就参与了洪某等4人寻衅滋事一案附条件不起诉后的帮教考察工作。在司法社工志愿者的帮助下，洪某等4人顺利完成了附条件不起诉的各项考察活动，最终检察院作出了不起诉决定。2014年，该中心又为6名未成年人指派了12名司法社工志愿者进行社会调查工作和帮教考察工作。

（四）岗位的需求

课题组通过调研了解到，青少年社工岗位的设置一般有以下四种情况。一是，各级团组织以及团属青少年综合服务平台，通过开发设置社工岗位而招聘到有关人员；二是，通过共青团培育、扶持而建立起来的青少年事务社会工作服务机构，其业务接受共青团指导的专业工作队伍；三是，对于不是共青团负责业务指导的社会工作服务机构、社团、基金会等相关社会组织，通过购买服务的方式，承接具体购买服务内容的工作队伍；四是，由民政、综治、司法、教育等职能部门建立的社工队伍，主要从事青少年事务。

根据人社部、民政部《关于印发民政事业单位岗位设置管理指导意见的通知》，陕西省民政厅和人保厅明确提出"民政事业单位专业技术岗位设置原则上以社会工作岗位为主体"的要求，向全省积极推行民政事业单位社会工作岗位设置。鉴于省直属事业单位在"两部"文件下发前已基本完成岗位设置，暂未启动省直属事业单位社会工作岗位设置工作。

2014年10月10日，全省政府向社会力量购买服务电视电话会议提出，陕西省要实施"1＋3＋n"政府购买服务政策体系，即由陕西省政府下发关于政府向社会力量购买服务的一个实施意见；由陕西省财政厅牵头制定的全省政府向社会力量购买服务实施办法、预算管理办法和政府购买服务指导目录三个文件；n 是指根据政府购买服务开展情况，由购买主体会同财政部门制定的具有操作性的规范性文件。"十二五"期间，省上将首先在基本公共服务领域推开政府向社会力量购买服务；到 2020 年，在全省基本建立比较完善的政府向社会力量购买服务制度，构建多层次、多方式的公共服务供给体系。[1] 民政及其福利机构、工青妇等机关、机构提供的社工岗位有限，整体呈现出缺乏对口的就业岗位，已有的就业岗位也没有相关的职称序列和职业保障制度的状态。这种"有专业无职业""有岗位无职业序列"的状况，影响社工专业队伍的壮大。有关部门应尽快在各类社会服务和社会管理机构设置社会工作岗位；在社工机构和民政系统以外（如学校、慈善机构、司法机关等）开发新的青少年社工岗位。

2013 年，陕西省首次启动以民政部门为主要实施部门的为期 10 年的"三区"社工选派计划，按照每人 2 万元/年补贴的标准，选派 45 名社会工作专业人才面向全省 9 个贫困县开展援助、帮扶工作。2014 年省民政厅下发《陕西省民政厅关于做好 2014 年边远贫困地区、边疆民族地区和革命老区社会工作专业人才支持计划实施工作的通知》，重点在青少年、老年人及残障者、留守儿童、社区等社会工作领域选派。共青团陕西省委增设了西部计划地方项目"青春驿站"专项，为市、县两级团委各配备 1 名大学生西部计划专项志愿者，为青年社会组织培育发展中心和"青春驿站"提供智力支持。

从青少年社工未来的岗位需求看，除了过去传统的民政和共青团系统，主要还有两个增长点。

---

〔1〕《陕西省全力推进政府向社会力量购买服务涉及 5 大类 50 项 275 个具体服务项目》，《陕西日报》2014 年 10 月 11 日。

第一，政法综治系统的禁毒、司法社工。例如，社区戒毒、社区康复工作，需要大量的社会工作者。在陕西省，社区戒毒和社区康复工作迟迟没有开展起来，很大原因就是缺乏相关社会工作人才队伍支撑。全省至今没有一家禁毒社工组织，仅有一些禁毒志愿者，且未经过专业培训，服务水平较低。按照《禁毒法》、《戒毒条例》和国家禁毒办等 10 部门《关于加强社区戒毒社区康复工作的意见》等关于加强社区戒毒社区康复工作的文件，要求每个社区有 30 名吸毒人员的，至少配备 1 名专业工作人员，专门从事社区康复、帮扶。辖区不足 30 名吸毒人员的，也要配备 1 名专职工作人员。县以上政府通过购买服务，提供公益岗位编制的方式为社区专职工作人员落实相关报酬。按陕西省吸毒人员总数估算，如果落实中央的要求，大约需要 2700 多名社区禁毒专职人员，专司社区戒毒和社区康复[1]。再如，在法院系统，按照法律制度设计对社会工作者有很大需求。在刑事案件审理过程中，犯罪人员的未成年子女的教育、帮扶、社会关怀，目前仅靠法官审中或审后的热心帮扶，缺少一个长效可持续运行的制度化体系支撑。针对青少年被害人的社会救助、心理辅导等工作，针对未成年被告人、罪犯的心理矫正、社区矫正，社会工作者都可以参与。在检察系统，2013 年新的刑事诉讼法规定了未成年人特别诉讼程序，社会调查已经成为一种法定检察工作机制，在这个过程中检察院需要聘请一些专门领域人士或者社会工作人员参与。附条件不起诉制度中，不起诉后未成年人的监管和帮教也需要大量青少年社会工作专门人才的积极协助。

第二，社区工作领域。陕西省社区青少年工作过去主要依托工青妇和关工委开展工作，人员大部分以志愿者为主，缺乏专职人员。政府发展社区工作的主要思路是在社区里设立一些岗位，以解决社

〔1〕　参见褚宸舸：《中国禁毒法治论》，中国民主法制出版社 2016 年版，第 284—287 页。

区青少年问题（例如，针对违法犯罪青少年进行社区戒毒、社区矫正，开展预防青少年违法犯罪的工作）。这固然体现了政府对青少年社会工作的支持，但同时也带来社区社会工作行政化的隐忧。通过政府购买服务，社工机构把社工派驻到社区单位，该模式有两大问题：一是，运行成本高。社区专业社工岗位可能负责青少年、养老、助残、禁毒、社区矫正等多种事务，社区社工并非全才，同时政府也不可能分类设置很多社工岗位。二是，服务行政化。社工在 NGO 中的工作压力较大，如果做不出项目就拿不到经费，就面临失业危险，这促使社工积极地去提供服务并且时时充满工作热情。一旦从行政的角度在社区里设置岗位，社工没有了在社会组织中的失业压力，就很可能忽略了服务对象和社工的使命。由于现实中社区的工作千头万绪，内容繁杂，一个工作人员平均要承担几十项的工作任务。政府所设置的社工岗位人员现实中往往被分配去完成其他行政工作。因此，政府在社区设立专业社工岗位的目的很可能落空，只是徒增了一个社区工作人员，而专业服务最后还是缺乏人做。[1]

目前，陕西省现有的青少年社会工作者主要还是依托社会组织机构为服务平台。而总体来讲，民间社会组织所能提供的工作岗位还比较少。例如，陕西省比较优质的社会组织 X 慧灵智障人士服务站自 2002 年成立至今，现有员工 41 名，其中社工只有 13 名，工龄最长的 11 年，最少的也有五六年。自 2008 年建立至今的陕西妇

---

[1] 深圳的探索也表明，社区工作站做一些行政性工作，当行政和服务结合在一起的时候就会出现行政吞并服务的状况，人员没有精力去把服务做好，服务质量不高。针对此问题，深圳从 2011 年开始，政府开始购买社区综合服务中心。原先的社区工作站就把其服务功能分解到社区服务中心。社区服务中心主要做服务，居委会主要负责行政，它们两边合作共建社区。过去如一个社区有两个学校，并且分别都有社工，这个社区还有社区社工、老人社工，比较分散，各自单独发挥作用，相互之间的连接也不好。通过在社区设置社区综合服务中心，逐步将原来的岗位都撤掉，社区服务中心六个人（配备四个社工，两个行政辅助）就能负责整个社区的社工服务。

源汇也只有正式员工 16 名。总之，陕西省青少年社工岗位的开发还属于初始阶段，政府支持力度在加大，相关社会组织在培育，工作经验也在积累，未来应做好政策扶持，加强引导健全评估和监督。

（五）人才队伍的培养

青少年社工人才队伍的培养，主要有三个渠道：在社会组织中培养；在社区工作者队伍中培养；在高校培养。如何具体发展社工队伍还需要多方协调和研究。

社会组织中社工成长轨迹非常相似，即在完成社工专业的大专或本科学业后进入社工组织中去，经过多年的一线服务之后在自己的组织中上升到中层或管理级别。社会组织培养社工的主要问题是培养过程漫长，而且因为经济收入不高难以留住人才。但是优势是，多年的团队工作方式和一线服务使得社工的行业归属感和社会责任心非常强。用调研中某社会组织社工的话讲，就是即使你因为这样或是那样的原因离开了组织，你的爱心和责任心会让你在其他领域、其他单位中以更丰富的方式来关爱服务对象。

社区中社工人才队伍培养方面，陕西省目前每年有城镇社区专职工作人员考试〔1〕，鼓励大学生通过考试到基层社区工作。按照现有招考政策，如果报名者具有社工资格证，考试总成绩可以加十分。很多人出于加分目的考社工证书，但是招录到社区工作以后，因为行政工作挤压时间和精力，以及缺少社工工作经验，绝大多数人实际并不从事社工工作。所以，目前通过城镇社区专职工作人员来培

---

〔1〕　城镇社区专职工作人员是指面向社会公开招聘的、专门从事社区管理和服务的社区服务站工作人员。陕西省 2014 年面向社会为 104 个县（区、市）招聘 2500 名城镇社区专职工作人员。应聘人员条件不高，获得国家承认的大专（高职）以上学历（复转军人可放宽至高中文化程度），18 周岁以上、40 周岁以下，拥有陕西省常住户口即可报名。笔试由省考试中心统一组织实施。面试由市级社区办组织实施。

养社工，尚不能成为青少年社工队伍建设的主要方式。目前可行的方案是，从社区社工的工作内容和模式上，将社区社工岗位定位在不是做具体问题，而是利用其专业知识介入社区来发现和协调问题，负责发现和联系政府有关部门或者专门的民间服务机构（即做发现问题和转介的工作），最终为服务对象提供服务的应是政府购买并监督的专门社会组织。高校人才培养方面，截至 2016 年 9 月陕西省设立社会工作本专科及以上学历教育的高等院校 4 所。其中 XB 大学被民政部确立为国家级社会工作专业人才培养基地。XB 大学、X 交通大学、S 师范大学、X 农林科技大学四校招收社会工作专业学位研究生（MSW）。2014 年全省社会工作本专科硕士共招生 524 人，其中社会工作硕士研究生 36 人、本科生 428 人、高职生 60 人。

陕西省最早开设社会工作专业，同时也是全国较早设置此专业的 XB 大学哲社院，其 2000 年开始招收第一批学生 30 人。最初因为师资队伍不足（教师大多是从哲学、社会学等专业转过来的），专业整体发展缓慢，2007 年之前隔年招生。2007 年之后每年招生人数 60 人左右。2009 年申请 MSW，开始招收社会工作专业硕士生，规模 40—60 人。2014 年开始，按照新方案培养，思路是针对不同人才分类培养，开设不同课程。关于社工专业的就业情况，截止到 2014 年 10 月，XB 大学工专业毕业生共有 236 名，其中考研率 25%—30%，就业率 80%—85%（政府机构公务员、企业管理人员、公司销售人员、社会机构从业者等）。毕业后从事本专业相关工作的学生相对较少，就业方向多元，在专业机构、对口专业就业的不超过 10%。高校社工专业教师提出，为了发展本省社工人才，应该加大政府购买社会服务的力度。民政、妇联、教育等部门可以考虑设置更多相关岗位；在专业设置上增加复合性，如要求社工专业学生有法律、医务知识等素养。同时，为了发展专业教育，高校可以承接政府现有社会工作人员的培训，加强对实习基地的服务支持，等等。

三、青少年社会工作专业人才队伍的现状

（一）青少年社会工作人才队伍的群体特征

以下主要从内部结构、专业背景与职业化水平方面分析陕西省青少年社工队伍的群体特征。

1. 结构特征

（1）性别结构。对受访者性别情况的数据统计显示，受访者中男女比例为 33.8∶66.2（见表 5-1）。张大维等对广深莞汉 100 名专职社工所做的调查显示，男女比例为 37∶63。此外，上海市 118 名青少年事务社会工作者的调查显示，男女比例为 27.1∶72.9。另据 2007 年的研究，在美国 13.42 万名注册社工中，77% 是女性，男性只占 23%。由此可见，无论是东部还是西部，国内还是国外，女性社工均是社会工作者的主体。深度访谈发现，男性在家庭、社会中承担的角色、责任与社会工作所能提供的可能性之间所存在的张力，是导致社会工作行业性别隔离现象出现的重要原因。

（2）年龄结构

对受访者年龄的数据统计显示，其平均年龄约为 33 岁。此外，30 岁以下的受访者占到了总受访者的 53.1%，31 岁至 50 岁的受访者占 42.3%，51 岁以上的受访者占 4.6%（见表 5-1）。在美国 13.42 万名注册社工中，15% 的注册会员在 30 岁以下，50 岁以上的会员占 23%，大多数（62%）会员的年龄介于 30 岁至 50 岁之间。上海市 118 名青少年社工中，21 至 30 岁的占 61.9%，31 岁至 50 岁的占 34.7%，51 岁至 60 岁的占 3.4%。通过上述数据对比可以发现，陕西省青少年社工队伍的年龄结构与上海类似，均较为合理，但略呈年轻化趋势。年轻化的青少年社工队伍一方面意味着起步较晚、经验有限，但另一方面也意味着富有朝气，积极可塑，这为陕西省青少年社会工作的发展注入了活力并奠定了良好的人才基础。

（3）婚姻结构

对受访者婚姻状况的数据统计显示，有超过六成的人已婚，有接近四成的人未婚（见表 5 - 1），这与上海市青少年社工人才队伍的婚姻结构（39.0% 已婚，61.0% 未婚）恰好相左。这应该与陕西省青少年社工队伍的年龄较后者偏大以致更多人进入适婚期有关。

（4）学历结构

对受访者学历状况的数据统计显示，获得本科及以上学历的人占到了总人数的 63.8%，获得大专学历的受访者占 29.3%，高中及以下文化程度的受访者仅占 6.9%（见表 5 - 1）。由此可见，专科及以上学历的社工是陕西省青少年事务社工的绝对主体。上海市 2011 年的社工调查样本均由专科和本科以上学历的人组成，前者占 44.9%，后者占 55.1%。广深莞汉 2014 年专职社工调查样本中，高中与专科学历分别占 1% 和 19%，本科及研究生学历的人占 80%。通过数据对比可以发现，陕西省青少年社工队伍的学历层次，尤其是高层次人才的数量仍有待大幅提升。

（5）收入结构

对专职受访者收入状况的数据统计显示，在最近一年中，有 8.9% 的人的收入在 800 元以下，有 16.5 % 的人的收入在 801—1600 元之间，有 24.1% 的人的收入在 1601—2400 元之间（见表 5 - 2）。在国外和香港地区，专业社会工作者与公务员、医生、律师、教师一样，是一项体面而崇高的职业，属于中产阶层。2013 年全国各省市区城镇居民人均总收入为 29547 元，陕西省 2013 年城镇居民人均总收入为 24109 元。通过上述数据对比可以发现：2013 年，陕西省青少年专职社工队伍的收入水平总体偏低，大约有接近半数的受访者的收入水平低于全国及全省 2013 年城镇居民人均总收入。深度访谈进一步显示，社工行业收入水平偏低的情况主要出现在入职初期，随着工龄增长，社会工作者的收入水平会逐步达到甚至超过当地城镇居民的人均总收入。但是，较之于医生、律师、教师等职业群体，其收入增速慢，增幅小。深度访谈同时显示，收入水平低下是导致社工专业学生转行、社工职业倦怠以及社工机构人才流失现象出现的首要原因。

2. 专业分布特征

对受访者专业背景的数据统计显示，在所有大专、本科及以上学历的受访者中，修习社会工作专业的人占19.8%，修习社会学专业的人占1.7%，修习心理学专业的人占19.0%，而修习英语、汉语言文学、电子商务、教育学、行政管理、会计学、哲学、广告学、金融学、护理学、思想政治教育、市场营销、麻醉学、新闻传媒、经济学、药剂学、计算机科学等其他专业的人则占到了总人数的59.5%（见表5-1）。对上海市青年社会工作人才队伍的职业状况调查显示，在上海市卢湾区166名青年社工中，具有社会学、社会工作、法律等与社会工作相关专业背景的占42.8%。在上海市青少年事务社工样本中，社会工作及相关专业背景的占49.2%。在广深莞汉专职社工样本中，社会工作、社会学、心理学专业背景的占到了74.0%，其他专业背景的占26.0%。通过对上述数据进行对比，可以发现：陕西省具有社会工作专业背景的青少年社工的数量仍十分有限，其当前的专业化水平仅与上海市2009年及2011年的水平大致相当，尚远低于广深莞汉2014年的水平。社会工作既是一门职业也是一门专业，专业化是社会工作的内在要求。从业人员在专业训练方面的不足，既会影响其对社会工作的价值观与专业伦理的内化，也会影响其对社会工作的知识、方法和技巧的掌握。而社会工作者在德才方面基本专业素养的缺乏，会在降低社工服务品质的同时，增加在职培训的成本。

3. 职业化特征

对受访者资格证书持有状况的数据统计显示，在所有受访者之中，助理社工师与社工师的持证率仅为24.7%（见表5-1）。在上海市卢湾区 166 名青年社工中，具有社工师资质的为 15 人，助理社工师资质的为 60 人，没有职业资质的有 60 人，另有 35 人有其他资质，具有社工师和助理社工师资质的占 45.2%。在上海市 118 名青少年事务社工中，社工资格证的持证率高达 89.0%。广东的调查样本中社工资格证的持证率也高达 72%。而另据统计，截至 2013 年年底，全国社会工作专业人才队伍总数达 36 万多人；其中，取得社会工作者职业证书人员 12.38 万人。由此推断，全国社会工作专业人才队伍中社会工作师和助理社会工作师的持证率约为 34.4%。对比上述数据可以发现，陕西省青少年社工中社会工作师和助理社会工作师的持证率不仅低于上海、广州、深圳等东部、南部发达城市，亦低于全国总体水平。

为鼓励相关人员参加专业水平考试，陕西省出台政策，规范城镇社区居委会成员、社区专职工作人员管理和报酬标准，明确取得社会工作师、助理社会工作师职业资格证书的人员在报考城镇社区专职工作人员时给予笔试成绩加 10 分，对照职称级别每月配发 100—300 元津贴的相关政策。随着政策实施，近年来全省参加社会工作师职业水平考试的人数持续上升。2014 年报考人数近 4000 人，取得初级、中级证书人员 1297 人，创历年之首。基于此，应在推进已有政策落实的同时，将其推广至青少年社会工作领域，以此促进青少年社工队伍职业化水平的提升。

表 5-1 受访者的结构特征

变量	类别	百分比（%）
性别	男	33.8
	女	66.2
年龄	30 岁以下	53.1
	31—50 岁	42.3
	51 岁以上	4.6

变量	类别	百分比（%）
婚姻状况	未婚	36.9
	已婚	63.1
学历	高中及以下	6.9
	大专	29.3
	本科及以上	63.8
收入水平	800 元以下	8.9
	801—1600 元	16.5
	1601—2400 元	24.1
	2401—3200 元	19.0
	3201—4000 元	15.2
	4001 元以上	16.3
专业背景	社会工作	19.8
	社会学	1.7
	心理学	19.0
	其他专业	59.5
资格证	助理	15.3
	中级	9.4
	其他	56.5
	无	18.8

（二）青少年社会工作人才队伍的工作状况

1. 工作年限

数据统计结果显示，受访者参加青少年社会工作的平均年限为
4.48 年。同时，工作年限在 1—3 年之间的受访者占 46.6%，工作年
限在 3—6 年之间的人占 31.9%，而工作年限在 6 年以上的仅占
21.5%（见表 5 - 2）。大多数人的任职年限较短，说明其事业尚处于
起步阶段。此外，比较"参加工作的年限"与"参加青少年社会工
作的年限"可知：有 57% 的人半路转行涉入青少年社会工作；且相

当比例的半路转行者进入社会工作领域，因其所必须经历的职业再社会化过程，而必将在略微放缓陕西省青少年社会工作发展步伐的同时，弱化青少年社工队伍的专业化水平。

2. 工作形式

按照社会工作者与服务对象的接触程度，社会工作可以划分为直接社会工作和间接社会工作两种。前者指社会工作者直接面对当事人或受益人展开服务，工作者在服务过程中需要在与案主面对面的互动中活用专业技术；后者指社会工作者并不直接面对当事人或收益人展开服务。数据分析结果显示，受访者中有48.5%的人从事直接社会工作，有22.3%的人从事间接社会工作，有29.2%的人同时从事两类工作（见表5-2）。社会工作是具有临床取向的智力性的操作职业，在美国、香港和我国台湾地区等社会工作发展成熟的国家和地区，绝大多数的社会工作者都在一线为服务对象提供面对面服务。因此，虽然直接社会工作是陕西省青少年社会工作的主要形式，但是，与发达国家和地区的社会工作实践相比，仍需要进一步拓展。

3. 工作性质

对受访者工作性质的统计结果显示，有略超过六成（60.8%）的受访者是专职青少年事务社工（见表5-2）。已有调查表明，陕西省社会组织平均全职员工10.69名，兼职工作人员8.61名，长期志愿者平均117.77名，短期志愿者平均53.70名。有58.9%的组织的全职员工数在15人以下，其中1—6人的社会组织所占比例较高，同时仍有23.70%的组织没有全职员工。大量使用志愿者是社会组织的特色之一。近年来，在青少年社会工作领域，专业社会工作者和志愿者也发挥着越来越积极和重要的作用。当前许多青少年服务项目践行"社工＋志愿者"的理念，通过培育志愿者队伍，配合社会工作者开展相关服务。在西方，社会工作经历了一个从志愿性工作到行业性工作再到专业性工作的发展历程。据此趋势，随着青少年事务的日益多元和复杂，我国未来青少年社会工作的快速发展还应主要依托专业化、职业化的青少年社会工作人才队伍，而不是临时性的、志愿性的兼职工作者。

表5-2 受访者的工作概况

变量	类别	百分比（%）
工作年限	1—3 年	46.6
	3—6 年	31.9
	6—9 年	15.5
	9 年以上	6.0
工作形式	直接社会工作	48.5
	间接社会工作	22.3
	两者兼而有之	29.2
工作性质	专职	60.8
	兼职	39.2

4. 服务领域

青少年社会工作所从事的服务可分为补救性、预防性和发展性三类。补救性服务是针对已经发生问题、处于困境中的青少年的个人、家庭、社区环境的不良因素而提供的青少年社会工作服务；预防性服务是针对青少年个人及其家庭、学校、社区的现状和可能面临的挑战而开展的青少年社会工作服务；发展性服务是针对青少年的生理、心理和社会发展需要，提供社会资源，协助其正常发展而开展的青少年社会工作服务。以此为框架，并结合陕西省青少年事务社会工作的实况，课题组对陕西省青少年社会工作者的服务领域进行了考察。统计结果显示，陕西省青少年事务社会工作者提供的主要是预防性与补救性服务，分别占43.6%和40.3%，而颇具前瞻性的青少年发展性服务则明显不足，仅占16.1%（见表5-3），仍有待提升。社会工作承担着多种功能，与亡羊补牢式的事后补救和未雨绸缪式的事先防范所强调的通过外在措施促使事物变化不同，发展性服务着眼于个人与制度内部能力的增长，把解决问题的着眼点放在增强当事人的能力上。如果没有发展，预防和补救只能是头痛医头、脚痛医脚。发展才是相对治标又治本。青少年社会工作面对着青少年多种不同的需求，应以发展为工作取向，以发展带预防，以发展带补救。

表 5-3　受访者的服务领域

补救性服务	频次	百分比（%）
1. 为困难家庭青少年提供就学或生活帮助	48	15.5
2. 为被忽略或虐待的青少年提供保护服务	22	7.1
3. 为在身体、情绪、精神等方面出现功能失调以及社会人际适应不良的青少年提供治疗服务	24	7.7
4. 为有越轨/不良行为的青少年提供帮教服务	10	3.2
5. 为特殊青少年提供矫正服务	21	6.8
总计	125	40.3
预防性服务	频次	百分比（%）
1. 改善青少年学校生活环境	44	14.1
2. 改善青少年社区生活环境	39	12.5
3. 改善青少年家庭生活环境	53	17.0
总计	136	43.6
发展性服务	频次	百分比（%）
1. 提供就业信息及就业培训服务	27	8.7
2. 提供休闲娱乐、体育健身、婚恋交友以及社会适应方面的知识性辅导服务	23	7.4
总计	50	16.1
总计	311	99.9

5. 职业认同

职业认同是指个体对于所从事职业的肯定性评价，职业认同的强弱显著影响着从业人员的积极性、忠诚度和事业心。课题组主要从"职业满意度、成就感以及从业意愿"三方面入手，考察陕西省青少年事务社工对其所从事的工作的总体评价。

（1）职业满意度。对受访者的职业满意度的考察显示，有48.5%的人的职业满意度较高，且仅有3.1%的人表示非常满意（见表5-4）。职业满意度是一种总体性的感性认知，涉及工作难度、工作环境、人际关系、薪资待遇、福利保障、职业声望、工作压力、职业前景与公众认知等多个层面。同时，作为西部经济欠发达地区，陕西省青少年社会工作的起步较晚，各项工作尚处于草创阶段，因此，陕西省青少年社工队伍的职业满意度处于中等水平的现实状况，应是上述各类复杂因素共同作用的结果。

（2）职业成就感。对受访者的职业成就感的考察显示，有62.4%的人的职业成就感较高（见表5-4）。社会工作是一项助人自助的职业，其本质是对儿童、老年人、女性、残疾人、穷人与无家可归者等贫困群体、脆弱群体及其他弱势群体提供的一项助人活动。社会工作者是载有价值的人，社会工作者是带着某种价值目的进入社会工作这个行业中的，他们通过帮助别人来实现自己的价值目的。正是基于强烈的价值诉求，以及建构其上的意义支撑与存在的合理性，使得社会工作者进入并持续停留在社会工作内部，并基于具有强烈的利他主义色彩的助人服务活动而获得愉悦和成就感。因此，陕西省青少年社工队伍的职业成就感处于中等偏上水平的现实状况，说明其既未充分内化社会工作的专业价值，也未形成具有有效支撑作用的个人价值。

（3）未来两年的从业意愿。对受访者未来两年的从业意愿的考察显示，有略超过两成的人表示不再从事青少年事务社会工作或尚未形成明确的从业意愿（见表5-4），这说明未来两年陕西省青少年社会工作者的流失率在20%左右。对比《2011年东莞市社会工作发展综合评估报告》统计，截至2011年底，东莞共有一线社工 522 人，而该年社会工作者离职率高达 19.79%。深圳社工协会发布的报告也称，截至 2012 年 12 月底，深圳共有从业社工2761 人，而该年社工流失率达 18.1%。通过对比可见，陕西省青少年社工队伍的流失率和广州、深圳等社会工作发展较快的城市基本持平并略高。

表5-4　受访者的职业满意度

变　　量	类　　别	百分比（%）
职业满意度	很不满意	5.4
	不太满意	12.3
	一般	33.8
	比较满意	45.4
	非常满意	3.1
职业成就感	非常低	3.1
	比较低	4.6
	一般	30.0
	比较高	46.2
	非常高	16.2
未来两年的从业意愿	继续从事	77.7
	不再从事	1.5
	说不清	20.8

（三）青少年社会工作者需要解决的问题

问卷调查及深度访谈的结果显示，陕西省青少年社会工作者希望解决的问题如下：

（1）薪资待遇相对低下。主要表现为青少年社会工作者在入职初期的薪资水平偏低，薪资水平的年均增长幅度相对缓慢，福利保障相对缺乏等问题。例如，深度访谈中发现收入偏低是社会工作专业毕业生选择转行的首因。如在 XB 大学组织的社会工作专业师生的访谈中，便有教师表示："专业机构需求多，但薪资待遇低（2000

元以下）是毕业后从事本专业相关工作的学生相对较少的原因之一。"而接受访谈的 5 名学生无一人考虑毕业后从事社会工作，原因仍在收入。如有学生说道："男生承担的家庭责任可能会更大更多，社工行业目前薪资待遇水平太低，连基本生活都满足不了，更无法养家糊口，所以不会考虑进入社工行业。"大量的研究表明，社工待遇偏低是目前社工领域人才流失的根本原因。

（2）专业培训相对缺乏。主要表现为专门性的社工培训机构的缺失，高层次的专业技能培训、学术会议、同行交流以及参观学习的机会的缺乏，等等。例如，深度访谈中一位社工机构的负责人说道："我个人参加了"银杏伙伴（银杏伙伴成长计划）"，他们国际的和国内跨行业的交流多一点，所以我一个人出去开眼界了，我的团队还有其他机构里那些一线的社工都还没有这样的机会"。

（3）发展经费投入不足。主要表现为政府在青少年社工组织培育、专业人才队伍建设与规划项目资金配给等方面的经费投入不足的问题。例如，深度访谈中一位机构负责人谈及的中央财政项目的资金配套问题便反映出此类问题："中央财政的项目需要省上配套，他们不了解情况不愿意。规定要求省上配套是 1 : 1，市上和区上的是 1 : 0.5，但实际上都配不上来。"另一位机构负责人亦反映了与之类似的问题："我们的主管单位是妇联，但妇联在我们这边没有投入，它只是我们的一个主管单位。我们目前的项目经费 99% 都是从基金会、NGO 拿到的。"

（4）行政协调意识不强。主要表现为政府在加强各相关职能部门的协调联动，协助青少年社工组织获取社会资源，建立青少年社工组织与政府部门的沟通渠道等方面未形成强烈的服务意识。例如，深度访谈中一位机构负责人的话就表达了类似诉求："我觉得政府应推动社工行业、大学教育培养人才和我们使用人才这三方面应有的一些交流。这三方面也应该有一些制度设计，不然的话我们就是各玩各的。"另一位机构负责人也说:"政府各单位,民政、妇联等都有权益部,你会发现它们的服务是碎片化的。一方面,由于政策碎片化,当问题出现后各部门都不管。另一方面,等你政策出来后,政府就会发现它所期望的那个服务是不存在的。"

(5)政策支持力度不大。主要表现为政府部门在青少年社会工作岗位的开发与设置,政府购买青少年社会工作服务,青少年社会工作的项目开发,以及在制定引进、培养、激励青少年社会工作人才的政策措施等方面的支持力度不足。例如,深度访谈中一位社工机构负责人在谈及资金来源的政策空间时说道:"我们现在有能力在社会上开展公募,但是没有政策空间。所以,一开展就是违法,还定义为集资诈骗。税收还不是很要命的问题,最重要的问题还是资金来源太单一了,要么是基金会;要么是政府,政府不给,而且还限制基金会。因此,政府可以搭建一个平台,在政策支持的框架内,让我们合理地展开公募资金。"

(6)宣传引导活动不多。主要表现为政府部门在通过业务研讨、行业评选、典型示范等活动宣传、引导和推动青少年社会工作发展,促进青少年社工组织间的信息交流与共享,加强青少年社工服务与学习平台建设等方面的工作存在不足。例如:深度访谈中一位机构负责人便说道:首先,这些从事社工的人应该有一个数据库;如果有一个会员制,他们的一些培训、交流或是年会就有一些信息的通道,新人就能够找到组织。可以评选年度的优秀社工,实际上我们省并没有这样去做。其次,应针对青年社会组织,尤其是以社工专业为主导的机构,在提升社工专业度或是提升服务专业水准方面,设立一些小型项目。比如两万到五万支持一个好的方案、策略或是改进创新的服务手法。这些小的项目如果做成功了就可以复制和推广。最后,在行业上我们从来都没有做过行业上的年会。行业问题、发展前景、遇到的困惑、跟企业或政府多界面的对话或对接都没有。

四、推进青少年社会工作及专业人才队伍建设的建议

为推动陕西省青少年社会工作发展，促进陕西省青少年社会工作专业人才队伍建设，课题组以调研结果为依据，以共青团工作为出发点，结合发展实际，提出以下建议：

（一）引导提升青少年社会工作的社会认同

陕西省青少年社会工作的发展目前仍处于初级阶段，为其营造良好的发展环境是我们全面推进该项工作的基础，而公众认同则是环境发展的重要条件。虽然问卷调查资料显示，陕西省青少年社会工作者的职业满意度和职业成就感均较高，这在一定程度上说明青少年社工的职业认同度较高，但座谈中课题组发现社会公众对青少年社会工作的认同还处于一个较低的水平，相当一部分社会公众甚至是政府工作人员对青少年社会工作和青少年社会工作者的认识是模糊的、片面的，认为青少年社会工作就是青少年看护、课业辅导、青少年教育等；认为青少年社会工作者就是社区工作者或者慈善工作者；由于青少年社会工作目前关注的重点是社会弱势群体，因此还有很多人将青少年社工与志愿者、义工混为一谈。这些认识上的误区，严重影响着人们将青少年社会工作者作为一类专门人才去对待。

针对上述问题，陕西省共青团应在引导提升青少年社会工作的公众认同方面进行积极实践，通过媒体宣传、项目试点、经验推广等方式提升社会公众对青少年社会工作的认知，进而对其产生认同感。共青团的工作对象与青少年社会工作的服务对象具有较高的重合度，因此，陕西省共青团可以借助已有的宣传平台和宣传体系，加大对青少年社会工作的宣传报道，内容应主要围绕青少年社会工作的知识、功能、价值及服务范围等方面，并着重对青少年社会工作的经验、成绩、典型案例进行深入报道，突出青少年社会工作专

业服务在基层政府治理中的价值；由共青团组织专家评审优选青少年社会工作服务项目，并积极开展试点；在服务项目试点的过程中，提供机会让社会公众近距离接触感知青少年社会工作，在试点地区首先赢得公众认同，进而通过以点及面的方式辐射全省。

课题组在调研中了解到，在陕西省共青团的推动引导下，陕西省青少年社会工作已积累了一些成功经验，例如：部分社区和社工机构开设的"四点半课堂"，既解决了家长的后顾之忧，又为青少年社会工作提供了工作场域；既很好地延伸了学校教育，又使得青少年身心得以全面发展。另外，陕西省 BJ、Y 两地开设的"青春驿站"，在重点青少年服务管理和预防犯罪方面取得了积极的成效。其中 BJ 市将在今年进一步加大对于"青春驿站"工作阵地的标准化建设，做到统一工作标识、统一工作机构、统一职责分工，积极培养出一支有能力、懂社会工作理念、能够为青少年提供有效服务的工作队伍，逐步构建起"政府主导、共青团组织管理、社团自主运作、社会多方参与"的"青春驿站"工作模式。我们相信，将这些成功经验迅速推广，将会有助于陕西省青少年社会工作公众认同的普遍提升。

（二）加强青少年社会工作专业人才培养

青少年社会工作在我国具有较好的发展基础，但目前其专业化程度较低，规范化的人才培养体系尚未建立，与我国青少年事业发展的实际需求差距很大。青少年社会工作专业人才的培养，直接影响青少年事业的长足发展，作为社会工作的重要实务领域，也影响着整个社会工作的专业化进程。通过对问卷调查资料进行分析发现，陕西省青少年社会工作者群体存在专业化程度较低这一问题，针对这一问题，同时结合共青团的实际工作，应加强青少年社会工作专业人才培养，具体建议如下：首先，利用陕西省共青团的教育培训平台，整合社会资源，开展青少年社会工作专业培训。培训可分为三个层次：一是通过鼓励支持现有青少年工作从业人员参加全国社会工作者职业水平考试的方式，提升陕西省青少年社会工作专业水平。二是针对陕西省实际从事青少年社会工作但未受过专业训练的在职人员，建立在职培训机制，有计划、分层次地通过进修、实习、短训、函授等方式进行培训，并建立科学的考核制度，使之在既定时间内达到青少年社会工作专业任职水平。三是加强继续教育工作，定期对已取得社会工作职业资格的青少年社会工作者开展政策法规、职业伦理、专业理论和实务技能等方面培训，并结合专业研讨会等多种形式，加强业内人员的交流合作。其次，协调建设青少年社会工作专业实践平台。课题组在对陕西省开设社会工作专业的部分高校进行走访的过程中发现，实践教育的缺失是阻碍专业人才培养的重要原因。针对这一问题，共青团应该积极发挥协调组织作用，在社会工作机构与高校间架设桥梁，以优势机构或优质项目为基础，建立高校专业人才培养的实践平台，同时促进机构与高校间的合作研究，为机构发展提供理论支撑。

（三）做好社会组织与政府购买青少年社会工作服务的对接

政府购买服务，是政府利用财政资金，采取市场化、契约化方式，面向具有专业资质的社会组织和企事业单位购买社会工作服务的一项重要制度安排。[1] 政府购买社会工作服务在我国虽然刚刚起步，但它代表着我国社会工作服务提供的基本趋势。调研中发现，陕西省民办社工机构普遍面临的问题是项目缺乏，自身发展难以为继，而政府购买服务恰好能摆脱这一困境。陕西省共青团应在其中做好平台搭建、服务对接等工作，具体建议如下：首先，积极落实《陕西省人民政府关于政府向社会力量购买服务的实施意见》，通过陕西省共青团官方网站等信息平台及时发布《陕西省政府向社会力

---

〔1〕 邵青：《民办社工机构承接政府购买服务：实践、困境与创新》，《求实》2012年第4期。

量购买服务指导目录》，针对其中的青少年社会工作服务项目，开展需求调查、计划发布、项目管理、政策宣传、信息公开等工作，提升政府购买社会工作服务管理的水平。定期举办社会工作宣传周、项目推介会、展示会、公益创投等活动，为民办社会工作服务机构交流经验、推广项目、争取资源创造条件[1]。并同时对机构开展方法培训，使机构准确掌握购买流程及具体操作方法，为机构参与政府购买提供技术支持。其次，构建青少年社会工作机构准入机制，建立政府购买青少年社会工作服务的评估体系，完善督导制度。协助政府制定机构参与政府购买服务的准入标准，对达到一定等级的社会工作机构，允许其参加政府采购社会工作服务的招投标；针对机构所提供的服务，建立科学的评估体系，确保服务效果；还需配合政府完善项目督导制度，要求在项目实施过程中引入督导制度，并预留部分费用明确作为项目的督导经费，以确保服务提供的质量。

（四）促进青少年社会工作岗位的开发与设置

社会工作岗位是社会工作的功能得以实现的组织载体，各地工作岗位的开发与设置是青少年社会工作人才队伍建设的基础工作。调研发现，陕西省青少年社会工作岗位的开发与设置工作还存在较大空间，因此共青团应积极配合有关部门，做实相关工作：

首先，为政府进行青少年社会工作岗位的开发与设置工作做好前期调研，进行岗位需求评估分析。共青团由于服务领域和工作对象的特殊性，对于开展该项工作极具优势。调研应集中在青少年宫、青年志愿者协会、少年司法机构、青少年维权岗、维权类组织等青少年服务组织和机构，同时对党政机关、城乡社区、公益类社会组织、企事业单位，重点是民政、司法、残联、工会、共青团、妇联

---

〔1〕 参见中华人民共和国民政部、财政部《关于政府购买社会工作服务的指导意见》（民发〔2012〕196号）。

等部门和单位的社会工作需求进行广泛调查摸底，积极探索符合实际情况的青少年社会工作专业岗位开发模式，研究社会工作专业岗位设置范围、数量结构、配备比例、职责任务和任职条件，建立健全社会工作专业岗位开发设置的政策措施和标准体系。其次，积极推进社区、学校、司法领域青少年社会工作专业岗位的开发。在乡镇街道和城乡社区，针对服务青少年成长发展、维护青少年合法权益，青少年特别是重点青少年群体的服务管理和预防犯罪等工作领域，通过以政府购买为主、多种渠道为辅的资金保障措施，吸引青少年社会工作专业人才提供社会福利、社会救助、就业援助、社区矫正、心理疏导等青少年社会工作服务。同时通过试点，逐步在省内各中小学推广"一校一社工"模式，通过学校社工为在校学生开展预防性、发展性的服务。通过学校社会工作的介入，解决学生的学业问题、情绪和行为问题、人际关系等问题，以形成与心理老师和学生工作老师在各自功能上的有效补充和配合。在进行上述岗位开发时，需要明确岗位边界和工作范围，并制定严格的工作考核机制，以此避免社会工作行政化。

鉴于目前政府购买服务指南中并没有司法社工的服务项目，建议民政部门、团委主动协调政法部门（公检法司），帮助青少年社工进入看守所、拘留所、收容教育所、强制隔离戒毒所、戒毒康复中心、专门学校等教育矫治场所，发挥其专业作用，对青少年开展教育、感化、挽救工作，做好心理干预，帮助青少年重塑信心、回归社会。司法社工通过进驻社区、学校、戒毒所、拘留所、看守所等，加强制度规则意识教育和法制底线教育，纠正和改变一些违法犯罪青少年的不良行为习惯。同时，协助公安、法院、检察院等部门开展取保候审观护帮教、附条件不起诉监督考察、合适成年人参与未成年人刑事诉讼、社会调查等工作，帮助掌握未成年犯罪嫌疑人的基本情况，减少涉罪未成年人再犯罪。

（五）关注青少年社会工作机构的培育发展

目前陕西省的专业社会工作服务主要由民办社工机构提供，但调查发现，陕西省民办社会工作机构整体呈现出数量少、规模小、服务能力弱等特点。这与陕西省青少年社会工作的服务需求是极不相称的。究其原因，主要是整体发展水平低，机构成立时间短、机构注册难、运转税费负担重等。这就需要陕西省政府根据国家有关政策，积极培育、扶持青少年事务社会工作服务机构发展，为政府和社会购买社会工作服务提供承接平台，为社会工作专业人才提供就业渠道和专业提升的载体，而共青团应密切配合政府工作的开展，关心、关注青少年社会工作机构的培育发展。

政府应从宏观层面制定政策，通过改进登记服务方式、简化机构注册程序等措施，鼓励社会工作专业人才创办民办青少年事务社会工作服务机构，吸引更多优势资源加入社会工作服务行列；通过财政资助、落实税收优惠政策、拓展政府购买服务项目等方式，鼓励民办社会工作服务机构介入青少年事务领域工作。而共青团则应在微观层面做好机构孵化及阵地建设；以"陕西省青年社会组织培育发展中心"为试点，总结推广服务模式，鼓励省内各地积极建立民办社工机构"孵化器"；同时加强阵地建设，对成立初期的民办社工机构，各地可协调有关部门、街道或社区在服务场所、启动资金等方面给予必要支持。

综上所述，陕西省青少年社会工作人才队伍建设尚处于初创阶段。总体而言，处于该阶段的陕西省青少年社会工作人才队伍的主体为获得专科及以上学历的 33 岁左右的已婚女性，其学历层次较高，年龄和婚姻结构也较为合理。但问题在于，性别结构分析显示该职业群体中存在颇为明显的性别隔离现象。社会学的研究表明，每个人所拥有的一些天生自然、不辨自明的个人特征，如性别、肤色、种族等自然属性，极有可能因为与社会差别之间保持着持久而稳固的关联,而被赋予十分丰富的社会意义。那么,究竟是哪些社会差别导致了社会工作职业的性别隔离?这种性别隔离又被赋予了何种社会意义?这种社会意义又对社会工作的发展产生了何种影响?这是本研究尚未论及但需继续深入思考的议题。

另外,陕西省青少年社会工作人才队伍的收入水平较低,收入增速较慢,收入增幅较小,且专业化、职业化水平远低于上海、广州、深圳等东部、南部发达城市;已有从业人员中从事面对面服务的专职青少年社工的数量不足,其所开展的致力于当事人潜能挖掘与能力提升的发展性服务不多;现有从业者的职业满意度与成就感一般,还存在20%左右的人才流失风险;在陕西省青少年社工队伍建设过程中同时存在政府和机构两个层面的社会工作行政管理问题,且薪资待遇水平低下、专业技能培训缺乏以及发展经费投入不足则是备受诟病的焦点问题。

"人在环境中"是社会工作的独特视角。按此视角,青少年社工队伍建设存在的问题及其因应策略,既需从青少年社工自身加以剖析,也需从其所嵌入的社会环境加以剖析。其中,青少年社工自身存在的问题,一是专业素养缺乏。主要表现为大量实际社会工作者未受过正规系统的社会工作知识、方法与技能方面的训练,实践能力较差、专业化水平有限;二是职业认知偏差。主要表现为部分社会工作从业人员尚没有对社会工作的性质与特征、功能与价值等问题形成准确、清晰的认识。对于此,应在开展在职培训、加强继续教育等工作的基础上建立社会工作岗位培训机制。借此帮助专业社会工作者,尤其是实际社会工作者在优化知识结构、掌握专业方法、提升专业水平的基础上,明确社会工作的性质与特征、认识社会工作的功能与价值。

社会环境方面的问题,一是政府重视程度不够。主要表现为前面所提及的政策支持力度不大、行政协调意识不强、发展经费投入不足、宣传引导活动不多等方面的问题。对此，可通过积极落实国家与地方政府已出台的相关政策、意见，推进社区、学校、司法等领域青少年社会工作的岗位开发与设置，完善社会工作人才评价体系等方式加以改善；二是社会认知度不高。主要表现为相当一部分社会公众甚至是政府工作人员对青少年社会工作与社会工作者的性质、特征与功能等认识模糊、片面，将青少年社会工作等同于青少年看护、教育、课业辅导等，将青少年社会工作者等同于社区工作者、慈善工作者或义工。对此，可通过专题宣传、项目试点、经验推广与行业评选等方式展开引导宣传工作，以期在提高社工的职业声望与社会地位的同时提升公众认知；三是社工机构发育不良。主要表现为陕西省民办社工机构的数量少、规模小、专职人员少、服务能力弱等。对此，从降低审批管理门槛、简化机构注册程序、改进登记服务方式、落实税收优惠政策、加快政府购买青少年事务社工服务等入手，大力促进民间社工机构的培育与发展。四是高校对社工专业学生实务能力的培养不足。主要表现为在社会工作专业教学过程中，存在高层次的实务教学人员缺乏、专业实习环节薄弱以及实习基地建设滞后等方面的问题。对此，应通过完善青少年社会工作人才培养体系加以解决。

马斯洛的需要层次理论指出，人有生理、安全、归属感、尊重、自我实现的需要；需要有高低、层次之分，人们需按特定次序予以满足。需要层次理论对社会工作产生了重要影响，目前社会工作实务大多围绕受助者的各类需要，尤其是低层次需要展开。虽然社会工作是一项助人的专业和职业，虽然社会工作者是服务的提供者，但其也是具有多重需要的普通人，也受自身成长环境的影响。因此，应充分虑及青少年社会工作者的多种需要，并从社工群体与社会环境两方面同时入手尝试改变，才能在有效地促进二者的适应性平衡的基础上推动社会工作快速发展。

附　录

附录一

问　卷

新生代农民工精神文化生活和文化权利调查问卷[*]

1. 您工作地点是：_____市_____县（区）

2. 您的性别(　　)

　　① 男　　　　② 女

3. 您的年龄(　　)

　　① 16—20 岁　② 21—25 岁　③ 26—30 岁　④ 31—35 岁

　　⑤ 36 岁以上

4. 您的受教育程度(　　　)

　　① 小学及以下 ② 初中　　③ 高中（包括中专、中技、职高）

　　④ 大专（或高职）　　　⑤ 本科及以上

5. 您工作单位所属的行业(　　　)

　　① 制造业　　② 建筑业　　③ 交通运输、仓储及邮政业

　　④ 住宿和餐饮业　　　　⑤ 批发和零售业

　　⑥ 居民服务和其他服务业　⑦ 农、林、牧、渔业

　　⑧ 采矿业　　　　　　　⑨ 其他

6. 您所在单位的类型(　　　)

　　① 国有企业（含国有控股企业）　　　　② 集体企业

　　③ 私营（民营）、个体企业　④ 外商（港澳台）投资企业

　　⑤ 其他

---

　　* 褚宸舸编制，郝鹏涛、冯雪参与修改。

7. 您属于单位中的哪类人员（　　　）

　　① 普通职工　② 专业技术人员（即有国家认可的专业技术职称）

　　③ 一般管理人员　　　　　　④ 中层管理人员

　　⑤ 高层管理人员

8. 您的平均月收入有多少（　　　）

　　① 600 元以下　② 600—800 元　③ 800—1200 元

　　④ 1200—1600 元　　　　　⑤ 1600—2400 元

　　⑥ 2400—3000 元　　　　　⑦ 3000—4000 元

　　⑧ 4000—5000 元　　　　　⑨ 5000 元以上

9. 您目前的婚姻状况（　　　）

　　① 未婚　　　　② 未婚同居　③ 已婚（包括初婚与再婚）

　　④ 离婚　　　　⑤ 丧偶

10. 如果您选择了上题的②或③项，请问目前您的男（女）友或配偶是否经常同您在一起生活（　　　）

　　① 是　　　　　　② 否

11. 您是否育有子女（　　　）

　　① 没有　　　　② 有一个　　　③ 有两个　　　④ 有两个以上

12. 如果您选择了上题的②③④项，请问目前是否有至少一个子女随同您在一起生活（　　　）

　　① 是　　　　　　② 否

13. 【如果第 12 题您选择了①，请紧接着回答第 13—15 题，如果选择了②，请直接从第 16 题开始作答】请问您是否曾面临子女在城市中受教育方面的困难（　　　）

　　① 是　　　　　　② 否

14. 如果上题中您选择了①，请问您认为自己子女受教育主要存在哪些方面的问题【此题可选择多个答案】（　　　）

　　① 物质生活水平较差　　　② 学校硬件设施条件差

③ 国家教育政策规定方面不合理

④ 父母对子女的家庭教育薄弱

⑤ 学校教师素质差　　　　⑥ 其他＿＿＿＿＿＿（请注明）

15. 请问您周末能够照顾或与子女娱乐的时间为（　　　）

　　①0 小时　　　②1 小时　　　③2 小时　　　④3 小时

　　⑤4 小时　　　⑥5 小时　　　⑦6 小时以上

16. 在城里生活，困扰您的问题是什么？【请选择三项】（　　　）

　　① 工作不稳定，收入无保障　② 缺少文化娱乐生活

　　③ 子女在城里就学困难　　　④ 总感觉被人看不起

　　⑤ 远离家人，没有朋友，无人交流，感到孤独

　　⑥ 父母或子女无人照顾　　　⑦ 患病无钱医治

　　⑧ 生活成本太高　　　　　　⑨ 工伤事故医治报销困难

　　⑩ 住房困难　　⑪ 其他＿＿＿＿＿＿（请注明）

17. 除了工作时间和睡眠时间，您每天可以自由支配的闲暇时间是（　　　）

　　①0 小时　　　②1 小时　　　③2 小时　　　④3 小时

　　⑤4 小时　　　⑥5 小时　　　⑦6 小时以上

18. 您的闲暇时间主要做什么【请选择三项】（　　　）

　　① 听音乐　　②看电影、电视　　　③ 上网

　　④ 喝酒或下饭馆　　　⑤ 读书看报　⑥ 打牌或打麻将

　　⑦ 参加体育活动　　　⑧ 逛街

　　⑨ 发呆，什么也不干　　　⑩歌厅、舞厅、酒吧

　　⑪ 去图书馆、文化馆、博物馆、纪念馆等

　　⑫ 参加社会公益活动　　　⑬ 和朋友或家人聊天

　　⑭ 去公园、广场玩　　　⑮ 其他＿＿＿＿＿＿（请注明）

19. 您平均每天参加文体娱乐活动的时间是（　　　）

　　①0 小时　　　②1 小时　　　③2 小时　　　④3 小时

⑤ 4 小时及以上

20. 您每月平均用于文化体育娱乐消费的金额是(　　)

　　① 0 元　　　　② 30 元以下　　③ 30 元—50 元　④ 50 元—80 元

　　⑤ 80 元—100 元　　　　　　⑥ 100 元—200 元

　　⑦ 200 元—300 元　　　　　　⑧ 300 元以上

21. 如果上题您选择除①以外的各项，请回答最主要的消费【请选择两项】(　　)

　　① 看电影　　　② 购买书报、杂志等　　　　③ 上网

　　④ 去录像厅、歌厅、舞厅等　⑤ 支付手机费用

　　⑥ 图书馆、文化馆、博物馆、纪念馆、公园等门票

　　⑦ 各种演出、演唱活动　　　⑧ 其他＿＿＿＿＿＿＿＿（请注明）

22. 您最经常去的文化场所是(　　)

　　① 网吧　　　　② 图书馆　　　③ 美术馆　　　④ 博物馆

　　⑤ 文化馆　　　⑥ 影剧院　　　⑦ 公园

　　⑧ 其他＿＿＿＿＿＿＿＿（请注明）

23. 您所在单位提供文体活动的情况是(　　)

　　① 没有提供任何文化、娱乐活动

　　② 内容单一、贫乏，不能满足我的需要

　　③ 提供一些，基本满足我的需要

　　④ 内容丰富，能够满足我的需要

24.【如果上题您选择了①，请从第 27 题开始回答，如果选择②③④，请回答下面的第 24—26 题】请问您所在单位组织文化体育活动的频率是(　　)

　　① 一个月一次　② 三个月一次　③ 半年一次　　④ 一年一次

　　⑤ 两年一次

25. 您参加过您所在企业组织的文化娱乐活动吗(　　)

　　① 没参加过　　　　　　　　② 每年 1—2 次

③ 每年 3—5 次　　　　　　　④ 每年 5 次以上

26. 您所在单位最经常组织的文化体育活动的类型是（　　　）

　　① 看电影、看演出　　　　　② 参加文体类比赛或文娱活动

　　③ 参加知识技能培训　　　　④ 提供阅览室、借书等服务

　　⑤ 参加社会公益活动　　　　⑥ 旅游等户外活动

　　⑦ 野外拓展训练

27. 您希望能参加哪些有组织的文化活动【请选择三项】（　　　）

　　① 看电影、看演出　　　　　② 参加文体类比赛或文娱活动

　　③ 参加知识技能培训　　　　④ 提供阅览室、借书等服务

　　⑤ 参加社会公益活动　　　　⑥ 旅游等户外活动

　　⑦ 野外拓展训练　　　　　　⑧ 其他_____（请注明）

28. 在节假日，您主要选择【请选择最主要的两项】（　　　）

　　① 回家探亲　　② 旅游　　　③ 参加集体娱乐活动

　　④ 与朋友聊天　⑤ 参加社会公益活动

　　⑥ 阅读、学习，参加培训　　⑦ 上网

　　⑧ 其他_____（请注明）

29. 您手机主要用来【此处只选一个答案】（　　　）

　　① 打电话发短信　　　　　　② 上网查找信息

　　③ 手机 QQ 聊天　　　　　　④ 听音乐看电视　　⑤ 其他

30. 您每月手机话费大概是（　　　）

　　① 0 元　　　　② 30 元以下　③ 30 元—50 元

　　④ 50 元—80 元　　　　　　⑤ 80 元以上

31. 您是否经常上网（即每周至少 3 次或者每次超过 2 小时，包括用手机上网）

　　① 是　　　　　② 否

32. 若上题选择"是"，请回答上网主要是用来【请选择三项】（　　　）

　　① 看新闻、消息　　　　　　② 收发电子邮件

③ 看电影、电视　　　　④ 与熟悉的朋友聊天

⑤ 与不熟悉的网友聊天　　⑥ 写微博、博客等网络日志

⑦ 学习知识　⑧ 与家人联系　⑨ 交异性朋友或征婚

⑩ 玩网络上的游戏　　　　⑪ 购物

33. 在城市集体性文化活动中，您最喜欢【单选】（　　　）

① 节庆活动　② 文艺演出　③ 体育竞赛　④ 艺术展览

⑤ 健身、舞会等群众性文体活动

34. 在个人文化活动中，您最喜欢【单选】（　　　）

① 阅读报刊书籍　　　　② 看电视、电影、戏剧

③ 唱歌跳舞　④ 上网　　⑤ 艺术创作　⑥ 宗教活动

⑦ 其他＿＿＿＿＿＿＿（请注明）

35. 您对目前的文化生活是否满意（　　　）

① 很不满意　② 不满意　③ 一般　　④ 比较满意

⑤ 很满意

36. 当您的同事或朋友心情苦闷时，您愿意同他聊天帮他排解吗（　　　）

① 非常愿意　② 勉强愿意　③ 不愿意

④ 视情况、与当事人的关系而定

37. 当您面临巨大的心理压力时，您倾向于用哪种方法缓解压力
【请选择 1 至 3 项】（　　　）

① 听音乐　　② 看电影、电视　　　③ 上网浏览或聊天

④ 睡觉　　　⑤ 喝酒或下饭馆　　　⑥ 找朋友倾诉

⑦ 向父母或亲人诉说　　⑧ 去户外活动

⑨ 参加体育比赛或文娱活动　⑩ 沉默　　⑪ 哭泣

⑫ 加入某个社团组织寻求帮助

⑬ 其他＿＿＿＿＿＿＿（请注明）

38. 当您遇到困难时，您最主要找谁倾诉【单选】（　　　）

① 亲友或同乡　② 党组织　　③ 团组织　　④ 工会

⑤ 单位领导　　⑥ 政府部门　　⑦ 新闻媒体

⑧ 网友（上网发帖求助）　　⑨ 自己去解决 ⑩ 默默忍受

⑪ 其他＿＿＿＿＿＿（请注明）

39. 出外务工以后，您回乡频率平均是多久一次（　　）

　　① 三个月　　　② 半年　　　③ 一年　　　④ 两年及以上

40. 您从最早外出务工迄今已经多长时间（　　）

　　① 一年或一年以下　　　② 两年　　　③ 三年

　　④ 四年或四年以上

41. 您现在居住的情况是（　　）

　　① 单位或雇主提供的工人宿舍② 直接在生产经营场所居住

　　③ 与人合租住房　　　④ 独立租赁住房

　　⑤ 自购房　　　⑥ 其他

42. 您是否在城市中谈过恋爱（　　）

　　① 是　　　　② 否

43. 【若上题选择"是"，请回答第43—44题】您谈恋爱时，主要去的场所是【选择最主要的两项】（　　）

　　① 自己或对方的住所　　　② 公园　　　③ 影剧院

　　④ 商场　　　⑤ 歌舞厅、酒吧

　　⑥ 图书馆、博物馆等　　　⑦ 饭馆　　　⑧ 其他

44. 您谈恋爱时，每个月平均比未恋爱时多支出费用（　　）

　　①50 元以内　　　　②50 元—100 元

　　③100 元—150 元　　　④150 元—250 元

　　⑤250 元—350 元　　　⑥350 元—450 元

　　⑦450 元—600 元　　　⑧600 元—800 元

　　⑨800 元—1000 元　　　⑩1000 元以上

45. 目前对于您而言，对生活中有男（女）友或配偶（　　）

　　① 非常渴望（排第一位的需要）

② 渴望（排前三位需要中的一种）

③ 一般（众多需要中的一种）

④ 较少渴望（偶尔会有需要）

⑤ 没有渴望

46. 您对在业余时间接受教育或培训（　　）

　　① 迫切需要　　② 比较需要　　③ 一般　　　④ 不需要

　　⑤ 很不需要

47. 在您自由支配的闲暇时间中，您每周参加教育培训（　　）

　　① 0 小时　　　② 1 小时　　　③ 2 小时　　　④ 3 小时

　　⑤ 4 小时　　　⑥ 5 小时及以上

48. 您每年花费在购买图书上的钱是（　　）

　　① 0 元　　　　② 50 元以下　　③ 50 元—100 元

　　④ 100 元—200 元　　　　⑤ 200 元以上

49. 您对所在城市的文体、娱乐设施是否满意（　　）

　　① 很不满意　　② 不满意　　　③ 一般　　　④ 满意

　　⑤ 很满意

50. 您的政治面貌是（　　）

　　① 中共党员　　② 民主党派　　③ 共青团员　　④ 普通群众

51. 您所在单位有共青团组织吗（　　）

　　① 有　　　　　② 没有

52. 如果上题您选了①，请问您单位的共青团组织开展工作的情况
是（　　）

　　① 从没有过活动　　　　　② 偶尔组织一些活动，但作用不大

　　③ 经常组织活动，受到青年人喜欢　　　④ 说不好

53. 您参加过的所有文化娱乐活动中，您单位的共青团组织提供的有
多少次（　　）

　　① 每年 0 次　　　　　　　② 每年 1—2 次

③ 每年 3—5 次　　　　　　④ 每年 6 次以上

⑤ 没参加过，不清楚

54. 您参加过的所有文化娱乐活动中，您单位的工会组织提供的有多少次（　　）

　　① 每年 0 次　　　　　　　② 每年 1—2 次

　　③ 每年 3—5 次　　　　　　④ 每年 6 次以上

　　⑤ 没参加过，不清楚

55. 您是否参加过下列组织的活动：

　　文体、休闲、学习等兴趣爱好团体（　　）① 是　② 否

　　社会公益慈善类组织（　　　　）　　　① 是　② 否

　　打工者协会、民工协会等（　　　　）　① 是　② 否

　　老乡会、同学会等（　　　　）　　　　① 是　② 否

　　维权性质的组织（　　　　）　　　　　① 是　② 否

　　宗教组织（　　　　）　　　　　　　　① 是　② 否

56. 您是否正式加入以下组织：

　　文体、休闲、学习等兴趣爱好团体（　　）① 是　② 否

　　社会公益慈善类组织（　　　　）　　　① 是　② 否

　　打工者协会、民工协会等（　　　　）　① 是　② 否

　　老乡会、同学会等（　　　　）　　　　① 是　② 否

　　维权性质的组织（　　　　）　　　　　① 是　② 否

　　宗教组织（　　　　）　　　　　　　　① 是　② 否

57. 您参加过居住地所在社区组织的文化娱乐活动吗（　　）

　　① 经常参加　　② 偶尔参加

　　③ 知道社区组织活动，但没有被邀请参加

　　④ 根本不知道社区组织文化娱乐活动

青年创业政策调查问卷*

1. 您的性别：① 男□　② 女□

2. 您的年龄（填空）＿＿＿＿＿岁

3. 您是什么时候开始创业的？

　　① 在学校读书期间□　　　② 毕业 1 年之内□

　　③ 毕业 2—5 年□　　　　　④ 毕业 6—10 年□

　　⑤ 毕业 11 年以后□

4. 您的创业活动从开始至今已经持续了几年时间？

　　① 1 年以内□　② 1 至 3 年□　③ 4 至 6 年□　④ 7 年以上□

5. 您有过几次创业经历？

　　① 1 次□　　　② 2 次□　　　③ 3 次□　　　④ 4 次□

　　⑤ 5 次及以上□

6. 您目前从事的行业是？

　　① 电子商务□　② 网络媒体□　③ 住宿和餐饮业□

　　④ 批发和零售业□　　　　⑤ 公共管理和社会组织□

　　⑥ 信息传输、计算机服务和软件业□　　　⑦ 教育和培训□

　　⑧ 居民服务和其他服务业□　⑨ 科技服务□

　　⑩ 其他□＿＿＿＿＿＿＿（请注明）

7. 您从事创业的最主要原因是？（多选题，限选三项）

　　① 个人理想□　　　　② 有好的创业项目□

　　③ 预期收入高□　　　④ 受他人邀请□

　　⑤ 没有找到合适的工作□　⑥ 其他□＿＿＿＿＿（请注明）

8. 您的创业过程是否存在着各种各样的困难？

　　① 是□（回答此项的请回答第 9 题）

———————————

* 褚宸舸编制，郝鹏涛、任娟娟参与修改。

② 否□（回答此项的无需回答第 9 题）

9. 您认为造成您创业困难的主要原因有哪些？（多选题，限选三项）

    ① 个人能力不足□   ② 缺乏创业经验□

    ③ 缺乏有效创业指导□   ④ 政府行政审批手续繁琐□

    ⑤ 政府相关信息不公开□   ⑥ 政府各种资源分配不公□

    ⑦ 政府支持（如优惠的税收、补贴等）不够□

    ⑧ 缺乏创业场地□   ⑨ 资金匮乏□

    ⑩ 缺乏好的创业项目□   ⑪ 创业教育培训不够□

    ⑫ 缺少创业伙伴□   ⑬ 家庭不支持□

    ⑭ 其他□_____（请注明）

10. 在政府为创业青年提供的以下服务中，您认为哪一项是目前最重要的？

    ① 提供启动经费或帮助融资□   ② 提供场地□

    ③ 信息咨询□   ④ 教育培训□

    ⑤ 建立公平、公正、公开的政策、法律体系□

    ⑥ 搭建展示交流平台□   ⑦ 其他□_____（请注明）

11. 您最初的创业资金是从哪种渠道获得的？

    ① 政府专项的创业基金□   ② 社会的创业基金或风险投资□

    ③ 高校的创业基金□   ④ 金融部门□

    ⑤ 向亲友借贷□   ⑥ 自有资金□

    ⑦ 团队集资入股□   ⑧ 其他□_____（请注明）

12. 您对政府扶持青年创业的优惠政策的关注程度如何？

    ① 经常关注□   ② 偶尔关注□

    ③ 不关注□

13. 您对政府扶持青年创业的优惠政策的熟悉程度如何？

    ① 很熟悉□   ② 比较熟悉□

    ③ 不太熟悉□   ④ 很不熟悉□

14. 您是否了解政府扶持青年创业的优惠政策？

　　① 是□（回答此项的请回答第 15—17 题）

　　② 否□（回答此项的无需回答第 15—17 题）

15. 您了解政府扶持青年创业的优惠政策的最主要的途径是？

　　① 自己主动去政府相关部门网站查阅□

　　② 自己从广播、电视、报刊等传统媒体上看到□

　　③ 自己从互联网传媒上看到□

　　④ 创业孵化机构告知□

　　⑤ 创业者群体、朋友之间互相告知□

　　⑥ 政府相关部门告知□　　　⑦ 教育培训机构告知□

　　⑧ 共青团组织告知□　　　⑨ 其他□＿＿＿＿＿＿（请注明）

16. 陕西省的创业扶持政策在实践中是否切实落实？

　　① 是□　　　　② 否□

17. 政府对青年创业优惠扶持政策对您创业产生何种程度的影响？

　　① 没有影响□ ② 影响有限□ ③ 不确定□　 ④ 较有影响□

　　⑤ 很有影响□

18. 您希望政府为青年创业提供哪些主要支持？（多选题，限选三项）

　　① 建立创业孵化基地□　　　② 加强硬件设施建设□

　　③ 购买专家服务加强创业指导和培训□

　　④ 提供体系性的创业教育□

　　⑤ 高效、公平、公正地提供和反馈市场信息和创业项目信息□

　　⑥ 必要的资金支持□

　　⑦ 举办创业计划大赛、评比、授牌、提供展示交流平台

　　⑧ 提供一站式的服务□　　　⑨ 其他□＿＿＿＿＿＿（请注明）

19. 您是否了解外省（市）的创业政策？

　　① 是□（回答此项的请回答第 20 题）

　　② 否□（回答此项的无需回答第 20 题）

20. 陕西省扶持青年创业的政策和其他省（市）的政策相比较，主要在哪些方面有不足？（多选题，限选三项）

　　① 建立创业孵化基地□　　　② 加强硬件设施建设□

　　③ 购买专家服务加强创业指导和培训□

　　④ 提供体系性的创业教育□

　　⑤ 高效、公平、公正地提供和反馈市场信息和创业项目信息□

　　⑥ 必要的资金支持□

　　⑦ 举办创业计划大赛，提供展示交流平台

　　⑧ 提供一站式的服务□　　　⑨ 其他□＿＿＿＿＿＿（请注明）

大学生自主创业状况调查问卷*

1. 性别（单选题）

　　○ 男　　　　　○ 女

2. 年龄（填空题）＿＿＿＿＿＿＿＿＿＿＿＿＿＿＿＿

3. 所在学校（填空题）＿＿＿＿＿＿＿＿＿＿＿＿＿＿

4. 就读专业（填空题）＿＿＿＿＿＿＿＿＿＿＿＿＿＿

5. 是否已经毕业？（单选题）

　　○ 是　　　　　○ 否

5.1. 若已毕业，您的毕业时间是（填空题）＿＿＿＿＿＿＿＿＿

5.2. 若未毕业您所在的年级是（填空题）＿＿＿＿＿＿＿＿＿

6. 您的学历是（单选题）

　　○ 高职（专科）　　　　○ 本科　　　　○ 研究生

6.1. 如果您是本科或研究生学历，请填写您的学科专业（单选题）

　　○ 哲学　　　○ 经济学　　　○ 法学　　　○ 教育学

* 李君编制并提供。针对在校大学生和毕业生。

      ○ 文学   ○ 历史学   ○ 理学   ○ 工学

      ○ 农学   ○ 医学   ○ 管理学   ○ 军事学

      ○ 艺术学

6.2. 如果你是高职（专科）学历，请填写你的学科专业（单选题）

      ○ 农林牧渔大类   ○ 交通运输大类

      ○ 生化与药品大类   ○ 资源开发与测绘大类

      ○ 材料与能源大类   ○ 土建大类   ○ 水利大类

      ○ 制造大类   ○ 电子信息大类

      ○ 环保、气象与安全大类 ○ 轻纺食品大类

      ○ 财经大类   ○ 医药卫生大类

      ○ 旅游大类   ○ 公共事业大类

      ○ 文化教育大类   ○ 艺术设计传媒大类

      ○ 公安大类   ○ 法律大类

7. 您创业的次数（单选题）

      ○ 1 次   ○ 2 次   ○ 3 次   ○ 3 次以上

8. 当前您的创业月均收入为（单选题）

      ○ 0—3000 元   ○ 3001—5000 元

      ○ 5001—7000 元   ○ 7001—10000 元

      ○ 10001 元以上   ○ 亏损

9. 您什么时候开始创业？（单选题）

      ○ 大学在读期间   ○ 大学毕业当年

      ○ 大学毕业 1—2 年内   ○ 大学毕业 3—7 年内

      ○ 其他，请注明_____

10. 您创业的启动资金大概多少？（单选题）

      ○ 1 万元以下   ○ 1 万元—5 万元

      ○ 6 万元—10 万元   ○ 11 万元—20 万元

      ○ 21 万元以上

11. 您的资金来源为（多选题）

    ○ 银行商业贷款   ○ 小额贷款   ○ 家庭支持

    ○ 个人存款   ○ 风险投资   ○ 政府创业基金

    ○ 学校资助   ○ 其他，请注明＿＿＿＿＿＿＿＿

12. 您创业的形式是（单选题）

    ○ 合伙创业   ○ 家庭创业   ○ 自己创办公司

    ○ 个体户   ○ 其他，请注明＿＿＿＿＿＿＿＿

13. 您创业的领域是（单选题）

    ○ 所学专业相关领域   ○ 兴趣爱好领域

    ○ 社会热点领域   ○ 启动资金少、容易开业且风险较小的领域

    ○ 其他，请注明＿＿＿＿＿＿＿＿

14. 您创业的场地是（单选题）

    ○ 学校创业孵化基地   ○ 政府创业孵化基地

    ○ 自有场地   ○ 租赁场地

    ○ 其他，请注明＿＿＿＿＿＿＿＿

15. 您选择创业的最主要的原因是（多选题，至多三项）

    ○ 个人理想   ○ 有好的创业项目   ○ 预期收入高

    ○ 受他人邀请   ○ 未找到合适的工作

    ○ 其他，请注明＿＿＿＿＿＿＿

16. 您认为造成大学生创业困难的主要原因有哪些？（多选题，至多三项）

    ○ 个人能力不足   ○ 缺乏创业经验

    ○ 缺乏有效创业指导   ○ 行政审批手续繁琐

    ○ 缺乏创业场地   ○ 资金匮乏

    ○ 缺乏好的创业项目   ○ 学校创业教育落后

    ○ 家庭不支持   ○ 缺少创业伙伴

    ○ 其他，请注明＿＿＿＿＿＿＿＿

17. 您对政府出台的扶持大学生创业的优惠政策关注与熟悉程度（单选题）

　　○ 经常关注，很清楚　　　　○ 偶尔关注，比较清楚

　　○ 不主动关注，知道一些　　○ 不关注，不清楚

18. 您认为大学生创业优惠政策是否有效用？（单选题）

　　○ 没有效用　　○ 效用有限　　○ 不确定　　　○ 较有效用

　　○ 很有效用

19. 您认为大学生创业优惠政策在哪些方面还需要改进（单选题）

　　○ 加强资金支持力度　　　　○ 加强场地支持力度

　　○ 完善税费支持政策　　　　○ 简化审批手续

　　○ 加强政策宣传　　　　　　○ 其他，请注明＿＿＿＿＿＿

20. 您对学校创业服务工作的总体评价是（单选题）

　　○ 不太满意　　○ 一般　　　○ 比较满意　　○ 非常满意

21. 您对学校的创业指导课总体评价（单选题）

　　○ 没什么用，不满意　　　　○ 很枯燥，缺乏针对性

　　○ 一般　　　○ 很有用　　　○ 其他，请注明＿＿＿＿＿＿

22. 您认为学校开设的创业指导课应为（单选题）

　　○ 必修课　　○ 选修课　　　○ 讲座

　　○ 其他，请注明＿＿＿＿＿＿

23. 您认为创业导师应该是（单选题）

　　○ 老师　　　○ 曾经创业的学长　　　　○ 成功企业家

　　○ 专家　　　○ 投资人　　○ 其他，请注明＿＿＿＿＿＿

24. 您认为学校的创业教育存在哪些问题？（单选题）

　　○ 老师的知识与能力不足　　○ 只注重书本知识，针对性不强

　　○ 缺少创业实践机会　　　　○ 其他，请注明＿＿＿＿＿＿

25. 您对大学生创业工作的建议是（填空题）＿＿＿＿＿＿

大学生自主创业意愿调查问卷 *

1. 性别（单选题）

　　○ 男　　　　　○ 女

2. 年龄（填空题）＿＿＿＿＿＿＿＿＿＿＿＿＿＿＿

3. 所在学校（填空题）＿＿＿＿＿＿＿＿＿＿＿＿＿

4. 专业（填空题）＿＿＿＿＿＿＿＿＿＿＿＿＿＿＿

5. 年级（填空题）＿＿＿＿＿＿＿＿＿＿＿＿＿＿＿

6. 学历（单选题）

　　○ 高职（专科）在读　　　○ 本科在读　　○ 研究生在读

6.1. 本科及以上学历学科专业（单选题）

　　○ 哲学　　　○ 经济学　　　○ 法学　　　○ 教育学

　　○ 文学　　　○ 历史学　　　○ 理学　　　○ 工学

　　○ 农学　　　○ 医学　　　○ 管理学　　　○ 军事学

　　○ 艺术学

6.2. 高职（专科）学科专业（单选题）

　　○ 农林牧渔大类　　　　○ 交通运输大类

　　○ 生化与药品大类　　　○ 资源开发与测绘大类

　　○ 材料与能源大类　　　○ 土建大类

　　○ 水利大类　　　　　　○ 制造大类

　　○ 电子信息大类　　　　○ 环保、气象与安全大类

　　○ 轻纺食品大类　　　　○ 财经大类

　　○ 医药卫生大类　　　　○ 旅游大类

　　○ 公共事业大类　　　　○ 文化教育大类

　　○ 艺术设计传媒大类　　○ 公安大类　　○ 法律大类

---

* 李君编制并提供。问卷针对在校大学生。

7. 您是否有创业意愿?(单选题)

　　○ 没有　　　○ 有,还未创业　　　　○ 有,正在创业
　　○ 犹豫不决

8. 您毕业后是先就业还是先创业?(单选题)

　　○ 先就业　　○ 先创业　　○ 升学　　○ 说不好

9. 您打算创业的最主要原因是?(至多三项)(多选题)

　　○ 个人理想　　○ 有好的创业项目　　　○ 预期收入高
　　○ 受他人邀请　○ 难找到合适的工作
　　○ 其他,请注明_____

10. 您打算什么时候开始创业?(单选题)

　　○ 大学在读期间　　　　　○ 大学毕业
　　○ 毕业积累几年工作经验后　○ 待有较高学历后

11. 您打算创业的形式是?(单选题)

　　○ 合伙创业　○ 家庭创业　○ 自己创办公司
　　○ 个体商户　○ 其他,请注明_____

12. 您打算创业的领域是?(单选题)

　　○ 所学专业相关领域　　　○ 兴趣爱好领域
　　○ 社会热点领域
　　○ 启动资金少、容易开业且风险较小的领域
　　○ 其他,请注明_____

13. 您打算创业的启动资金大概多少?(单选题)

　　○ 1 万元以下　○ 1 万元—5 万元　　　○ 6 万元—10 万元
　　○ 11 万元—20 万元　　　○ 20 万元以上

14. 您的创业资金将来源于(单选题)

　　○ 父母支持　○ 亲友借贷　○ 小额贷款　○ 同学集资
　　○ 个人存款　○ 其他,请注明_____

15. 您打算创业的场地是(单选题)

○ 学校创业孵化基地　　　○ 政府创业孵化基地

○ 自有场地　　○ 租赁场地　　○ 其他，请注明＿＿＿＿＿

16. 您不打算创业的原因是？（至多三项）（多选题）

　　○ 对创业不感兴趣　　　　○ 可以找到合适的工作

　　○ 失败的后果难以承担　　○ 家庭不支持

　　○ 对创业前景持悲观态度　　○ 其他，请注明＿＿＿＿＿

17. 您认为造成大学生创业困难的主要原因有哪些？（至多三项）（多选题）

　　○ 个人能力不足　　　　○ 缺乏创业经验

　　○ 缺乏有效创业指导　　○ 行政审批手续繁琐

　　○ 缺乏创业场地　　　　○ 资金匮乏

　　○ 缺乏好的创业项目　　○ 学校创业教育落后

　　○ 家庭不支持　　　　　○ 缺少创业伙伴

　　○ 其他，请注明＿＿＿＿＿

18. 您对政府扶持大学生创业的优惠政策关注与熟悉程度（单选题）

　　○ 经常关注，很清楚　　　○ 偶尔关注，比较清楚

　　○ 不主动关注，知道一些　　○ 不关注，不清楚

19. 您了解到的大学生创业优惠政策是否有效用？（单选题）

　　○ 没有效用　　○ 效用有限　　○ 不确定　　○ 较有效用

　　○ 很有效用

20. 您认为大学生创业优惠政策在哪些方面还需要改进？（至多三项）（多选题）

　　○ 加强资金支持力度　　　○ 加强场地支持力度

　　○ 完善税费支持政策　　　○ 简化审批手续

　　○ 加强宣传　　○ 其他，请注明＿＿＿＿＿

21. 您对学校创业服务工作的总体评价是？（单选题）

　　○ 不满意　　　○ 一般　　　○ 比较满意　　　○ 非常满意

22. 您对学校的创业指导课总体评价（单选题）

   ○ 没什么用，不满意　　　○ 很枯燥，缺乏针对性

   ○ 一般　　　○ 很有用　　　○ 其他，请注明＿＿＿＿＿＿

23. 您认为学校的创业教育存在什么问题：（单选题）

   ○ 老师的知识与能力不足　　　○ 只注重书本知识，针对性不强

   ○ 缺少创业实践机会　　　○ 其他，请注明＿＿＿＿＿＿

24. 您对大学生创业工作的建议是？（简答题）＿＿＿＿＿＿

青少年社会教育调查问卷*

（一）

1. 您的性别

   ① □ 男　　　② □ 女

2. 您的年龄＿＿＿＿周岁。（请把具体数字写在横线上）

3. 您的受教育程度

   ① □ 未上过学 ② □ 小学　　　③ □ 初中

   ④ □ 高中（包括中专、中技、职高）

   ⑤ □ 大专（或高职）　　　⑥ □ 大学本科及以上

4. 您的婚姻状况

   ① □ 未婚　　　② □ 未婚同居 ③ □ 已婚　　　④ □ 离异后未再婚

   ⑤ □ 离异后再婚　　　⑥ □ 丧偶后未再婚

   ⑦ □ 丧偶后再婚

5. 在您家庭成员里，您主要跟一起长大的？【注意：有几项选几项】

   ① □ 亲生父母（双方）　　　② □ 亲生父母（一方）

   ③ □ 兄弟或姐妹　　　④ □ 爷爷奶奶或姥爷姥姥

---

* 褚宸舸、李明恺编制，郝鹏涛、樊彩霞参与修改。问卷第（一）（二）部分为必答题，第（三）部分针对重点青少年。

⑤ □ 继父母或养父母　　　　⑥ □ 其他亲属

⑦ □ 主要是独自一人

⑧ □ 其他＿＿＿＿＿＿＿（请在横线上注明）

6. 近三年内一起居住或生活的人中，您跟谁关系最亲密？【注意：有几项选几项】

　　① □ 亲生父母（双方）　　　② □ 亲生父母（一方）

　　③ □ 继父母或养父母　　　　④ □ 兄弟或姐妹

　　⑤ □ 爷爷奶奶或姥爷姥姥　　⑥ □ 配偶　　⑦ □ 自己的小孩

　　⑧ □ 男朋友或女朋友　　　　⑨ □ 其他亲属⑩ □ 同学、伙伴

　　⑪ □ 主要是独自一人

　　⑫ □ 其他＿＿＿＿＿＿＿（请在横线上注明）

7. 最近一年，您平均每个月收入大约是＿＿＿＿元。（请把具体数字写在横线上，没有个人收入的写0）

8. 最近一年，您的主要居住地（暂住地）在

　　① □ 西安市区　　　　　　　② □ 西安市城乡结合部

　　③ □ 陕西省内其他城镇　　　④ □ 省内乡村

　　⑤ □ 陕西以外的省、市、自治区＿＿＿＿＿＿（具体名称请在横线上注明）

（二）

9. 除了在学校接受的培训以外，您还参加过下列哪些培训【注意：有几项选几项】（　　　）

　　① □ 自己掏钱参加的各类培训

　　② □ 政府组织的免费培训

　　③ □ 共青团、工会、妇联提供的免费培训

　　④ □ 单位或者雇主组织的培训

　　⑤ □ 其他民间社会组织提供的免费培训

⑥□没有参加过任何培训

10. 您目前最迫切需要的是哪些方面的教育和培训【注意：选三项】

　　①□劳动技能　　　　　　②□法律知识

　　③□找工作的技巧　　　　④□人际关系、心理调适

　　⑤□婚姻或恋爱知识能力　⑥□预防疾病，促进身体健康

　　⑦□个人消费理财　　　　⑧□提高个人文化和艺术修养

　　⑨□有关个人成才与发展的其他方面

11. 近一年，您平均多久会去一次图书馆（包括省、市、县区图书馆和社区图书室）

　　①□从来不去　　　　　　②□一至二周

　　③□半个月至一个月　　　④□一至三个月

　　⑤□四个月至半年　　　　⑥□七个月至九个月

　　⑦□十个月至一年

12. 【上题回答⑥者，不答此题】如果上题选②—⑦，上述图书馆的环境及图书数量、种类等是否让您满意

　　①□满意　　②□不满意

13. 近一年，您平均多久会去一次博物馆/文化馆/纪念馆？

　　①□半个月　②□一个月　③□三个月　④□半年

　　⑤□一年　　⑥□从来不去

14. 近一年，您平均多久会去一次青少年宫？

　　①□半个月　②□一个月　③□三个月　④□半年

　　⑤□一年　　⑥□从来不去

15. 近三年内，您是否参加过以下组织的活动

　　非学校组织的文体、休闲、学习等兴趣团体　①□是　②□否

　　社会公益慈善类组织　　　　　　　　　　　①□是　②□否

　　打工者协会、民工协会等　　　　　　　　　①□是　②□否

　　老乡会、同学会等　　　　　　　　　　　　①□是　②□否

维权性质的组织 ①□是 ②□否

五大宗教（佛、道、伊斯兰、天主、基督） ①□是 ②□否

除五大宗教以外的宗教团体 ①□是 ②□否

自发组织的民间帮派 ①□是 ②□否

16. 您了解我国社会上除普通中小学高校以外的主要教育机构名称吗？

　　①□非常了解　　　　②□有点了解

　　③□一般　　　　　　④□有点不了解

　　⑤□非常不了解。

17. 您了解我国社会主要教育机构的职能吗？

　　①□非常了解　　　　②□有点了解

　　③□一般　　　　　　④□有点不了解

　　⑤□非常不了解。

18. 如果想通过教育或培训的途径来改变现状，您最希望将来可以实现的目标是【注意：选三项】

　　①□获得稳定有保障的工作　②□充分发挥自己的能力

　　③□赚更多的钱　　　　　　④□从事自己感兴趣的工作

　　⑤□获得较高社会地位　　　⑥□获得良好人际关系

　　⑦□缓解工作和生活压力　　⑧□对社会作出较大贡献

　　⑨□创造继续接受更好教育的条件或机会

19. 您认为由我国政府所主办的社会教育机构其职能，主要有（　　　）【请您按从主要到次要的顺序对下述职能进行排序，并把排好的顺序填在括号内】。

　　①□培训　　②□管教、监管　　　　③□宣传

　　④□咨询　　⑤□服务

20. 在学校读书时，您参加过社会实践（如夏令营、各种社会服务、参观、表演、竞技）活动吗？

　　①□根本未听说过　　　②□想参加，但是没参加过

③ □想参加，也参加过　　　④ □不想参加，也没参加过

⑤ □不想参加，但是被强制要求参加

21. 近三年内，您最经常去的是下列哪些场所【请选择 2 项】（　　　）

① □网吧　　　② □台球厅　　③ □KTV、迪厅、酒吧、茶楼

④ □游戏厅　　　　　　　⑤ □洗浴按摩场所

⑥ □录像厅/电影院　　　　⑦ □文化宫、博物馆

⑧ □青少年宫⑨ □麻将馆　⑩ □体育场/馆、健身馆

⑪ □宗教场所　　　　　⑫ □上述场所均未去过

22. 【上题回答⑫者，不答此题】请问在上述场所中您是否和别人发生过争吵及肢体冲突（　　　）

① □经常有　　② □偶尔会有③ □基本没有

23. 您的闲暇时间主要做什么【注意：请选择 3 项】（　　　）

① □听音乐　　② □看电影、电视　　　　③ □上网

④ □喝酒或下饭馆　　　⑤ □读书看报

⑥ □打牌或打麻将　　　⑦ □参加体育活动

⑧ □逛街　　⑨ □发呆，什么也不去干

⑩ □歌厅、舞厅、酒吧

⑪ □去图书馆、文化馆、博物馆、纪念馆等

⑫ □参加宗教活动　　　⑬ □参加社会公益活动

⑭ □和朋友或家人聊天　⑮ □去公园、广场玩

⑯ □其他_____（具体请在横线上注明）

24. 如果您有时感到与他人沟通、交往困难，您认为造成这一结果的主要原因是（　　　）

① □学校　　② □家庭　　③ □社会　　④ □他人

⑤ □自己

25. 您目前身边有（　　　）个值得信任的知心好朋友？

① □0　　　② □1—2　　③ □3—4　　④ □5 以上

26. 当您面临巨大的心理压力时，您倾向于用哪种方法缓解压力【注意：请选择3项】（　　）

　　①□听音乐　　　　　　　②□看电影或电视

　　③□上网浏览或聊天　　　④□睡觉

　　⑤□喝酒或下饭馆　　　　⑥□找朋友倾诉

　　⑦□向父母或亲人诉说　　⑧□去户外活动

　　⑨□参加体育比赛或文娱活动⑩□沉默

　　⑪□哭泣　　　　　　　　⑫□加入某个社团组织寻求帮助

27. 您了解身边的心理咨询机构吗？（　　）

　　①□没听说过②□听说过，但是不想去也没去过

　　③□听说过，想去但是还没去过

　　④□去接受过辅导或咨询

28. 您对我国政府近三年在人财物方面对教育文化措施的投入状况（　　）

　　①□满意　　②□比较满意③□一般　　④□不满意

　　⑤□很不满意⑥□不清楚

29. 您平均每天上网多长时间（　　）

　　①□几乎不上　　　　　　②□1小时以内

　　③□1—2小时　　　　　　④□3—4小时

　　⑤□5—6小时　　　　　　⑥□7—8小时

　　⑦□9小时以上

30. 【上题回答①者，不答此题】您上网最主要做什么【请选择2种】（　　）

　　①□看新闻　②□看视频　③□玩游戏　④□玩微博

　　⑤□写博客　⑥□聊天　　⑦□查资料

31. 最近三年内，您参加过哪些宗教团体所组织的活动（　　）【注意：有几项选几项】

　　　①□传教及宗教仪式　　②□扶贫救济

　　　③□慈善募捐　　　　　④□医疗卫生

　　　⑤□艺术体育健身　　　⑥□心理咨询

　　　⑦□政治性活动（如游行、示威、请愿、上访等）

　　　⑧□国际交流⑨□教育培训⑩□其他活动

　　　⑪□未参加过宗教团体所组织的活动

32. 您对维护国家主权领土完整的游行示威（　　　）

　　　①□支持，自己会参加　　②□支持，自己不会参加

　　　③□持观望心理，会参加　　④□持观望心理，不会参加

　　　⑤□反对，不参加　　　　⑥□非常反对，不参加

33. 您如何评价反日游行中出现的打砸日本品牌车辆、公私物品的行为（　　　）

　　　①□非常支持②□支持　　③□与我无关，保持观望

　　　④□反对　　　⑤□非常反对

34. 您接受爱国主义方面的知识教育（例如，关于国家民族大好河山、骨肉同胞、灿烂历史和文化的自豪感、认同感）的主要途径有【请选3项】（　　　）

　　　①□学校　　②□家人　　③□同学、朋友

　　　④□单位、同事　　　　⑤□广播、电视

　　　⑥□报刊　　⑦□网站、微博、QQ群等

　　　⑧□政府、社区

　　　⑨□其他＿＿＿＿＿＿（具体请在横线上注明）

35. 作为一名公民，您了解自己在法律上的权利与义务吗（　　　）

　　　①□非常了解②□一般了解③□大概知道但具体则不了解

　　　④□根本不了解

36. 您最主要是通过下列哪个方式了解国家法律的（　　　）

　　　①□上法制教育课或讲座　　②□观看法制宣传图板展览

③□观看法制宣传片或新闻　④□阅读相关书籍

⑤□上网了解法制知识　　　⑥□从来没接受过

37. 您会期待并关注党和政府出台的政策或法令吗?（　　）

　　①□非常关注　　　　　　②□只关注与自己有关的

　　③□偶尔会有所关注　　　④□一点都不关注

38.【上题回答④者，不答此题】您目前最期待并关注的是哪类政策或法令（　　）【注意：请选择3项】

　　①□国家政治和行政改革　②□学习和教育

　　③□医疗卫生　　　　　　④□劳动就业

　　⑤□社会保障　　　　　　⑥□金融、商业

　　⑦□治安、刑事领域　　　⑧□婚姻家庭⑨□社会公益

　　⑩□其他＿＿＿＿＿＿（具体请在横线上注明）

39. 现在社会上接触黄色、血腥暴力的视频或图书很容易，近三年内，您是否看过黄色、血腥暴力的视频或图书（　　）

　　①□经常看　②□偶尔看　③□没有看过

40. 您过去了解性知识的最主要途径是（　　）

　　①□学校课堂上　　　　　②□社会上民间组织的宣传普及

　　③□通过报纸、书刊、电影、电视等媒体

　　④□通过网络媒体　　　　⑤□家人告知

　　⑥□身边同学、朋友间交流　⑦□从来没有接受过性知识

41. 您目前了解到的毒品或防治性病、艾滋病的知识，主要是通过（　　）获得的?

　　①□学校课堂上　　　　　②□社会上民间组织的宣传普及

　　③□通过报纸、书刊、电影、电视等媒体

　　④□通过网络媒体　　　　⑤□家人告知

　　⑥□身边同学、朋友间交流

　　⑦□不了解毒品或防治性病、艾滋病的知识

42. 您认为在您自己的成长过程中，以下哪种教育形式对您影响最大（　　）

　　①□家庭教育　　　　　　②□学校教育

　　③□政府、社会有关组织、民间团体的教育④□自我教育

43. 您对我国未成年人权益保护的相关法律法规了解吗？（　　）

　　①□了解　　②□一般　　③□不了解

44. 您认为您的合法权益是否切实得到了相关法律法规的保护（　　）

　　①□是的　　②□一般　　③□没有

45. 当您的合法权益受到侵害时，您最先想到的求助对象是【请选择2种】（　　）

　　①□学校　　　　　　　②□村或社区等基层组织

　　③□政法机关及其人员　④□家人　　⑤□同伴

　　⑥□共青团组织

46. 如果您生活中出现困难，您主要会去哪里寻求帮助？【请选择2种】（　　）

　　①□家人、亲戚　　　②□朋友　　③□邻居

　　④□同乡　　　　　　⑤□社会上的热心人士

　　⑥□同伴间的帮派组织　⑦□民间公益组织

　　⑧□单位或老板　　　⑨□学校

　　⑩□政府机关（包括其设立的救助机构）

　　⑪□居住地的村或社区　⑫□工会、妇联

　　⑬□共青团　　　　　⑭□宗教团体

47. 现在有不少人吸毒或从事色情卖淫嫖娼，近三年内，您朋友圈中有这些人吗？（　　）

　　①□没有这些人　　　②□有，1—2个

　　③□有，3—4个　　　④□有，5—10人

　　⑤□有，11人以上

48. 如果朋友有吸毒或卖淫嫖娼行为，您和这位朋友的交往关系会（　　）

　　①□更加紧密　　　　　　②□保持不变

　　③□将会有意识疏远　　　④□不再交往

49. 如果您自己或朋友有违法或犯罪行为，您认为主要原因是什么【请选择2种】（　　）

　　①□家庭状况不好　　　　②□学校教育失败

　　③□就业及事业上受挫　　④□感情纠葛

　　⑤□交友不慎　　　　　　⑥□对物质有更多需求

　　⑦□生活空虚　　　　　　⑧□社会不公

　　⑨□自身原因

50. 您的父母或家庭成员是否因为违法或犯罪行为曾受过处罚？（　　）

　　①□是　　　　②□否

51. 当您有不良行为、违法或犯罪行为时，下列哪些人的教育规劝对您以后不再犯类似行为最有效（　　）

　　①□父母　　②□其他亲属③□老师

　　④□同学、朋友、伙伴　　⑤□居委会或村委会的人

　　⑥□公安、政法机关人员

　　⑦□社会上其他机构＿＿＿＿＿＿（具体请在横线上注明）

52. 以下问题请您将答案写在横线上（每空限填2—16个汉字）

　　您最喜欢谁：＿＿＿＿＿＿＿＿

　　您最恨谁：＿＿＿＿＿＿＿＿

　　您想成为什么样的人：＿＿＿＿＿＿＿

　　您最大的烦恼：＿＿＿＿＿＿＿

　　您最大的愿望：＿＿＿＿＿＿＿。

（三）

53. 最近三年内，您曾接受过的政法机关的处理主要有（　　）【注

意：有几项选几项】

    ① □ 收容救助   ② □ 治安行政处罚

    ③ □ 收容教育   ④ □ 强制隔离戒毒

    ⑤ □ 社区戒毒   ⑥ □ 劳动教养⑦ □ 收容教养

    ⑧ □ 刑罚（包括管制、拘役、有期徒刑、无期徒刑）

    ⑨ □ 非刑罚处罚   ⑩ □ 缓刑   ⑪ □ 假释

    ⑫ □ 社区矫正   ⑬ □ 工读教育

    ⑭ □ 没有接受过上述任何一种

54. 您接受政法机关的矫治之前主要干什么（　　）

    ① □ 上学   ② □ 工作   ③ □ 闲散在家（不在学也未工作）

    ④ □ 在社会上流浪

55. 您最近一次进入政法机关的矫治程序主要是因为（　　）【注意：有几项选几项】

    ① □ 杀人   ② □ 故意伤害致人重伤或死亡③ □ 强奸

    ④ □ 抢劫   ⑤ □ 贩毒   ⑥ □ 放火、爆炸

    ⑦ □ 投毒   ⑧ □ 一般伤害⑨ □ 盗窃   ⑩ □ 猥亵妇女

    ⑪ □ 诈骗   ⑫ □ 敲诈   ⑬ □ 赌博

    ⑭ □ 淫乱或者卖淫嫖娼   ⑮ □ 吸食、注射毒品

    ⑯ □ 寻衅滋事，扰乱治安   ⑰ □ 携带管制刀具

    ⑱ □ 传播淫秽的读物或者音像制品等

    ⑲ □ 其他_____（具体请在横线上注明）

56. 您认为经过政法机关的矫治，自己有变化吗？（　　）

    ① □ 有所改善   ② □ 变得更差了

    ③ □ 没什么变化   ④ □ 说不清楚

57. 你接受过社区专门帮扶、教育的工作人员或相关组织的服务或帮助吗？（　　）

    ① □ 有   ② □ 没有   ③ □ 不清楚

58.【上题回答②③者，不答此题】您感觉他们对您的帮助或服务是否有效？（　　　）

　　　①□有　　　　②□否

59.【注意：该题只针对曾经在工读学校（即对某些未成年人办的特殊教育学校）里就读过的同学，未就读过的不回答此题】您认为工读学校目前面临的最主要问题是（　　　）【注意：选3项】

　　　①□同学少　　　　　　②□经费紧张，设施简陋

　　　③□师资水平较低　　　④□收费高

　　　⑤□管得太严，限制人身自由⑥□社会对该学校学生有歧视

60.【注意：该题只针对曾经在工读学校里就读过的同学，未就读过的不回答此题】您认为工读学校对改变您不良行为的效果是（　　　）

　　　①□有效，有所改善　　②□无效，变得更差了

　　　③□无效，没什么变化　　④□说不清楚

61.【注意：曾经接受过社区矫正者请回答，未接受过的不回答此题】您认为在接受社区矫正过程中，以下哪些人或机构对您的帮助最大最有效（　　　）【注意：选2项】

　　　①□公安干警　　　　　　②□法院、检察院干部

　　　③□其他行政机关工作人员　④□社区干部

　　　⑤□社会团体、民间组织　　⑥□律师

　　　⑦□学生等社会志愿者

　　　⑧其他＿＿＿＿＿＿＿＿（具体请在横线上注明）

　　本问卷结束，谢谢合作！

　　如果您对问卷调查的内容还有其他意见、建议、想法，欢迎写在下面（50个字以内）。

未成年人安全状况调查问卷（教师版）*

1. 您的性别：① □ 男　② □ 女

2. 您的年龄_____周岁（请把具体数字写在横线上）。

3. 您的最高学历（学位）是：

　　① □ 高中（中专）　　② □ 大专　　③ □ 大学本科

　　④ □ 硕士　　⑤ □ 博士

4. 您在学校的职务是：

　　① □ 校级领导　　　　② □ 校中层领导

　　③ □ 普通行政人员　　④ □ 普通教师

5. 您的专业技术职称是：

　　① □ 正高级　② □ 副高级　③ □ 中级

　　④ □ 初级（含实习教师）

6. 如果您班上学生犯错且不服管教，您通常会使用什么方式教育？
【注意：有几项选几项】

　　① □ 罚站（或罚跑）　　② □ 放学后留校

　　③ □ 责骂　　④ □ 打人　　⑤ □ 谈心　　⑥ □ 叫家长来处理

　　⑦ □ 增加其作业量　　⑧ □ 安排单独坐

　　⑨ □ 其他_____（具体请在横线上注明）

7. 近三学年来，您参加所在学校开展的安全教育、安全培训、安全
演习（如火灾疏散）等共有几次？

　　① □ 没有　　② □ 1 次　　③ □ 2 次　　④ □ 3 次

　　⑤ □ 4 次及以上

8. 关于如何处置学生在学校内突发疾病（如食物中毒等）或者受伤
等紧急状态，您：

———————————

　　* 褚宸舸编制，郝鹏涛提出修改意见。

① □非常熟悉 ② □熟悉　　③ □基本知道 ④ □不太熟悉

⑤ □非常不熟悉

9. 您认为在本校下列哪些问题应得到进一步改善？【注意：有几项选几项】

① □出入校门制度　　　　② □校内公共场所的治安管理

③ □校内宿舍安全管理　　④ □校内公私财物管理

⑤ □校内交通秩序的管理　⑥ □校内消防安全管理

⑦ □课间操及大型集会的管理

⑧ □其他＿＿＿＿＿＿＿（具体请在横线上注明）

10. 您认为本校校园周边环境存在的最突出问题是：

① □噪音污染　　　　　　② □空气质量污染

③ □交通安全和堵塞　　　④ □网吧、游戏厅林立

⑤ □食品卫生差　　　　　⑥ □被娱乐、色情场所包围

⑦ □流氓、混混经常骚扰

⑧ □其他＿＿＿＿＿＿＿（具体请在横线上注明）

11. 您发现学生对性知识掌握的程度：

① □极差　　② □差　　　③ □一般　　④ □好

⑤ □非常好

12. 您认为安全教育最需要加强的环节是：

① □国家法律、制度保障　② □经费保障

③ □校领导重视　　　　　④ □家长支持 ⑤ □学生积极参与

⑥ □教师重视　　　　　　⑦ □有专业师资

⑧ □其他＿＿＿＿＿＿＿（具体请在横线上注明）

13. 近三年内，您所在的学校出现学生校内伤亡事故的次数是：

① □0 次　　② □1—2 次　③ □3—4 次　④ □5—6 次

⑤ □7 次及以上　　　　　⑥ □不清楚

14. 您的学生如果在校内外遭受人身、财产安全的威胁，他们是否会

告诉您情况？

　　①□是　　　②□否　　　③□不清楚

15. 您的学生如果受到家长的打骂甚至虐待，他们是否会告诉您情况？

　　①□是　　　②□否　　　③□不清楚

16. 您所在学校的学生，平均每年开展人身安全、公共安全、自护教育的专题教育（培训）次数是：

　　①□0 次　　　　　　　②□1 次　　③□2 次

　　④□3 次　　⑤□4 次及以上　　　⑥□不清楚

17. 对于有些教师打骂、体罚学生的行为，您怎么看：

　　①□非常有必要　　　　　②□有必要

　　③□偶尔做则情有可原，可以容忍　　④□绝对不应做

18. 您认为伤害学生人身安全最重要的领域是：

　　①□媒体　　②□网络　　③□社会　　④□家庭

　　⑤□学校　　⑥□其他＿＿＿＿＿＿（具体请在横线上注明）

19. 您对学校因为避免学生安全问题而不开设或取消单双杠、长跑等体育课项目怎么看：①□支持　②□不支持

未成年人安全状况调查问卷（小学生版）*

1. 你的性别　①□男　②□女

2. 你的年龄＿＿＿＿＿周岁。（请把具体数字写在横线上）

3. 目前，你主要跟（　　）一起生活？【注意：有几项选几项】

　　①□亲生父母（双方）　　②□亲生父母（一方）

　　③□兄弟或姐妹　　　　　④□爷爷奶奶或姥爷姥姥

　　⑤□继父母或养父母　　　⑥□其他亲戚

_____

　　* 褚宸舸编制，郝鹏涛提出修改意见。

⑦ □独自一人⑧ □其他_____（请在横线上注明）

4. 下面是一些话，请在符合你个人情况的答案标号上打上"√"。

题　　项	从来没有	偶尔	经常
（1）在学校，玩游戏或运动时受过伤吗？	①	②	③
（2）在学校，在上实验课时受过伤吗？	①	②	③
（3）在学校，因为楼梯或其他通道拥挤受过伤吗？	①	②	③
（4）上学或放学时，学校大门口有没有专门的人维持秩序？	①	②	③
（5）你是否因为在学校里受伤而住院？	①	②	③
（6）被同学欺负	①	②	③
（7）上学放学的路上，发生交通意外	①	②	③
（8）被父母打骂	①	②	③
（9）被校外黑社会或流氓混混殴打	①	②	③
（10）被抢劫、勒索钱财	①	②	③
（11）非医疗体检目的被他人抚摸过隐私部位（如生殖器）	①	②	③
（12）被拐卖、绑架	①	②	③
（13）自杀或自残	①	②	③
（14）游泳中发生危险或溺水	①	②	③
（15）坐校车期间受伤	①	②	③

5. 下面是一些话题，请在符合你个人情况的答案标号上打上"√"。

题　　项	从来没有	偶尔	经常
（1）你会在马路上玩耍吗？	①	②	③
（2）你翻越过马路上的隔离栏杆吗？	①	②	③
（3）你过马路时走人行横道吗？	①	②	③
（4）你骑车带过人吗？	①	②	③
（5）你骑车逆行过吗？	①	②	③

6. 在家里，你是否因以下原因而受伤过？【注意：有几项选几项】

　　　① □煤气中毒　　　　　② □烫伤或烧伤

③ □触电　　　　　　　④ □摔伤

⑤ □被刀或玻璃等划伤　　⑥ □食物、药物中毒

⑦ □被猫狗等动物弄伤　　⑧ □玩耍中受伤

⑨ □意外窒息　　　　　⑩ □以上都没有

⑪ □其他_____（具体请在横线上注明）

7. 如果你犯错且不服管教，你的老师通常会使用什么方式教育？【注意：有几项选几项】

　　① □罚站（或罚跑）　　② □放学后留校

　　③ □责骂　　④ □打人　　⑤ □谈心　　⑥ □叫家长来处理

　　⑦ □增加作业量　　　　⑧ □安排单独坐

　　⑨ □其他_____（具体请在横线上注明）

8. 当父母、老师说教或者打骂你时，你有过下面哪些感受？【注意：有几项选几项】

　　① □气愤、伤心、痛苦　　② □产生死的念头

　　③ □想离家出走　　　　④ □恨不得跟他们拼了

　　⑤ □长大以后再和他们算账　⑥ □无所谓

9. 如果遭遇人身危险。事后你会将情况告诉（　　　）【注意：有几项选几项】

　　① □关系好的同学　　　② □共青团少先队

　　③ □父母或亲属　　　　④ □报警　　⑤ □老师

　　⑥ □村或社区组织　　　⑦ □网友

　　⑧ □其他_____（具体注明）

10. 你对毒品或禁毒知识的了解

　　① □很多　　② □一般　　③ □不知道

11. 近一年来，你就读的学校是否对你进行过禁毒教育或宣传？

　　① □是　　　② □否

12. 近三年来，你参加过所在学校开展的安全教育、安全培训、安全

演习（如抗震、防火等）共有几次？

    ① □ 没有   ② □ 1 次   ③ □ 2 次   ④ □ 3 次

    ⑤ □ 4 次及以上

13. 近一年来，你因在学校里或学校周边吃的食品不干净突发疾病（如腹泻、食物中毒等）的次数：

    ① □ 0 次   ② □ 1—2 次   ③ □ 3—4 次   ④ □ 5—10 次

    ⑤ □ 11 次以上

未成年人安全状况调查问卷（中学生版）[1]

1. 你的性别：① □ 男 ② □ 女

2. 你的年龄_____周岁（请把具体数字写在横线上）。

3. 目前，你主要跟(   )一起生活？【注意：有几项选几项】

    ① □ 亲生父母（双方）   ② □ 亲生父母（一方）

    ③ □ 兄弟或姐妹   ④ □ 爷爷奶奶或姥爷姥姥

    ⑤ □ 继父母或养父母   ⑥ □ 其他亲戚 ⑦ □ 独自一人

    ⑧ □ 其他_____（请在横线上注明）

4. 你父母的最高学历是：

    ① □ 小学及未上学   ② □ 初中   ③ □ 高中

    ④ □ 中专   ⑤ □ 大学专科 ⑥ □ 大学本科

    ⑦ □ 研究生（硕士、博士）

5. 你父亲的职业是：

    ① □ 公司企业人员

    ② □ 党政、国家机关（党委、政府、人大、政协、司法、军事、工青妇等人民团体）的公务员或公职人员

---

〔1〕 褚宸舸编制，郝鹏涛提出修改意见。

③□事业单位（如学校）人员

④□社会团体（如各种协会）人员

⑤□农村进城务工人员　　⑥□农民　⑦□无业或失业

⑧□其他_____（具体请在横线上注明）

6. 你母亲的职业是：

①□公司企业人员

②□党政、国家机关（党委、政府、人大、政协、司法、军事、工青妇等人民团体）的公务员或公职人员

③□事业单位（如学校）人员

④□社会团体（如各种协会）人员

⑤□农村进城务工人员　　⑥□农民　　⑦□无业或失业

⑧□其他_____（具体请在横线上注明）

7. 下面是一些题项，请在符合你个人情况的答案标号上打上"√"。

题　　　　项	从来没有	偶尔	经常
（1）在学校，玩游戏或运动时受过伤吗?	①	②	③
（2）在学校，上实验课时受过伤吗?	①	②	③
（3）在学校，因为楼梯或其他通道拥挤受过伤吗?	①	②	③
（4）上学或放学时，学校大门口有没有专门的人维持秩序?	①	②	③
（5）你是否因为在学校里受伤而住院?	①	②	③
（6）被同学欺负	①	②	③
（7）上学放学的路上，发生交通意外	①	②	③
（8）被父母打骂	①	②	③
（9）被校外黑社会或流氓混混殴打	①	②	③
（10）被抢劫、勒索钱财	①	②	③
（11）非医疗体检目的被他人抚摸过隐私部位（如生殖器）	①	②	③
（12）被拐卖、绑架	①	②	③
（13）自杀或自残	①	②	③
（14）游泳中发生危险或溺水	①	②	③
（15）坐校车期间受伤	①	②	③

8. 下面是一些题项，请在符合你个人情况的答案标号上打上"√"。

题 项	从来没有	偶尔	经常
（1）你会在马路上玩耍吗?	①	②	③
（2）你翻越过马路上的隔离栏杆吗?	①	②	③
（3）你过马路时走人行横道吗?	①	②	③
（4）你骑车带过人吗?	①	②	③
（5）你骑车逆行过吗?	①	②	③

9. 在家里，你是否因以下原因而受伤过?【注意：有几项选几项】

　　①□煤气中毒②□烫伤或烧伤　　　　③□触电

　　④□摔伤　　　　　　⑤□被刀或玻璃等划伤

　　⑥□食物、药物中毒　　⑦□被猫狗等动物弄伤

　　⑧□玩耍中受伤　　　⑨□意外窒息⑩□以上都没有

　　⑪□其他＿＿＿＿＿＿（具体请在横线上注明）

10. 如果你犯错且不服管教，你的老师通常会使用什么方式教育?【注意：有几项选几项】

　　①□罚站（或罚跑）　　②□放学后留校

　　③□责骂　　④□打人　　⑤□谈心　　⑥□叫家长来处理

　　⑦□增加作业量　　　⑧□安排单独坐

　　⑨□其他＿＿＿＿＿＿（具体请在横线上注明）

11. 当父母、老师说教或者打骂你时，你有过下面哪些感受?【注意：有几项选几项】

　　①□气愤、伤心、痛苦　　②□产生死的念头

　　③□想离家出走　　④□恨不得跟他们拼了

　　⑤□长大以后再和他们算账　⑥□无所谓

12. 如果遭遇人身危险，事后你会将情况告诉（　　）【注意：有几项选几项】

① □ 关系好的同学　　　　② □ 共青团少先队

③ □ 父母或亲属　　　　④ □ 警察　　⑤ □ 老师

⑥ □ 村或社区组织　　　　⑦ □ 网友

⑧ □ 其他＿＿＿＿＿＿（具体注明）

13. 你对毒品或禁毒知识的了解：

　　① □ 很多　　② □ 一般　　③ □ 不知道

14. 近一年来，你就读的学校是否对你进行过禁毒教育或宣传？

　　① □ 是　　　② □ 否

15. 近三年来，你参加过所在学校开展的安全教育、安全培训、安全演习（如抗震、防火等）共有几次？

　　① □ 0 次　　② □ 1 次　　③ □ 2 次　　④ □ 3 次

　　⑤ □ 4 次及以上

16. 近一年来，你因在学校里或学校周边吃的食品不干净突发疾病（如腹泻、食物中毒等）的次数是：

　　① □ 0 次　　② □ 1—2 次　③ □ 3—4 次　④ □ 5—10 次

　　⑤ □ 11 次及以上

17. 你认为在本校下列哪些问题应得到进一步改善？【注意：有几项选几项】（　　　）

　　① □ 出入校门制度　　　　② □ 校内公共场所的治安管理

　　③ □ 校内宿舍安全管理　　④ □ 校内公私财物管理

　　⑤ □ 校内交通秩序的管理　⑥ □ 校内消防安全管理

　　⑦ □ 课间操及大型集会的管理

　　⑧ □ 其他＿＿＿＿＿＿（具体请在横线上注明）

18. 您认为本校校园周边环境存在的最突出问题是：

　　① □ 噪音污染　　　　② □ 空气质量污染

　　③ □ 交通安全和堵塞　④ □ 网吧、游戏厅林立

　　⑤ □ 食品卫生差　　　⑥ □ 被娱乐、色情场所包围

⑦ □ 流氓、混混经常骚扰

⑧ □ 其他＿＿＿＿＿＿（具体请在横线上注明）

19. 下面是一些题项，请在符合你的情况的答案上打上"√"。

题　　项	完全不符合	有点不符合	不确定	有点符合	完全符合
（1）我从来不敢主动说出自己的看法。	①	②	③	④	⑤
（2）我感到生活总是充满不确定性和不可预测性。	①	②	③	④	⑤
（3）我习惯于放弃自己的愿望和要求。	①	②	③	④	⑤
（4）我总是担心会发生什么不测。	①	②	③	④	⑤
（5）我从不敢拒绝朋友的请求。	①	②	③	④	⑤
（6）遇到不开心的事，我总是独自生闷气或者痛哭。	①	②	③	④	⑤
（7）我一直觉得自己挺倒霉的。	①	②	③	④	⑤
（8）人们说我是一个害羞、退缩的人。	①	②	③	④	⑤
（9）我总是担心太好的朋友关系以后会变坏。	①	②	③	④	⑤
（10）对师长，我一般是敬而远之。	①	②	③	④	⑤
（11）我常常担心自己的思维或情感会失去控制。	①	②	③	④	⑤
（12）我总是"万事不求人"。	①	②	③	④	⑤
（13）我总是担心自己的生活会变得一团糟。	①	②	③	④	⑤
（14）我感到自己无力应对和处理生活中突如其来的危险。	①	②	③	④	⑤
（15）我害怕与他人建立并保持亲近关系。	①	②	③	④	⑤
（16）无论别人怎么说，我都觉得自己很没用。	①	②	③	④	⑤

20. 下面是一些题项，请在符合你的情况的答案上打上"√"。

题　　项	完全不符合	基本不符合	不确定	基本符合	完全符合
（1）我了解人体的生理结构。	①	②	③	④	⑤
（2）我了解避孕的知识。	①	②	③	④	⑤

续表

题 项	完全不符合	基本不符合	不确定	基本符合	完全符合
（3）我了解什么是性骚扰和性伤害。	①	②	③	④	⑤
（4）我对性知识有疑惑时会积极主动地寻求帮助。	①	②	③	④	⑤
（5）我了解生殖器官的构造和功能。	①	②	③	④	⑤
（6）我了解性病的各种知识。	①	②	③	④	⑤
（7）我了解什么是月经和遗精。	①	②	③	④	⑤
（8）我了解人体的各种生理功能。	①	②	③	④	⑤
（9）我了解自己的身体会出现哪些变化。	①	②	③	④	⑤
（10）我了解性心理的内容。	①	②	③	④	⑤

陕西省青少年事务社会工作者调查问卷*

第一部分　个人背景

1. 您的性别是？（　　）

　　① 男　　　　② 女

2. 您的年龄是_____岁？

3. 您的受教育程度是？（　　）

　　① 小学及以下　　　　　② 初中

　　③ 高中（包括中专、中技、职高）

　　④ 大专（包括高职）　　⑤ 本科及以上学历

4. 如果上题回答④或⑤，请问您所学的专业是？_____

5. 您目前的婚姻状况是？（　　）

　　① 未婚　　② 已婚（包括初婚与再婚）　③ 离婚

　　④ 丧偶

---

* 褚宸舸、任娟娟编制，郝鹏涛、靳宇提出修改意见。

6. 您育有子女的情况是?（　　　）

　　① 无　　　　　② 有一个　　　③ 有两个　　　④ 有两个以上

7. 您近一年来从事青少年社会工作的平均月收入（不含五险一金即养老保险、医疗保险、失业保险、工伤保险、生育保险和住房公积金）是?（　　　）

　　① 800 元以下　　　　　　　　② 801 元—1600 元

　　③ 1601 元—2400 元　　　　　④ 2401 元—3200 元

　　⑤ 3201 元—4000 元　　　　　⑥ 4001 元—4800 元

　　⑦ 4801 元—5600 元　　　　　⑧ 5601 元以上

第二部　工作情况

1. 您的工作地点是：_____市_____县（区）

2. 您所在的工作机构的名称是_____

3. 您所在的工作机构的性质是（　　　）

　　① 党、政府、政协等机关

　　② 事业单位（如公办学校及政府下属事业单位）

　　③ 人民团体或群众团体（如工会、青年团、妇联、残联、文联等）

　　④ 在民政部门注册登记的社会组织、团体

　　⑤ 在工商部门注册的企业（如公司、合伙企业、独资企业）

　　⑥ 基层群众自治组织（如村民委员会、居民委员会）

　　⑦ 其他（民办学校、基金会、宗教组织等）

4. 您参加工作几年了？_____

5. 您从事青少年事务社会工作几年了？_____

6. 您从事青少年事务社会工作的基本情况是（　　　）

　　① 全职从事　　② 兼职从事

7. 您的工作性质是（　　　）

　　① 直接的社会工作者（即面对面为案主提供服务的临床社会工

作者）

②间接的社会工作者（即不直接面向案主提供服务，如社会工作的行政管理人员）

③两者兼而有之

8. 你取得了下列哪些职业资格证?（可多选）（　　　）

①助理社会工作师证书　　②社会工作师证书

③高级社会工作师证书　　④心理咨询师证书

⑤教师资格证　　　　　　⑥司法资格证书（律师证）

⑦其他职业资格证书_____（请在横线上注明）

⑧以上均无

9. 您目前主要开展下列哪些青少年事务社会工作?（可多选）（　　　）

①帮助学校和家长对学生学业辅导、能力训练、开设校外课程。

②提供就业信息及就业培训服务，增强青少年的就业能力。

③提供青少年休闲娱乐、体育健身、婚恋交友方面的社会服务。

④加强社区组织在青少年社会工作中的合作，整合各类社区资源为青少年发展提供良好的社会支持。

⑤为青少年父母提供教育服务，增进父母教导青少年子女的技巧。

⑥帮助有困难的家庭的青少年健康成长，如提供就学或生活方面的帮助。

⑦为被忽略或虐待的青少年提供保护。

⑧提供身体、情绪、精神功能失调、社会人际适应不良等治疗服务（如对网瘾、孤独症、抑郁症等治疗服务）。

⑨帮教有越轨/不良行为的青少年。

⑩青少年中特殊人群的管理服务（如社区戒毒和社区康复、社区矫正、艾滋病防治）

10. 您对您目前所从事的工作绩效的满意度如何？（　　　）

　　① 很不满意　　② 不太满意　　③ 一般　　　　④ 比较满意

　　⑤ 非常满意

11. 您对自己从事社会工作的职业成就感的评价（　　　）

　　① 非常高　　　② 比较高　　　③ 一般　　　　④ 较低

　　⑤ 非常低

12. 您未来两年内是否会继续从事目前的青少年社会工作？（　　　）

　　① 会　　　　　② 不会　　　　③ 说不清

13. 您近一年来参加本单位内部组织的关于社会工作的职业培训的次数？_____次

14. 您近一年来参加政府机关或事业单位组织的关于社会工作的职业培训的次数？_____次

15. 您希望政府部门对青少年事务社会工作提供哪些支持？（最多填写三项）

　　_____

16. 您希望您所在的单位对您的工作提供哪些支持？（最多填写三项）

　　_____

附录二

座　谈　会*

一、未成年人安全问题座谈会纪要[1]

（一）关于孤残儿童、流浪儿童的工作

截至 2012 年年底，全省有孤残儿童 1.4 万名，其中儿童福利机构养育孤残儿童 2900 名，社会散居孤儿 1100 名。0—6 岁孤儿 2800 余名，7 岁至 14 岁孤儿 5000 余名，15 岁至 18 岁孤儿 4900 余名。全省有各类儿童福利机构 16 家，其中市级儿童福利机构 11 家、县级儿童福利机构 4 家（YY 区、LN 县、L 县、CW 县），县级社会福利机构儿童部 1 家（SM 县）。儿童福利机构床位共计 3645 张。

（1）致孤儿原因。儿童福利机构集中供养的孤儿主要由于儿童患有先天性畸形或重度残疾，被父母遗弃，按照有关程序，由民政部门儿童福利院集中养育，社会散居孤儿主要由于父母死亡（因身体疾病死亡或意外死亡）或失踪且查找不到，由孤儿亲属作为其监护人在家庭中养育。

（2）建立了孤儿基本生活保障制度。一是确定了我省孤儿最低生活养育标准。2011 年 4 月，出台了陕西省人民政府办公厅《关于加强孤儿保障工作的实施意见》。办公厅经省政府同意，确定了陕西省孤儿最低养育标准：福利机构孤儿最低养育标准为每人每月 1000

---

　　*　根据录音或笔记整理，未经各发言者审阅。限于篇幅记录均有删节，错漏之处敬请谅解，仅供参考。

〔1〕　时间：2013 年 9 月 25 日，地点：团省委会议室。褚宸舸、李明恺、胡宝杰据笔记整理。

元，社会散居孤儿最低养育标准为每人每月 800 元。全国散居孤儿最低养育标准为 600 元，陕西省的孤儿最低养育标准位于全国的前列水平。2013 年陕西省已下达年度孤儿基本生活补助资金 1.0741 亿元，其中中央补助资金 6718 万元，省级补助资金 4023 万元。确保了孤儿基本生活费按月足额发放。二是规范发放程序。民政厅会同陕西省财政厅联合下发了《陕西省孤儿基本生活费发放实施细则》，对孤儿基本生活费发放对象、标准、申请、审核、审批程序及监督管理进行了明确，实现了孤儿基本生活费发放的规范化管理。三是加强了儿童福利信息系统建设。2011 年，陕西省依托全国儿童福利信息系统平台，建立了全省儿童福利信息系统。目前系统已录入 1.3 万多名孤儿的信息，包括福利机构养育的孤残儿童和社会散居孤儿的基本情况、家庭和监护人情况，并记录孤儿基本生活费资金下拨、发放等数据。实现了孤儿基本生活费发放工作的动态管理。四是加强了资金的监管。为了加强全省孤儿基本生活费专项补助资金的管理，2013 年 5 月民政厅会同省财政厅下发了《孤儿基本生活费专项补助资金管理实施细则》，从孤儿生活费标准、经费保障、经费的监督管理等方面做出了具体规定，进一步强化了孤儿基本生活费专项补助资金的管理。

（3）实施"儿童福利机构建设蓝天计划"项目。全省新建儿童福利机构 14 个，共使用福利彩票公益金 10878 万元，实现了地市级以上城市都建有一所独立的儿童福利机构的目标。各地儿童福利服务水平和保障能力得到了大幅度提升。实施了儿童福利机构康复特教建设项目。"十二五"期间，为全省儿童福利机构配备了康复训练设备、医疗设备、特殊教育设备及救护车辆、儿童生活用车，以满足儿童福利机构残疾孤儿的康复训练、特殊教育需求。目前，省级福利彩票公益金使用 3320 万元，用于资助全省 16 家市、县儿童福利院购置医疗、康复、特殊教育、生活等设备，提高了全省儿童福利机构专业化保障水平。加强了孤残儿童、贫困家庭儿童医疗康复保障水平。一是实施了"孤残儿童明天计划"康复手术。2004 年 5月，全国"残疾孤儿手术康复明天计划"项目在陕西省 X 市启动，该项目主要为儿童福利机构具有手术适应症的儿童实施康复手术。"明天计划"实施以来，全省有 2132 名残疾孤儿得到了手术矫治和康复。二是实施了"重生行动"贫困家庭唇腭裂儿童康复手术。2008 年陕西省启动了"重生行动"贫困家庭唇腭裂儿童康复手术项目，为贫困家庭儿童免费实施唇腭裂康复手术，共实施了唇腭裂手术 2325 例。三是实施了贫困家庭疝气儿童康复手术项目。2010 年陕西省启动"贫困家庭疝气儿童康复手术项目"，截至目前已实施手术1137 例，通过各类康复手术项目的实施，各类困境儿童的康复医疗工作得到了进一步的提高。

（3）艾滋儿童救助保护。民政厅会同财政厅下发了《关于发放艾滋病感染儿童基本生活费的通知》，自 2012 年 1 月起为全省 18 周岁以下，携带艾滋病病毒及患有艾滋病的儿童发放基本生活费，确定感染儿童基本生活费标准为每人每月 800 元。截至 2012 年年底，全省艾滋病感染儿童数 11 人，已下达补助资金 8.45 万元，保障了艾滋病病毒感染儿童的基本生活。

（4）流浪未成年人救助保护情况。一是完善流浪乞讨人员救助管理工作机制。省上建立由副省长担任联席会议总召集人，省级 23个部门和单位共同组成的流浪乞讨人员救助管理工作联席会议制度。召开了省流浪乞讨人员救助管理工作联席会议全体会议，分别专题安排部署了"接送流浪孩子回家"和"流浪孩子回校园"专项行动。二是加强救助管理机构能力建设。首先，落实民生项目建设规划，加快救助管理机构硬件设施改善。从 2008 年开始，对全省 90个县（区）救助管理站，省级安排 1.35 亿元，市县配套 1.35 亿元进行新建、改建和扩建。截止到 2013 年，共安排 85 个县（区）救助管理站建设项目，省级安排经费 1.2 亿元，到 2014 年年底，实现全省县以上城市救助管理机构全覆盖，届时全省基本形成布局合理、规模适度、功能完善、有效覆盖、反应及时、符合省情的救助管理站网络体系，为保障流浪乞讨人员合法权益，维护社会稳定，构建社会主义和谐社会做出贡献。其次，以等级站评定为抓手，切实提高救助管理机构管理和服务水平。两年来全省有近 40 个救助站参加了等级评定活动，2012 年 B 市救助管理站被评为国家一级救助管理站，今年参加评审的 14 个救助站申报材料全部通过初审，迎接民政部实地检查验收。

（5）积极抓好未成年人社会保护工作试点。陕西省 B 市、XP 市被民政部遴选为 20 个未成年人社会保护试点工作地区，试点工作按照方案，结合"流浪孩子回校园"专项行动有序开展。

（二）近年来对未成年女性性侵典型案例

受害人最小 13 岁，被强迫卖淫、强奸、轮奸。三个主要贩卖地：本省、山西、河南。此类未破的案子多，未报案的更多。

（1）案例一：某男，Y 县人，之前在重庆某足浴城打工，看到别人带未成年女性卖淫，萌生了效仿的想法。打工两个月后，回乡纠集大批闲散人员在学校周边寻找易被侵害的未成年女性（初二居多），因为初二成绩比较差的女生很容易产生对学校的抵触心理。这些孩子都喜欢交朋友、出来吃饭，上网的时候没钱了弄点钱上网，或者买个小零食、手机、游戏卡币等。犯罪人约被害人出来吃饭或出入娱乐场所。花钱满足女孩的需求，进而控制被害人，强迫被害人卖淫，所获收益供自己挥霍，或将被害人作为自己发泄性欲的工具。此案共抓获犯罪嫌疑人 16 人，解救妇女 6 名、未成年女性 22 人。犯罪嫌疑人已全部移交检察机关处理。

（2）案例二：山西省一个 13 岁的女孩孟某，在陕西省 W 市处于半流浪状态。一个月时间在网吧附近被几十人轮奸、强奸几十次。

孩子年龄小，自我保护意识没有。如果第一次被强奸就报案，肯定会被保护起来。这反映出受害人家庭教育、管理、引导失控。

（3）案例三：父母在外地打工，受害人在县城寄宿上学。女学生和闲散社会人员结交的原因多由于和同学的小矛盾引起，如打水排队、洗漱用品摆放造成言语冲突，进而在闲散社会人员处寻求帮助。随后一起出去吃饭，进而被犯罪人控制。犯罪人性侵被害人后，再将被害人介绍给其他人。性侵之后，还要求被害人将自己的好朋友叫出来一起吃饭，进而对第二名受害人施暴。学校只能管校园内的事情，而这些案件大多发生在校园以外。嫌疑人被抓后毫无悔罪感，认为将被害人介绍给朋友轮奸的行为是仗义的表现。犯罪手段上，据被害人讲，多以瞪眼、言语上的威胁为主，没有殴打的行为，进而猥亵被害人。这造成了定罪上的困难。

（4）案例四：冲动下犯罪，不考虑后果。某男，结婚前三天，去县城购置结婚用品。在与朋友聚会时，其朋友介绍其上楼强奸被害人。

总之，被害人没有一个品学兼优的，流连于校外，给犯罪人提供了犯罪机会。建议：第一，以良好的学校氛围引导学生，淡化、消除其侵害他人的意识。第二，加大打击力度。省厅专门成立了一个打击拐卖妇女儿童处。目前投入方面没问题。第三，加大人力、财力投入，不让犯罪嫌疑人有机可乘。第四，加强防范意识。很多被害人都因出去与犯罪人吃饭而被控制，甚至在被控制后还以为在与犯罪人谈恋爱。当落入虎口，再无人身自由时为时已晚。成为了犯罪人赚取钱财、发泄性欲的工具。戒备心理非常弱。能破案的案子中，受害人都具有一定的自救知识，如递条子等。第五，避免媒体报道迎合嫌犯心理的状况。媒体报道要非常慎重。以幼儿园杀童案为例，自 2009 年福建发生第一起后，媒体大量报道，全国陆续发生类似案件。5·12 案手段残忍。犯罪人有心理疾病，之前的媒体报道迎合了他的心态。其家中孩子在北京上大学,家庭条件不错(幼儿园即是租赁自他处)。但他听从迷信观点,认为自己的男性病与算命人所说的犯蛇有关。后来说要杀老婆,但考虑到自己孩子的缘故没有动手。后听说开幼儿园的母女将蛇打死,便作案。此类嫌疑人在犯罪后被媒体关注,会产生极高的成就感,进而使得媒体报道成为了诱发犯罪的手段。

(三)涉及儿童的交通事故

2011 年儿童交通事故大概 12000 起左右,其中儿童死亡 2600 人左右,小学生徒步走路发生事故的占到 45%。专用校车是指专门用于接送学生的车(单一功能)。而校车是指用来接送学生的车,但可以用于其他用处。通过摸底调研,目前陕西省共有校车 4342 辆,其中义务教育段学校校车 1662 辆,幼儿园校车 2680 辆;学校自备校车 2403 辆,校车服务提供者提供的校车 1939 辆;符合国家校车标准的校车 623 辆。接送中小学生和幼儿上下学车辆中,政府购置校车并为学校幼儿园配备约占 2% 左右;学校自备约占 55% 左右;道路旅客运输经营企业提供约占 12% 左右;城市公共交通企业提供约占 6% 左右;专门设立的校车运营企业提供约占 20% 左右;取得道路旅客运输经营许可的个体敬业者提供约占 5% 左右。

(四)少年法庭建设

全省已经有 7 个法院建立了具有独立建制的少年法庭,78 个中、基层法院设立了审理涉未成年人刑事案件的专门合议庭,未成年人案件数量较少的 34 个基层法院指定了专人负责办理,有力促进了涉未成年人案件的专业化审理。

(五)侵害未成年人案件

侵害未成年人案件主要包括七类犯罪,猥亵儿童、拐卖儿童、收买被拐卖儿童、拐骗儿童、引诱未成年人聚众淫乱、引诱幼女卖淫、嫖宿幼女。5 年来检察院所受理的这七类案件总共 206 件,涉及

287 人。具体情况是 2008 年 23 件涉及 36 人，其中猥亵儿童案件是 14 件 14 人，拐卖儿童案件是 8 件 20 人，引诱未成年人聚众淫乱案件是 1 件 1 人，引诱幼女卖淫案件是 1 人（含在其他案件中）；2009 年 19 件涉及 20 人，拐卖儿童案件是 11 件 25 人，收买被拐卖儿童案 1 件 1 人，拐骗儿童案 2 件 2 人，嫖宿幼女案件是 1 件 1 人；2010 年 44 件涉及 62 人，猥亵儿童案件是 26 件 26 人，拐卖儿童案件是 11 件 27 人，拐骗儿童案 1 件 6 人，引诱幼女卖淫案件是 2 人，嫖宿幼女案件是 1 件 1 人；2011 年 41 件涉及 52 人，猥亵儿童案件是 27 件 28 人，拐卖儿童案 13 件 23 人，拐骗儿童案 1 件 1 人；2012 年 40 件涉及 60 人，猥亵儿童案件是 23 件 23 人，拐卖儿童案件是 10 件 26 人，拐骗儿童案 2 件 2 人，引诱幼女卖淫案件是 1 件 1 人，嫖宿幼女案件是 4 件 8 人；今年 1 月到 9 月 25 件 34 人，猥亵儿童案件是 17 件 17 人，拐卖儿童案件是 5 件 9 人，拐骗儿童案 1 件 1 人，引诱幼女卖淫案件是 1 件 1 人。2013 年起诉的 14 件 14 人猥亵儿童案件中，总共 18 名被害人，最小年龄仅 4 岁，10 岁以下 8 个人，13 岁以下两个人，往往是熟人作案，包括邻居、同事等，也有个别是因为会见网友。今年，拐卖儿童案件，起诉 3 件 7 人；受理的 5 件中，有 4 件是父母卖掉自己的亲生孩子。

（六）妇联的儿童维权服务

妇女儿童民生项目共分为两种，一种是扶贫救助项目，一种是维权救助项目。其中维权救助项目主要是针对遭受侵权伤害的贫困妇女儿童，提供困难救助、医疗救助、心理援助、法律援助，这些年总共为 3147 名遭受侵权伤害的贫困妇女儿童和 2123 名贫困母亲提供了共计 1200 万元的综合救助。从 2008 年到 2012 年执行的全国妇联中国温暖"121"爱心基金项目，主要是给我省受艾滋病影响的儿童提供资金的补助，共为 530 名儿童提供了 53 万元的经济补助。从 2011 年起，实施了一个陕西儿童保护机制建设项目，主要是在陕西省三个县（CH 县、HY 县、YX 县三个试点县）开展项目，主要是针对儿童遭受的非意外伤害，建立了一套主要从县级层面整合资源的救助机制，以妇联为协调核心，当发现有儿童遭受非意外伤害的情况，根据风险等级，确定由不同级别的专家、人员、队伍提供帮助和服务。

（七）食品中毒和食品安全进校园

2008—2009 年乳业专项整治到现在，因学生奶、学生餐引发的食品安全问题共发现 9 起，排查、处理后发现真正由于食品质量本身导致的，仅在 2009 年发生过一起，2010 年以后再没有学生奶、学生餐、面包质量不过关的问题出现。学校对食堂食品采购方面很严格。食品安全进校园活动很难推进，原因是学校不积极，重视度不高。曾经在 X 中学（针对初一同学）进行过一次食品安全宣传。学校的校长和质监局的副局长曾经是同学，没有私人关系很难推进此类活动。在某某路小学（一个班）组织了一次食品安全进校园活动。为此，我们提前一个月做了非常充分的准备，包括制作宣传画板、准备小礼品，图文并茂，还培训学校的年轻老师，甚至针对中小学生的自身特点，制作了不同样式的多媒体课件。但学生反映很冷淡，学校也不积极，效果不尽理想。希望教育部门开设一门规范性的安全培训课程，受众面再广一些，推进到小学、初中、高中、大学等校园。

（八）校园安全管理

近两年没有发生一起因为学校责任事故造成学生死亡的事故。目前校园安全管理的主要问题是人防、物防、技防都不到位。这几年有一个根本性的问题没有解决：学校是教育人的单位，以教育为主、教授知识、基本生活常识和安全常识为主，不是专门的安全教育培训机构，自身人力、物力、财力都不够。以人防为例，教师即使经过培训，去做校警也很难胜任，只能依靠校警，但全省两万七千多个学校，无疑需要大量的人力资源，大幅度增加财政负担。如果依靠保安，首先保安本身的素质很难得到保障。所以，人防的问题短时间内根本无法解决。物防的问题，电子监控设备方面已在学校全面安装。但物防也依靠人才，目前安装的物防设施很难保证全天候的正常运转。技防（如防止学生网络沉迷），也需要人才。学生群体数量庞大，学生伤亡事故也很难避免，但不宜放大。

目前安全教育是个薄弱环节。教育以正面为主，其基本要求是要给学生讲社会的阳光面，要讲正义和社会的美好，不能过多地给学生讲社会的阴暗面。教育要求学生做守规矩的乖孩子，但这种孩子又往往易受侵害，且被侵害时不知如何自救。学生的社会经验少，自己也没法去了解社会的复杂。这些都是由于未成年人天真烂漫的天性和安全教育的缺失造成的。监护人责任的缺失非常严重。法定监护人是监护人，不是老师。老师只是教导孩子，教导得不好可以开除老师。监护人最起码要保证孩子的健康、安全成长。监护人缺位的情况下，社会救助方面也很难察觉到。学校、家庭、社会三位一体的未成年人保护体系中，家庭责任应当由立法予以规范。建议在《未成年人保护法》修改时加以规范。

社会治理责任和学校责任之间应当进行一个适当的切割。学校再有本事，也不可能单凭一己之力就能创造一个安全稳定的社会环境。为了避免安全事故，学校普遍取消了冬季长跑项目。教师侵害学生偶有发生，但比较少。

二、XB 大学社会工作专业座谈会纪要[1]

调研对象：哲社院社会工作专业老师、学生代表。

---

[1] 时间：2014 年 10 月 23 日。地点：XB 大学哲学与社会学院。调研、整理者：单舒平、郝鹏涛、任容容。

（一）和教师座谈

（1）专业设置。XB大学社工专业申请设立于1999年，2000年开始招聘第一批学生，在全国属于较早设置此专业的院校之一。由于全国都刚刚开始摸索发展这个专业，所以师资队伍面临不足的问题，所有教授这一专业的老师大多是从别的专业，比如哲学、社会学转型过来。由于这个专业起初整体发展较为缓慢，师资队伍不足，2000年XB大学第一批招生人数仅为30人，并且2007年之前都是隔年招生。近几年，全国包括XB大学社工专业发展速度加快，从2007年开始每年都有招收学生，每一届招生人数大概都在60人左右。此外，2009年前，XB大学社工专业学生只有本科生，2009年MSW申请下来后，开始招收社会工作专业硕士生，规模一般多则60人左右，少一点40人左右。

（2）人才培养方案。培养思路：2014年开始按照新方案培养，之前按照旧方案培养。总体思路为：针对不同人才分类培养，开设不同课程。课程总学分：150分。特色是偏重于实务型人才培养。课程设置：开始课程都是按照一级学科大的口径开设。由于社会工作属于社会学范畴，因此刚入校学生都是按照社会学这个平台课去上；第三学期之后，开始上一些社会工作专业课程；三年级之后，按照人才类型，偏向研究生方向发展的学术型学生安排偏重理论型的课程，偏向于就业方向的学生就开设一些实务性课程（选修居多，如：老年社会工作、青年社会工作、儿童社会工作等）。偏向于综合性的学生就开设一些理论与实务兼顾的课程。具体课程除全校通识通修课之外，社工专业课分为平台课、专业课、专业选修课三大类型。其中平台课有社会学概论、社会心理学、社会调查研究方法、社会保障学、统计学等；社工专业课中的专业核心课程有：社会工作导论、个案、小组、社区社会工作方法、人类行为与社会环境等；专业选修课根据研究方向分为青年社会工作、老年社会工作、儿童社会工作、学校社会工作等。其他课有人力资源管理、伦理学、慈善学等选择。社会工作特别强调实习和实务性、应用性，因此要求社工专业本科生实习时间为 600—800 小时，其中有 2 个多月的集中实习，还有一些阶段性的实习。合作机构及项目：合作较多的机构主要是拉拉手、X 慧灵、妇联（红凤工程）、社区等，主要针对残疾儿童、老年人、妇女等特殊群体开展针对性的服务。此外，还与陕西省民政厅、B 民政局、C 区政府、X 区检察院等政府机构有具体的项目合作，比如承接政府的人才培训，建立实习基地，对青少年犯罪嫌疑人开展关护教育，进行行为矫正，协助开展社会调查等。

（3）学生就业情况及对专业的认知。2004—2014 年数据显示，10 年间毕业生共有 236 名，其中考研率 25%—30%，就业率 80%—85%（政府机构公务员、企业管理人员、公司销售人员、社会机构从业者等）。据了解，毕业后从事本专业相关工作的学生相对较少，其原因主要呈现在以下四个方面：学生就业期望高，而社会岗位需求偏低；社会对社工专业的认知程度不高；专业机构需求多，但薪资待遇低（2000 元以下）；就业方向多元，在专业机构对口专业就业不超过 10%。社会对学生的整体评价：富有热情、素质较高、能力较强，有活力。社工专业学生对专业认可程度的三个变化。入学时不了解社工专业，认可程度不高；大学四年对社工专业认知认同感提升，信心建立，价值观树立（公平、正义、奉献、人文关怀）；就业时面对社会对社工的认知不高，社会空间小进而产生挫败感。

（4）教师对社工专业人才建设的意见。政府购买社会服务，设置更多相关岗位（民政、妇联、教育、社区等部门都可以考虑）；专业设置上的高端设计，如社工专业学生也必须有法律、医务知识等素养；承接政府现有社会工作人才的培训，加强对实习基地的服务支持。

（二）对学生的访谈

访谈对象为 2 个研究生（一男一女）、3 个本科生（一男两女），均为四年级毕业生。

问：为何报考社会工作这个专业？研究生（男）：本科学的思政专业，觉得社会工作这个专业还比较新颖，硕士报考社工。研究生（女）：本科系西北师大的社工专业，硕士想要继续在这个领域深造学习，所以报考了西北大社工专业。本科生（男）：被调剂。本科生（女甲）：想要报考西大，根据自己分数，感觉社工专业录取分数相对较低。本科生（女乙）：报考的第一院校未录取，调剂到西大社工专业。

问：毕业后就业方向的考虑？5 名受访学生无一人选择从事社会工作。大都优先考虑行政机关公务员、事业单位工作人员或企业人力资源管理方向的人员等。仅研究生女表示若应聘银行管培人员不顺利，会考虑先进入一些社会机构工作。其中，专业受限、薪资待遇低是主要原因。

问：实习经历？研究生（男）：星星阳光家园实习，参与一些小组活动的设计。研究生（女）：周至县福利院实习，主要照顾福利院的老人。本科生（女甲）：在妇联红凤工程实习，参与帮扶农村贫困女大学生。

问：对所学专业的认知？对接触的社会工作从业者的评价：很有爱心和奉献精神，对工作有极大的热情，干工作特别尽职尽责，充满正能量，觉得自己从事的工作很有意义。在机构举步维艰的情况下，自掏腰包也会帮助特殊群体。但个别人员专业知识缺乏，水平较低，欠缺运用社工专业的方法技巧帮扶那些弱势群体。

关于自我认知，本科生（女甲）：觉得学习社工专业后对自己价值观的形成有很大影响，很认可这个专业，并且学到的社会工作方法对以后就业后人际关系的处理很有帮助。但感觉社会上对社工这个专业认知并不高，并且整个社会对这个专业的认识有误区，认为社工是一个无偿性工作，把社工和义工、志愿者等同，其实社工是一个有偿性服务行业。本科生（女乙）：社工专业三年的培养对自己的表达能力、演讲能力、人际关系处理能力提升帮助很大，找工作时可能有一定优势。但专业本身并没有实质竞争优势，很多企业都没有设置社工专业岗位，国考、省考招录设置社工专业岗位特别少，仅有的一两个还要求必须是研究生。本科生（男甲）：通过几年的学习、实践参与和对香港、沿海发达城市社工的了解，感觉香港和内地沿海发达地区对社工更多地是从职业的角度给予认同，而我们则更多地赋予公益情结。

问：未来从事社工专业有信心吗？

本科（女甲）：有信心。虽然目前社会大环境不好，但整体环境、政策还是在朝好的方向发展。

硕士（女）：整个国家的政策和环境都在不断变好，前景应该是好的，自己学习了这么多年，还是可以考虑这一块。目前自己主要是找工作，考取事业单位的社工岗位，考不上很有可能会加入社会机构，感觉发展空间还是有的，并且以后会越来越大。两个男生均表示目前不会考虑，因为男生承担的家庭责任可能会更大更多，社工行业目前薪资待遇水平太低，连基本生活都满足不了，更无法养家糊口，不会考虑。

问：家庭成员对其所学专业的认识？除硕士女来自城市，父母不了解，但支持其任何决定外，其他四名学生均表示家人对自己的专业并不了解，也不太关心，只单纯希望孩子有一个好的工作就行。

三、青少年社会工作及人才队伍建设（部委厅局）座谈会记录[1]

郝鹏涛（时任省团委权益部副部长，现权益部调研员，以下简

---

[1]　时间：2014 年 9 月 11 日下午。地点：团省委会议室。录音整理者：褚宸舸、邓胜吉、安雨康。

称郝）：这次座谈会的讨论提纲之前已经发给大家了。今天请大家来也主要是希望了解各系统的具体工作是怎么做的，有怎么样的需求，给我们提供一些思路和启发。

G（陕西省民政厅人事处）：介绍一下社会工作人才队伍建设的总体部署、人才引进、培养和激励人才的政策措施。社会工作人才队伍建设是民政厅职能任务。

一是政策。2012年，和陕西省人才办积极协调后，把社会工作人才队伍纳入全省"七支人才队伍建设"范围。我们和省委组织部、人社厅在2012年联合下发了一个《关于加强社会工作人才队伍实施意见》，明确了社会工作人才队伍建设远景规划，在教育基地岗位培训出台了一些支持性的政策。这个文件发了以后，在岗位待遇特别是在岗位开发这块还需要跟人社部门积极协调。落实得不够。我们设立了社会工作的试点单位21家。跟省内一些院校也有联系，6所学校设立了社会工作专业，民政部确定XB大学为国家级社会工作专业人才培养基地，这是西北五省唯一的国家级社会工作专业人才培养基地，承担社会工作人才专业队伍的继续教育、民政部的关于社会发展的调研课题。

二是社会工作师和助理社会工作师职业水平考试。这块主要依托的城市社区1700多个，没有纳入农村社区。在城市社区，招录社区工作专职人员，今年招考2500人，连续招了3年，这块需求是12000人左右，现在已经招录了将近7000人了。城市每个社区5—9名专职社区工作人员，待遇参照事业单位，由省市区县三级负担工资，属于聘用制人员，社会保障保险予以缴纳。这个是社会工作最基本的一个单位和平台。我们专门出台政策，在社区如果考社区专职工作人员，在考试前如果取得助理社工师资格证，予以总分加10分，考上录取后在这个岗位上分别是100—300块钱的岗位津贴。这些政策激励、吸引人来进行考试。从2008年开始职业水平考试，有

3000 多人参加。从 2010 年开始一路下滑，到 2011 年时，只有 190 多个将近 200 人参加考试。从 2008 年考试一直到 2011 年，才通过 700 多人。这个激励政策出台后大大吸引了人来考试，今年和去年的人数都是规模相当大的。今年 6 月份参加考试的将近 4000 人。有 1297 人通过了助理社工师和社会工作师职业水平考试。加上以前的，全省拥有助理社工师和社工师资格的人数是 2666 人，在西北五省是最多的。

三是购买服务。社会工作是一个公益事业，我们一个平台是社区，还要通过购买服务让一些公益组织特别是社工机构来参与政府购买服务。所以，我们想把这个政策和服务的资金扩大，扩大了以后吸引大家来公益组织、社工组织，参与社会工作的服务。我们专门和财政厅下发了一个《财政支持社会组织参与社会服务项目资金使用管理》的通知（〔2013〕110 号），这里面规定了省本级项目，省财政是按照中央和省级 1∶1 配套，如果是市县级的项目，省财政是按照中央和省级 1∶0.5 配套。从 2012 年开始实施到 2013 年年底，我省实施的项目是 36 个，取得的资金总共是 1418 万元，这里面中央财政资金是 1077 万，省级的配套资金是 341 万。今年确立了 21 个项目，项目资金是 658 万，省级配套预计是 446 万。

四是社会工作服务岗位开发。根据人社部和民政部《关于印发民政事业单位管理岗位设置指导意见的通知》，我们只能在民政事业单位设置社会工作的岗位，通知提出，民政的事业单位专业技术岗位原则上以社会工作岗位为主体，要求全省事业单位按照这个标准进行岗位设置，但是这个执行得不理想，在机关和事业单位对设置社会工作岗位认识不到位。人社厅事业单位岗位设置的时候，在 2006 年就已经在事业单位岗位设置了，很多单位设置了以后，这个通知是后面下发，所以说这个只是停留在一个文件上面。

五是社会工作培训。民政部对这个比较重视。民政部有社会工作协会、社会工作事务委员会，每年用福利彩票公益金对我们省进行资助、进行培训。我们 2011 年开始举办了 5 期，利用民政部的这个资金在全省对取得社会工作师资格的进行专业的继续再教育的培训，培训了 500 多人。从去年开始，我们省一级设了福彩公益金，去年和今年分别列支了 20 万元，共计 40 万元，对取得社会工作师的专业人员进行专业继续再教育。

六是实施社工援助计划。这个是从 2013 年根据民政部要求，首次启动一个为期 10 年的单区社工选派计划，民政部要求我们省确定 10 个，每个市确定一个贫困县，进行社工援助。组织有社工资格的人到贫困县区开展社会工作、事务操作、对社会工作进行宣传。我们根据每个县 5 个，就是 50 个人，给每个人讲清政策，就是本人在单位的工资待遇不受任何影响，对于每个人我们再配套 2 万元，用于交通补助、社会保险等支出。2013 年是 50 个人、100 万元，今年是确定了 45 个人，到 9 个贫困县区开展援助，主要是专业社工人才比较缺乏。有些单位不予配合、单位人员紧张。所以我们的规模从 2013 年的 50 人到今年 45 人。我们也制定了相关的评估标准，评估完了之后把这 2 万元钱及时拨付。

李嘉诚的一个基金会启动了一个大爱之行社会工作服务项目。要求社工服务机构在医疗卫生、流动人口、特殊人群、留守人员、妇女儿童、婚姻家庭及其社区等领域进行遴选。如果社工机构参与大爱行动项目，报批后民政部和李嘉诚基金会根据项目的不同，予以 10 万或者 5 万的项目补助，批准后机构实行属地管理。如果批准以后，省一级和市县级跟民政和李嘉诚基金会项目资金是 1∶1 配套。陕西省的博爱养老助残社工养老发展中心、B 县相关项目、W 星星儿童援助中心、H 家福乐居家养老中心、陕西省 L 社会工作发展服务中心等 5 个机构获得了批准。获得批准后民政部的资金和市县的配套资金是 76 万元。

　　七是志愿服务。今年我们是和陕西省文明办办在创建文明城市的时候有专门的指标要求。要达到一个标准，借助民政部开发的一个志愿服务全国管理系统。团省委也有一个系统，对志愿者进行登记注册、文明办发出通知，在创建文明城市时检查这个系统的登记、注册和开展服务的情况。所以，文明办就和我们联手4月份在BJ市开了一个社区志愿服务现场会，进行了部署。在全省社区依托这个平台，社区专职工作人员抽出一个人，利用电脑系统进行社区范围内的志愿服务登记。这个服务主要是慰老服务、慰问贫困群众服务，与共青团这块的侧重点不同。这项工作到9月份已注册登记了27万人，X市有8万多人、BJ市有16万人。

　　八是存在的问题。我们认为，还是党政部门对社会工作的宣传和认识不够，这与我们经济发展的状况有关系。再就是我们政府购买服务市场化运作也不够。由于社会工作是一项公益性的工作，如果要开展的话，不仅要发展社会组织和社会工作服务机构，而且政府要进行投资（购买服务），提高社会组织参与社会工作。感觉机制不完善、还没形成一个很好的协调机制。在政策上规定的东西还没有得到落实、特别是岗位设置、机关和事业单位对社会工作开发岗位。没有岗位，社会工作开展是比较缓慢的。下一步我们的工作思路还是在城市社区。以这个为平台，大力发展社会工作。争取让社区专职工作人员都来参加社会工作师的考试，把他们培养成专业的社会工作人才。在这个方面是有基础的、在政策待遇上也有安排。下一步也安排对于考上社工师的社区专职工作人员的费用予以报销，在社区工作的也有岗位津贴。我们厅里的资金处专门协调政府购买服务。对于政府购买服务要落实、资金要落实、把资金规模扩大，积极进行资金投入对社工师和助理社工师的继续再教育。跟一些院校，利用他们的理论进行培训和培养。我们想对"三区"计划进行宣传，光靠民政部门选派有点困难。希望通过宣传，吸引更多的社会工作者到山区去，我们也给予待遇上落实。

崔梦社（时任省团委权益部部长，会议主持人，以下简称崔）：下面根据讨论提纲，主要就社会工作中参与的社会力量，参与购买社会服务的情况，对社会工作岗位的需求情况，以及各个部门对社会组织，社会志愿者参与工作的需求情况，简要介绍一下。

陕西（公安厅法制总队）：公安执法部门由于工作的特殊性，一般是没有社会力量的参与的。一是法律不允许，二是没有实际需要，由社工来参与公安的工作。青少年法制教育培训方面，要求各派出所分管治安的副所长来担任其所属辖区中小学的法制辅导员，保证一学期对学校学生有两次法制教育培训。

T（公安厅禁毒总队）：禁毒部门有这方面的需求。禁毒工作逐步要落实成全社会的工作。在社会参与方面，在 2004 年成立了陕西省禁毒志愿者总队，然后在 11 个市成立了志愿者支队，和妇联联合成立了陕西省巾帼禁毒志愿者总队。在市县，成立了 16 家禁毒志愿协会，特别是 Y 市 4 家，S 市 3 家，从其中三分之一为固定志愿者，主要是年龄较大的离退休人员，特别是西安和商洛。志愿者队伍主要是开展国际禁毒日的宣传活动，和防治艾滋病的宣传，参与吸毒人员帮助挽救工作。

禁毒工作对社会组织的需求，主要在社区禁毒、社区康复领域，它们需要大量的社区工作。按照国家禁毒办的关于加强社区戒毒社区康复工作的文件，要求每个社区有 30 名吸毒人员，至少配备 1 名专业工作人员，专门从事社区康复、帮扶，辖区不足 30 名吸毒人员的，也要配备 1 名专职工作人员，县以上政府通过购买服务，提供公益岗位编制的方式，为社区专职工作人员落实相关报酬。按全省吸毒人员估算，大约需要 2700 多名社区禁毒专职人员。

L（公安厅禁毒总队）：每年招录的社区专职人员，能否给禁毒方面以一定程度的名额倾斜？

W（高级法院）：法院工作需要一定社会力量参与。然而，因为工作专业化，所以对社会力量的参与不太重视。这两年，对于社会力量参与处理社会矛盾纠纷，比较重视。尤其是在基层，每个法院有特邀调解员，还有协助执行员，从社会大众中选出。有人民陪审员制度。关于购买社会服务，法院方面目前还没有一个制度的体系化的机制化的设计。现在购买社会服务主要方面还是后勤保障，司法的辅助工作，至于其他的一些领域还没有涉及。

从青少年维权和犯罪预防两个方面谈一下社会服务的需求。一是在刑事案件审理过程中，犯罪人员的未成年子女的教育、养育、帮扶、社会关怀，需要大量的社会志愿者去参与。至于法官审完案件之后，靠其自己的内心自发自觉，一种热心去做，没有制度化的保障。二是青少年被害人的社会救助问题。青少年被害人遭受犯罪侵害以后，其身心受到损害，需要治疗。被告人或许没有经济能力，无钱去补助医治。被害人需要心理咨询师去做心理咨询辅导。但是，这方面工作还没有体系化的支撑和保障。三是未成年被告人的心理矫正、社区矫正。法院侧重于对未成年人的教育感化，法官去做此方面工作，很多时候其专业性没有那么强，需要专业的心理咨询师去做。有的法院也在探索，在庭审中引进心理咨询师去做此方面工作，效果也非常好。但是心理咨询师需要薪酬，有的法院没有这方面的预算。所以法院通过别的渠道去解决这个问题，但并非长久的解决之策，需要从制度上进行一个保障。四是人民陪审员参与案件审理。法院在涉及未成年人案件审理时，专门邀请共青团、工会、妇联工作人员去参与，作为陪审员来参与案件审理，以更好地维护未成年人权益。涉及未成年人民事案件的审理过程中，也有第三方组织来协助进行调解，缺乏专门的社会组织或设立社会工作岗位协助法院做这方面工作。五是"涉少"案件的法律援助。法律规定很明确，没有委托辩护人的，司法行政部门都有一个对接机制，由法律援助律师在刑事案件中来提供辩护，民事案件可以作为援助律师，对其进行法律服务。主要的问题在于新的刑事诉讼法实施的背景下合适成年人制度。合适成年人是未成年人犯罪之后，因为其监护人监护措施不到位，法律规定在对未成年人进行询问时，监护人必须在场，而现在监护人因为其本来就是缺位，其监护人不可能及时到场。法律设置让合适成年人到场，作为一个对司法部门的监督，来维护未成年人的权益。但是，合适成年人现在到底如何去邀请、去确定，包括合适成年人哪些人来做，也是没有一个体系化的东西。能否纳入咱们的社会组织的社工服务里面去？

上面许多方面，法院也在探索，缺乏一个长效的机制来保障，最主要的是没有一个财政资金的保障，缺少跟社会组织的一个对接。法官出于爱心，搞了一些结对帮扶、判后回访、逢年过节走访慰问，都是在审判之外延伸审判职能，但是，这不是（法官）职能之内的工作，不是长远之计，需要把这份工作让社会机构、社会组织来承担。

X（陕西省检察院）：刑事诉讼法未成年人特别诉讼程序实施以来，我们发现了以前没有碰到过的问题。检察院对犯罪的前延关口的工作就有一个社会力量参与问题。第一，社会调查已经成为一种工作机制，除了对案件事实证据等进行全面审查以外，还应当对导致未成年人犯罪的形成因素，形成发展（过程）进行了解。我们需要一些如医学、心理学等专门领域的人士参与到社会调查中。第二，合适成年人到场的问题。监护人无法保证及时到场，就需要我们帮助寻找合适成年人。第三，诉后管教。第四，附条件不起诉制度，不起诉后这些未成年人得监管和帮教，需要社会力量参与。

G（陕西省体育局）：我们社会体育指导员主要面对社区。体育指导员是我们从社会招聘的，通过我们委托体育院校考核培训，然后放在社区的。省上现在有上千人，这个都是各级政府在承担，由体育局负担工资，主要在社区从事健身锻炼指导。他们没有编制，属于聘用人员。好多都是业余的，工资不高 1000 来块钱。我们有个青少年体育处负责青少年体育工作，我们的体育工作和教育口不一样，我们主要抓的是体育传统学校，教育口主要是学校整体的体育教育。

F（陕西省总工会）：我们购买服务总共分为两块。一是法律援助，通过司法厅、律所购买他们的服务。二是对社会资源如高校、培训机构以联合、委托的形式对青年进行技能培训和就业服务。在我们队伍建设中，全省 107 个县，11 个市都有困难职工援助中心，80% 县是副科的编制，市级一般是正处级编制，人员大约是 572 人，聘用人员和正式人员各占一半。青年的心理、思想问题等都是我们关心的问题。我们进行法律宣传使青少年依法维护自己的合法权利。在建立了困难职工档案后我们进行常态化保护。我们每年进行助学活动，2014 年全省工会的助学工作总共花了 2388.89 万元，保护职工 1149.5 万人。就业帮助上分两块，一是技能培训，二通过给就业困难大学生提供就业岗位。推行技能提升进高校，给困难职工子女予以培训。开展对农村富余劳动力的培训工作。全省 13000 多人获得了就业岗位，在我们困难职工档案中还有 23952 人没有找到工作。当前困难职工多，我们的人员还不是很足。

J（陕西省妇联）：我们主要通过专业律师、心理咨询师通过信访进行服务。与永嘉信律师事务所进行共建妇女维权网络。在儿童保护和机制建设项目共支出了约 290 万元；累计资助了 4900 名女大学生，共计 1000 余万元。在岗位社会服务的需求上，律师还是很充足的，心理咨询师很匮乏。

F（陕西省残联）：努力做好和促进特殊教育，保护残疾青少年的受教育权。不断推动特教工作，以特教班为主体，跟班读为辅。目前陕西省特殊教育学院揭牌，今年招生 500 人。实施青年残障助听器免费康复项目等保护残疾青少年的健康权。帮助残疾青少年的康复项目，对 240 名脑瘫儿童进行训练。购买社会服务，省上还未开始，但是西安市开始试点残联康复服务、就业培训、陪护服务等。

Y（陕西省卫计委）：我们的相关岗位都是需要有专业的资格，所以对社会工作者没有特别大的需求。今年中央转移支付 100 多万用于艾滋病项目，例如男男、暗娼的干预购买。从 1992 年到 2014 年，全省共报告艾滋病 4200 例，其中青少年 292 例。今年我们专门针对青少年特别是在高校宣传预防艾滋病。志愿者方面，例如草根组织也在做类防艾工作。草根组织存在监管等很多问题。

单舒平（团省委副书记）：非常感谢各位百忙之中来参加我们的座谈会，团省委也在紧抓青少年社会工作。不管是我们的专项组还是未保委的办公室，都有一些这样的制度性的安排。刚才各个厅局的同志对相关问题进行了介绍，总体感觉这项工作在陕西省还是相当的薄弱。我觉得：

第一，我们要解放思想转变观念，高度重视社会工作及其人才队伍的问题。用社工去解决一些社会问题，实际上是我们在讲两个现代化——国家治理体系现代化、国家治理能力现代化的背景下的一个新的方向。"小政府、大社会"，我们能交给市场去做的交给市场去做，能交给社会去做的交给社会去做。在这个背景之下，人民群众包括青少年的需求、诉求的个性化、差异化，这个趋势是非常明显的。再也不能用一种大而化之、笼而统之的方法把所有人的问题都解决。我们需要大量的专业性、个性化的服务。这样我们各个政府部门包括群团组织直接去做弱势群体包括困难青少年的工作，就显得势单力薄，经常是心有余而力不足。这也是我们进一步转变观念的一个原因。社工由于他的中立性、专业性，包括西方国家和港澳台地区的经验证明，他能够适应这么一个变化和需要，也得到被服务对象的认可。其实，随着我们当前社会经济的发展，有一部分爱心人士、志愿者，他们掌握一定的技能，他们在社会上除了物质需求得到一定满足以外，还期望获得尊重、被需要以及社会地位的提升。基于这种需求，许多志愿者愿意去做社会服务。社工里面有一部分人是以此作为生计的，还有一部分人可能就是衣食无忧的，需要从事一定高尚事务获得心理上的满足。在此背景下，我们要充分利用他们的专业性，能够让我们的工作更有效地满足群众的需求。

第二，还得齐抓共管、切实扶持我们社工队伍的发展。我们看到方向以后这个队伍怎么发展起来，民政厅做的工作还是非常实在，把各项工作的国家层面、省上层面出台的意见，都在有条不紊地按部就班地推动。我们现在整个基础薄弱一些，因为这就是一个新的事物，新生事物的发展总是有这么的一个发展规律——从不认可到逐渐被认可。在这个过程中，我们各个部门、各个厅局委办都有这么一个义务去推动它、支持它的发展，扶持它的繁荣，需要有几个方面的支持。

首先，要有政策上的支持。咱们省上关于社工队伍的规划已经出台了，实际上就差一些落实和细化的配套措施。关于青少年事务社工，我们上半年也是联合民政、人社等共同转发了一个国家部委的意见，那么我们下半年也想出台一个本省的、更具操作性的文件。只有有政策的依据，才会有更多的支撑。再一个就是我们之间的相互支持。我们各个局委办通过社会运作，获得社会资金来设立各种项目。从中看到现在一种社会化运作的趋势和方向，以及这种社会化运作的潜力。具体的操作过程中，一定要力所能及地争取上面来的这种项目用于社会服务。

其次，从本部门工作方式的转变、工作运行机制的转变突破，拿出一些资源，争取一些资源，设立更多项目，然后交由社会组织、专业社工去承担。在这方面我们的几个市还是做了一些试点。从效果来看，还是不错的。前段时间财政厅下发了关于政府购买社会服务的指南，我看了一下，基本上在座的各单位都有涉及的项目，把这个指南利用好，既然已经发了，我们就在指南框架下让它落实。

再次，人才队伍建设，主要是在指导培训上面，得继续做好支持工作。这个方面民政做了很好的政策性设计，通过社区工作人员招考，通过社区工作人员享受相应的工作补贴津贴，促进了我们各方面力量去报考我们专业社工。我们所说的社工更多的是具有社工专业资格证书的人员，但从我们目前了解，全国层面做得好的一些省，社工范围比（我们）这个要大一些。比如获得了心理咨询师资格证书的人员，他也可以去担任社工。这就存在一个社工岗位的设置和岗位招聘的标准、薪酬、待遇方面一系列配套的问题。所以，我们当务之急还是要把这批人能够团结、凝聚起来，促进他们的发展。在队伍指导和培训上要加强，另外要和高校进行交流，利用他们的专业力量获得支撑，再一个在工作氛围上进行一些扶持。社会上对这个工作还不是很认可，我们要多呼吁，多给一些展示的平台，让社工队伍通过各种表彰、项目评比等等，都有展示的机会。另外，我们在工作的阵地上也要给予支持。我们团省委实施了一个计划，省市县建设"青春驿站"，我们的青少年社工可以免费地入驻这些阵地，在这个地方为青少年提供服务。截至目前我们省市县三级已经建了160多处阵地。我觉得应该先试先行、共同推动社会工作服务的建设发展。很多时候要靠各个层面有一个统一的布置和部署去做这个工作。我们团省委有信心也有决心和我们各个厅局部委办，共同把这个工作往前推。只有我们在各领域、各方向让各层级的领导都看到这项工作的成就、成效，以后才会有更多的政府、社会资源投入到这个工作中来。试点做得好的，就多总结经验。BJ市等市都成立了社工协会，我们下一步也将推动更多的这样的社工协会，让这支队伍有组织的依靠和平台。通过个人无法争取政府购买和社会资源，只有通过一定的组织机构才能争取。

最后，再次感谢各位长期以来对青少年工作、共青团工作的支持，也希望加强团省委和各个部门之间的沟通协作，共同促进全省青少年事业的发展，谢谢大家！

四、青少年社会工作及人才队伍建设（社会组织）座谈会记录[1]

郝：座谈会召开的背景就是我们近期在进行一次全省的调研，主要内容是关于陕西省青少年社会工作者专业人才队伍建设，对全省的青少年社工队伍包括对青少年社会工作的情况进行一次摸底。为什么要进行这个调研，主要是基于三方面的原因：第一，随着经济社会的发展，社会问题是越来越多、越来越突出。依靠政府的力量很多问题是力不从心、难以解决的。社工处于政府和个人之间比较中立的地位。社会工作参与解决社会问题，满足人民群众越来越多样化的需求。在国际上包括港澳台，社工的发展都比较成熟了，但是我们大陆发展的时间短一些，尤其是青少年社工，起步只有十多年的时间；在北京、上海、广州等城市，已经形成了比较完整的工作框架，但是陕西省经过我们初步了解，还是非常滞后。2011 年中组部分别下发了两个关于社会工作专业人才队伍建设的文件。今年年初，团中央又和民政部等 6 个部委联合下发了一个《关于开展青少年事务社会工作人才队伍建设意见》，提出了到 2020 年在全国初步建立 20 万人的青少年事务社会专业人才队伍。今年 8 月份，团中央和民政部召开了全国青少年事务社会工作专业人才队伍建设的推进会，对这项工作提出了一些具体的要求。现在是 2014 年了，要在 5—6 年的时间完成这么一个庞大社工人才队伍建设任务还非常艰

---

〔1〕　时间：2014 年 9 月 18 日下午。地点：团省委会议室。录音整理者：褚宸舸、鹿前、邓胜吉、安雨康。

巨。第二，根据我们前期的梳理，我们觉得青少年事务社工在服务青少年的领域还是大有可为的。青少年事务社工能够在三大领域发挥积极有效的作用：一是青少年成长发展的领域，也就是我们经常说的对青少年的思想引导、习惯养成教育、职业指导、婚恋指导等领域；二是维护青少年合法权益的领域，包括对困难青少年的困难帮扶、对青少年遇到的法律和心理问题的咨询服务、青少年权益受侵害后的个案维权服务；三是在预防青少年违法犯罪方面，对一些不良青少年行为的教育和矫治，包括对被判处非监禁刑的青少年的社区矫正、对他们的社会关护。第三，团中央每年在全国范围内开展共青团与人大代表、政协委员"面对面"的活动，每年都有一个统一的主题，今年的主题是健全青少年社会化服务体系。这就涉及社会组织、专业社工和志愿者为代表的社会力量在参与社会治理服务青少年方面如何发挥作用的问题。我们想以这个活动为契机，对全省青少年社工的情况进行一次摸底，然后提出一些比较有针对性的建议和意见。在制度层面上能够把这项工作进行推动，营造一个比较好的政策环境。

今天邀请的都是一线从事社会工作的社会工作者，包括社区工作者。大家对于社工的了解比我们了解可能更多一些。请大家谈一谈这项工作之前是怎么做的，以及在工作中的一些主要问题、困难、制度瓶颈。

崔：下面开始交流，请大家发言之前把自己单位简要介绍一下。发言主要围绕两方面：第一，本单位的社工、社工组织发挥作用的情况；第二，在从事社会工作中，有什么好的经验、困惑、需要解决的问题。

W（X市BL区柏树林街道下马陵社区主任）：目前社区的青少年工作主要依托工青妇和关工委开展工作，人员大部分是以志愿者为主，利用辖区的资源，例如学校的教师，开展活动。活动主要还是以引导为主，做得稍微还是相对较差，都是社区兼职形式。目前存在的主要问题，一是社区没有这样的岗位，二是缺乏专业专职人员，三是会遇到一些家长、孩子不配合。

褚：省上规定社区设的岗位是固定的，还是根据你们工作实际来设置的？

W：我们有 40 多项工作，大的社区，工作人员 15 名左右，小的可能就是 12—13 名，大概是每个人实际承担十几项工作。社区人员成分比较复杂，有政府买断的公聘人员，也有社会上的临聘人员，还有街办下派的干部，省上还有专职工作岗。

褚：省上的专职工作岗大概有多少？这个是短期还是长期的工作？

W：社区专职工作者每个社区 2 名左右。这个是个长期的。陕西省是把社区岗位作为一个工种定下来的。

G（FYH 培训中心理事长、陕西省妇女理论婚姻家庭研究会会长）：现在的社区工作是一级行政单位。现在社区的行政化和社会工作要求的专业化之间还没有找到一个有机的结合点，所以分配到社区的社会工作者专业不能发挥，影响到他的工作积极性，社区也有很多行政工作，这些人又不干。这是一个结构性的问题。国外这个社区的概念和我们现在的社区工作是两个概念；得先调查清楚怎么看待社工进社区的问题。只有把社区看做共同体，社区人和社区人的需求才会慢慢进入服务者的眼中。我们在社会管理创新中，把社会工作引进来，但是社区如果不切实行动的话，这两个还是结合不到一起，这是个最大的矛盾点。

D（C 社会工作发展中心负责人）：社区专职工作者这个设置本身从前提来说就是有问题的。对民政来说这就是个鸡肋。到底是要社区工作者包含社会工作者，还是要社会工作者将来代替社区工作者。我觉得相关职能部门需要考虑。我们去注册了以后，没有一个基本的运营，就要我们去上税，这就是我们社工机构面临的问题。我们自己投钱，还要让我们去上税，这就是现实。我们的资金来源，没有资格做社会募捐，钱从哪里来？只能靠自己掏腰包了。

G：我们是全国最早的。开始房子是租的，房子一年五六万，我们差点让房租给压垮了，然后社区不觉得这是它的事情，我们想把服务扩展，我们需要和原有的社区融合、配合，但有时候也很难得到社区的一些支持。我们也想做家暴、犯罪等高危人群的服务，但是没有进入社区的合法性。所以，这是体制上的问题。进社区存在很多困难，行政上的、经费上的以及跟社区磨合的困难。如果这个不解决，社工也留不住，最后也得改行。如果不让社会组织进社区，不把这个道路疏通，社区里面就没有真正意义上的社工服务。

D：政策实际上不是让社工进社区，而是让社工组织进社区。广东就采取这种社工组织进社区，但是这里面的问题也很多。

F（P青年社会发展中心副总干事、中级社工师）：问题就两点。一对一的这种筹资，包括一些项目啊，未来社会组织的资金，比如说有的主张是政府购买，开放公募政策的改变，都能大一些。这样我们机构能搞保持一个持续的资金支持，在此基础上，能够做一些更加专业的事情，更深度的事情。因为我们的服务区域现在主要在宝鸡，最大的一个问题就是在区县的基层缺少一个沟通平台，我们下去真的就是我们自己在做事情，可能教育部门会有些联系，但是跟团委等其他部门的联系，相对来说就比较少。

G：我们受限于公募的手段，这个是制度上的限制。

F：限制公募实际上是限制面向不特定人群的，一对一呢，比如说认识的一些企业家，一对一的支持。

崔：我们这里有免费的场地，有一个社会组织培养发展中心。

X（P青年社会发展中心项目助理）：注册过程当中，一些部门走的太多，从三月份发起成立，一直到今年七月份才正式注册。各部门的收费，到目前为止，我们分析收入的时候就会……另一个就是税收上，税务部门规定，只要你有一分钱的捐款，你就得按5%的税收上缴营业税，现在跟我们定了一个印花税和水利基金，这两个必须得交。

褚：注册下来政府大概收了你们多少钱？

F：将近5000块。企业所得税呢，有一个明确的就是省市都有一个明确的减免的程序和标准，但是对于营业税这块儿，尤其是新的民非在做的时候，容易被鉴定上营业税，这个就比较麻烦。一旦被定为营业税，你只要有钱进来就收税。税务部门其实也不是很清楚，需要我们去找一些政策依据来支持自己的诉求，争取免营业税的认定。

G：我们是将近三十年的机构，现在自己定位就是不太做一线，主要做技术支持，做很多其他机构的服务。妇源汇越来越成为一个专业培训机构。我们的挑战在哪里？因为这个机构比较强调自己的专业化，并非简单的服务。现在的困难就是：这些东西如果推广，政府包括一些学校，没有达到一定认识，是很难接纳的。换句话说，感觉陕西省的动作比别的地方慢一点。我们做技术支持，都到外省去做，陕西省的需求起不来。

青少年社工在面上推还有点难。社区牵头，有我们合作。社区层面建立一些示范点嘛？政府整块钱出不来的情况下，我们把一些社区服务的机构，社区有意愿的，有条件的，有些不同的社会组织可以进去。把这个做好了，成果做出来了推广，那我们就整个提升了。

褚：你们培训员工都送到我国台湾地区、香港地区去，我们大陆地区目前的社会工作专业，是不是撑不起来培训这块儿？

G：对。中国大陆社工系的老师自己本身就不是专业出身的。老师没有实务经验。没有实务经验就不能称为社工。人才就是一方面要自己培养，另一方面要讨论怎么给他用武之地并留住人才。如果给每个社区都有几个社工，那么谁给这些社工提供支持，谁把社工建成网络，谁给这些社工当督导？让他的专业性能够很好地发展，让社区这个平台，专业可以获得提升，而不是扔到社区，自生自灭，专业性就此流失。如果社区让社工干其他的（行政事务），那他还不如留在社会组织里，在组织小网络里互相学习，还可以提升。

L（B市青少年社会工作者协会会长）：我们协会原来做个案，做服务，现在我们主要做支持，把下面的74个服务站动员起来，发展起来。同时向外围扩展，包括项目的延伸和技术支持，比如说，法院如何做，教育系统怎么做，社区怎么做，等等。我们在学校做心理健康，社会主要做课堂，以闲散少年为主，到公检法司，主要做问题少年社区矫正，以帮教为主，特色鲜明。

到现在为止，我们陕西省没有社会工作协会，没有个行业组织，所以我们才找不到组织。没有行业组织，要么是群众，要么是政府，没有桥梁，过不了河。我们有三个建议：第一，成立陕西省的社会工作制度或者工作委员会，必须有行政层面的组织；第二，社工协会必须成立，如果社工协会暂时成立不了，就先成立青少年社工协会；第三，建立政府购买服务制度，购买是大方向，必须项目化，一定要靠大部队，也就是政府。

单：这个座谈会我们接受了大量的信息。我们社工组织的负责人顶着这么大的压力，维持、运营着各自的团队，让我非常感动。社工队伍如何培育和发展，空间如何去拓展，是我们团省委思考的问题，也是我们团省委主抓的重点。作为团组织，我们有义务有责任去做好青少年社会工作。我们要有中国的特色，社会工作的发展离不开政府的推动，如果缺乏政府的支持，我们是难以为继的。社工的发展应该和我们现有的政策体系高度吻合，这样才能得到一个长足的发展。我们也是想出台一些具有可操作性的东西。现在把大量的社会调查交给司法部门，司法部门也没有足够的精力来做，以后肯定要交由一些专业性的机构去做，所以我们社工发展的春天即将到来。我也支持成立社工协会，也和民政探讨过，当然现在协会成立条件放宽，不用挂靠到某一政府组织，我也支持大家去成立陕西省的青少年协会，希望大家积极地磋商这个事情。我们共青团，这几年也做了一些工作，联系、扶持一些青少年社会组织，尤其是"青春驿站"，我们现在省市县大概建立 160 座"青春驿站"，这 160 座还不算一些联系点。我们在省里面是做了一些顶层设计的。团省委这几年提出了一个青年阵地加青年社会组织这么一个模式，希望通过这个模式找到一条共青团组织参与社会管理创新的载体。团省委有个青少年发展基金，但是刚刚成立，还不能吸引大量的项目，不能购买大量的服务，我们也致力于这方面的建设，如果社工队伍成长起来的话，可以和我们的基金会做一个很好的衔接，这也是我们发展的一个空间。如果社工团体在税收等方面遇到什么问题，我会通过合适的方式给财政、民政、人事部门多沟通。一个事业的发展，我想既需要政府的投入，也需要社会层面的，包括民间资本、民间力量的投入，这样才能真正地促进整个事业的发展。

附录三

访　谈

一、X 市创业孵化器、培训机构负责人和创业者访谈

（一）孵化器 CT[1]

关于创业政策，项目部经理 Y 谈道：针对创业者的高新区和 X
市政策刚出台，目前还未真正执行。创业公司还未形成对政策系统
化的了解。在创业服务上主要学习北京，如中关村创业大街。X 市
高新管委会和 X 市科技局联合打造类似的"X 市众创示范街区"。该
街区计划招引全国著名的创业服务机构入驻，来推动创业。在创业
服务上，北京民营机构发展良好，而且北京的创业机构绝大部分为
民营或合营，而 X 市主要偏重国企运作。我们属于国有单位，为高
新区管委会直属园区，自身有资金收入：其有一百万多平方米的自有
空间出租运营，自身运营很完善。但国有没有民营运作灵活。在投资
服务上，外地投资门槛低，如风险补偿（20%—30% 失败补贴）。X 市
和高新区也有相关政策，但操作性不强，门槛高。风险补偿为财政兜
底项目，还未在全市铺开。入驻企业 103 个项目，不到 15% 可以拿到
投资，部分企业虽未获取投资，但企业发展比较稳健。投资主体一半

---

[1] 调研时间：2015 年 11 月 3 日。地点：X 市高新区 X 市创业园投资管理有限公司孵化
器 CT。调研者：褚宸舸、郝鹏涛。整理者：褚宸舸、林显春、邓胜吉。该公司
成立于 2003 年 7 月，隶属于 X 市高新区创业园发展中心，目前主营业务：园区发
展规划及资产管理；专用配套设备、厂房、写字楼的开发；企业经营管理的策划、
咨询，综合信息服务及技术服务；项目投资、投资管理、投资咨询等。在日常工作
中主要通过举办高水平的创业活动来吸引创业者，同时通过该平台引进创业服务机
构为创业者提供更多更好的投资对接、法律、财经、创业导师服务等。目前进驻的
优秀项目总数为 103 个（当前在驻项目不足 40 个），每个项目的孵化有时间限制，
最多六个月。

为各类投资机构，还有一部分为天使投资等个人。大学生创业贷款，门槛较高。参加创业培训，一个月后才可以申请创业贷款，必须参加20—30天的全天培训。在创业主体上，创业者一般为毕业5年以上的有过创业经历或者工作经验的创业者，刚毕业大学生创业的较少。

　　孵化器某创业者B：公司提供的平台很好，特别是对初创公司，如办公场地。创业者遇到的主要问题是社会资源和资金的缺乏。创业核心靠自己。社会能提供免费的孵化机构，已经感到很满足。在资金服务上，创业贷款几乎拿不到，门槛高，贷款审核上需要相关资产和运营流水材料。希望能够引入融资的渠道，不仅仅局限为免费办公空间等服务。创业服务公司资源多，能够吸引创业者的入驻。资金背后的资源更重要。当前政府有很多闲置资源，还未开放给创业者，而未得到充分的利用。创业者采取主动的小范围的资源整合、异业联盟来"抱团取暖"。创业者感受到了政府的创业政策宣传，但多还未落实，距离自己很遥远，不过，不能完全否定政府的作用，如政府提供的创业培训在一定程度上还是有意义的。

　　（二）孵化器A空间[1]

　　企业负责人J：X市给予创业者的支持力度与扶持程度和其他城市（如北京、上海、武汉、成都）相比是有较大差距的。青年创业面临的突出问题如下：第一，投资创业的整体环境差。主要问题是融资难，银行不对像A空间等类似中小企业放贷。企业资金都是自筹的，有自己的种子基金，基金规模是1000万元。孵化器一年的资金成本会达到200万元，一般是股权置换，另外，有些创业团队是

―――――――――――

[1]　时间：2015年10月15日下午。地点：A空间。调研者：褚宸舸、郝鹏涛、任容容。整理者：褚宸舸、郭军营、王龙。该企业是2012年8月创建的，现创业团队共有12人，其前身是"创业咖啡"，是为创业者提供服务的"创新孵化社区"。主要为创业者提供基础服务、商务服务、专业性服务、发展性服务。2015年该社区停掉社区电商业务，主要经营TMT业务（即与科技、媒体、互联网相关的）。大学生参与创业不多，主要还是25—30岁有工作经验者。

自费的。第二，政府扶持政策有，但政策不公平、不透明，得到政府扶持的往往是关系户，而真正需要扶持的往往不能获得补助。第三，政府产业导向服务平台不能作出及时、有效的引导。比如哪个行业现在处于饱和状态，可以通过平台发布，让那些准备创业的青年团队及时调整自己的方向，避免这些创业者们做无用功，浪费社会的资源。第四，政府暂时未创建一个青年创业者向成功企业家咨询的平台，而这样一个平台又是急需的。第五，X 市互联网企业普遍留不住人才，互联网大企业少。第六，政府的钱多花在广告等宣传上，而没落实到实实在在的企业上。希望政府以成都给予创业企业较大硬件支持为榜样，利用好自身拥有的人脉、媒体、公共资产等资源，把这些资源配置给真正需要的创业者。

一些政策的操作性差，除了政策，政府专门为创业者提供服务的机构太少。一般都是通过我们自己平台来达到资源和信息的共享，自己服务自己。政府的一些做法滞后，一些比较陈旧。比如对我们的关注还是停留在授牌上面。政府在确定帮扶对象时，会设定一些指标，很多创业团队为了实现这个指标，把自身有限的精力用在政府设定的指标上，这对青年创业团队的发展是极为不利的。

（三）孵化器 K 投资管理有限公司[1]

公司负责人 Z：公司面临的主要困难：第一，运营过程中政府缺乏相关的减免或补贴政策，如房产税 31%，运营成本过高。第二，官办创业孵化基地与私人创业孵化基地在一定程度上形成竞争。官办创业孵化基地费用由政府承担。第三，目前青年创业的认定部门

---

[1] 调研时间：2015 年 10 月 16 日上午。地点：K 投资管理有限公司。调研者：褚宸舸、郝鹏涛。整理者：褚宸舸、刘治学。公司于 2014 年成立，现公司场所分为服务型办公室和免费公共场所（如咖啡厅），其中公司的盈利主要方式包括服务型办公室的出租以及获取创业团队的股权。目前，公司场所的入住率为 60% 左右，有 20 多个创业团队。公司发起人 3 个，投资约为 700 多万元。

有市人社、团省委和高新区等部门，但政策的细则并未出台。涉及青年创业的部门还包括高新区的发展改革与商务区、金融办、创业园等部门，对接机构较为分散，同时由于政府部门信息公开不透明，以致在沟通的过程中创业团队或孵化企业对政府的职能搞不清。第四，和高校深度合作较少，希望与大学建立相关的合作。第五，创业园区项目未像北上广等地形成专业化区分，进驻园区的创业项目较为杂乱。第六，缺乏创业导师指导，尤其是点对点的扶持，如创业团队的运营模式、营业点选址。政策扶持的关键在于落在实处。

孵化器某创业团队（做校园零食）负责人 F 先生：F 在 2013 年毕业于 XB 农林科技大学园艺专业，因兴趣所好，在大学二年级开始便从事网商。目前，自筹创业资金 50 万元，创业团队有 5 人。在西北农林科技大学创业时，杨凌区政府为其提供 40 平方米的办公室以及 5 万元种子孵化基金的支持，同时学校免费提供相关的创业培训。但是，在 X 市，并没有享受到相关的优惠或培训。公司主要问题有：第一，资金不充足（银行贷款手续繁杂，周期长）。第二，缺乏了解政府政策的渠道。第三，无创业导师的指导。

（四）大学生创业培训基地[1]

培训基地 W 主任：第一，省上提出"培训 10 万人，创业 3 万

---

[1] 时间：2015 年 10 月 27 日下午。地点：X 市大学生创业培训基地。调研者：褚宸舸、郝鹏涛、任容容。整理者：褚宸舸、林显春、刘治学。基地于 2008 年开始筹备，2009 年 3 月挂牌成立；以陕西省学前教育师范学院老校区（原陕西教育学院）为场地，是陕西省十大创业培训机构之一。目前基地包括陕西省人力资源和社会保障厅设立的陕西省创业培训基地，陕西省组织部设立的陕西省大学生村官创业培训基地和 X 市市政府设立的 X 市大学生创业培训基地。它属于省属第三方培训机构，由以上三个部门为其提供资金支持，是没有盈利性收入的公益性组织。目前创业基地有十多个工作人员，主要业务包括创业培训和创业孵化两项。主要职能是为 35 岁以下符合培训条件的大学生、工人、下岗工人、农民工等创业者提供免费的创业培训，包括组织相关政府部门人员、金融机构工作人员进行专业的政策宣传。创业孵化则包括培训指导、个案跟踪等体系化服务。同时，创业基地也承担相关课题项目研究，截止到目前已承接厅级以上课题 33 项。

人"的目标。但创业基地面临进退两难的局面，因为该目标并没有实施细则及控制标准，在无法揣测政府意图的前提下，只能保持谨慎的态度。第二，孵化基地虽然有政府授牌，但无政策支持。虽然"两会"及其代表一直在提出议案、提案，议案、提案也已经受理，但是最终提案又落回原点，并没有得到实质性的政策落实。由于人社部转发的孵化基地政策在省级政府部门的实施细则未落地，致使创业孵化项目没有得到专项资金支持，无法运作。第三，政府经费拨款较慢，一般一两年才拨一次，大量经费开支需要学院事先垫付。第四，创业者接受完培训，领到相关认证证书之后，在申请贷款的过程中会在人社部门遇到较大的阻力，得到贷款的人数也相对较少。第五，为了保证培训质量，培训的周期相对较长，培训人数也相对有限。培训按期进行，一个完整周期为 20 天左右，并没有实现同期多个批次同时进行培训。2015 年的培训截止到现在还未开班。

（五）X 投融资担保有限公司[1]

T（原从事大学生创业贷款的职员）：就我而言，我做大学生创业做了五年半左右，2013 年下半年调到别的处室就不做了。政府出发点很好，但在运作的过程中，在理解、拿捏政策的时候，就有些偏离，这样就导致政府想要达到的意图和目的不能真正实现，可能是受大环境的影响，也可能是出于一些个人的私心，一运作变形了。在变形的过程中，政策、范围有调整。

问：公司什么时间开始做大创业务？

---

[1] 调研时间：2015 年 11 月 30 日。地点：X 投融资担保有限公司（原名 X 市经济技术投资担保有限公司）。调研者：褚宸舸。整理者：褚宸舸、王龙。X 投融资担保有限公司是为中小企业融资服务、失业人员再就业服务、大学生创业服务、X 市经济建设服务的担保公司，经 X 市政府批准，于 2000 年 11 月由 X 市生产资金管理分局改制成立，现注册资本 10 亿元，股东 21 家，其中 X 市财政局以 X 投资控股有限公司名义出资 6.43 亿元，占总股本的 64.3%。市政府财政给了 5000 万的启动资金作大学生创业贷款担保。

　　T：2008 年开始筹备，2009 年业务正式开始。这块业务还是很好的，只要把风险把控好，还是很有前景的，而且真正能做到好多人获利的。

　　问：主要想了解每年能贷出去多少？安全性怎么样？基本面的情况？您觉得还需要制定哪些政策？现有政策还要做哪些修改？

　　Y（公司副总）：你们去人社局了没有？做大学生创业贷款是我们公司兼职的业务，最主要的（政策制定业务）是在人社局，它们属于大学生创业协调办公室，好多的工作还有一些政策修订、管理，基本上是以它们那里为主。首先，大学生创业贷款需要一个培训，然后到大学生创业培训中心，到那里做认定。我们是 2009 年正式开始放贷，截止到 2015 年 10 月，累计共放出 3 个亿。最早，财政给大学生创业基金是 5000 万，因为刚开始 2009 年，放得比较少，最近几年加大了放款力度，支持大学生创业，一年大概能放 200 户。2015 年担保基金的问题，因为政府给了 5000 万以后，这个 5000 万要贴息，还有一部分是代偿。经过这几年运作，代偿率挺高的。可以说在商业银行中，这么高的代偿率是不能发生的，代偿率大概在 20% 左右。

　　问：也就是说贷款到期没按期还，你们替创业者还了？

　　Y：当时 X 市出台一个政策，大学生是免担保的。门槛低得很，刚一创业就允许贷款。当时，我们要求企业必须是正常经营的，不能是空壳。户籍上主要以 X 市为准，还有少部分陕西省内在 X 市有经营地的，对这部分我们也放宽条件，我们对每一个都考察过。（单笔）贷款（担保）规模就是 10 万元到 50 万元之内。有很多大学生对创业没有真正做好，没有做好准备工作，很有闯劲儿，但在管理过程中确实出现了一些问题，所以现在出现的代偿率还是比较高的，已经达到 3000 多万了。

　　问：贷款最后收不回来的大概有多少？

Y：代偿的这些，能回收追本的很少。（翻资料）像 107 户，最后追偿的才 16 户。因为 2015 年上半年代偿率高了以后，基金就没有了，就没办法放。按照政策要求（担保总额）是基金的 1.5 倍。超过以后就没有办法再放，因为超过这个比例了。因为基金的问题，所以截至 2015 年只放了 10 户左右。

问：个体工商户行吗？

Y：个体工商户是不行的。咱们有一个小额贷款。大学生项目当时的要求是创办企业的。最近市政府发布了一个文件，提出要"修订完善大学生创业贷款资金管理办法，完善大学生创业贷款运行机制"。

问：小额贷款担保现在情况怎么样？

Y：小额贷款这块我们 2003 年就开始，原先主要我们来做。从 2005 年开始陆陆续续各区的小贷中心成立以后，就要求到区上小贷中心去做，因为小额贷款以社区推荐为主。

二、创业导师访谈[1]

问：可以介绍一下你自己吗？

K：我是 2002 年进的 XB 政法学院读本科，但是我比较特别，2003 年开始创业，2005 年做了自己的公司，当然 2006 年才毕业。很幸运的是 XB 政法学院并没有阻碍我做互联网。我第一个企业做的是 APC，就是互联网大数据的前身，我那个企业做到市场份额占陕西省的一半，应该是陕西省本地用户最大的一个企业。我们陕西省 20 年来，唯一一家得到国家奖项的就是我那个企业。我们省上的第一届创业大赛，是我和另外几个导师一块做的，做完之后，还在省里面受了表彰。

---

[1] 时间：2015 年 11 月 10 日下午。地点：X 市高新区某广场 C 座。访谈对象：K（创业导师）。访谈者：褚宸舸、郝鹏涛。整理者：褚宸舸、林显春、鹿前。

　　我做了几件事情，第一件事情就是 YBC，YBC 应该是国内最早做青年创业帮扶的公益组织。当时全国还没有提创业帮扶的事情，但是我们在做，所以我们对创业这块事情是比较熟悉的，现在满大街都是这样的组织。2001 年，我办了陕西省第一届互联网大会，之前陕西省是没有互联网大会的。从那以后，陕西省的每一届互联网大会都是我在做，但是我这人不喜欢抛头露面，所以我在背后做这些事情。你现在到陕西省的互联网公司去，很多公司挂的奖牌都是我做的。我知道各个地市互联网公司的分布状况。

　　提到创业的事情，我就问自己，你为什么要创业呢，如果我过着好日子，我才不创业呢，没钱吃饭才创业呢。我也不瞒你，XB 政法大学老校区对面有一个网吧，我掏了 20 块钱待了一晚上，做了一个网站收了人家 1000 块。我是这么去创业的，当然和现在的创业主题不相符，这不说了。当年我就是这么进入这个行业的，因为受益于这个行业，所以感恩这个行业。现在很多人不懂互联网，但是都在做和互联网沾边的事情，这个时代发展不一样了。至于职务之类的，我和团省委好多部门都打过交道，陕西省省内和互联网沾边的主管部门，我都比较熟。

　　最近我也在做一些事情，就是刚才你们看到的几个牌子，电商的业务，线上线下电商的业务。基于创业融资的项目，叫某某众筹，我外边还有几个业务，像 P2P。因为过去我基本上是鼓励别人去做这个事情，但是几年前就有人问我自己怎么不去做，所以我现在开始干，现在手里多家公司在行业里面都排在第一。我是互联网企业的顾问，他们给我顾问费，当然之前我是搞公益的，包括现在的陕西省创业导师协会，都是纯公益的，不收费的，我们贴着钱去做这个事，这是我们现在做的事情。

　　关于和创业有关的，就是我的某某众筹；众筹平台能帮助创业者。创业者有几个需求，不仅仅要解决创业者的资金问题，还要解决他的合伙人问题。单干不行，必须有合伙人，还有就是签约用户，任何企业都得找签约用户。我们某某众筹的定位就是帮助创业者，当然主要是"互联网＋"的创业者：一是融资，二是找合伙人，三是找自己的目标用户，这是我们的定位。

融钱我们有两种方法，第一，是我有想法，你把钱给我，我就能把产品做出来。在创业阶段，你把钱给我，我把成果给你，这类似于产品预售；第二，叫股权。股权形式下，你愿意出让20％的股权，我给你一笔钱。首先，我给你投资，我对销量进行梳理和诊断。诊断完，有两种情况，一种是我看好你，我给你投资，这是原来的做法，叫天使投资。但是现在日子不好过，没有办法，200万元也是钱，尤其是在陕西省这个地方，所以，我们设计了另一种方式：我懂这个行业，我出30万元，你出30万元，把这200万元通过一种分解的方式，多个人来投，专业人士来领投，非专业的人跟着投。我投10万元，你投1万元行不行。我们设计科学的投资结构，我投100万元，你跟三分之一，这是合理的，风险最低效益最高。这是全世界投资人都懂的道理；投资界最简单的规律，就是通过资金风险的分散把风险降低。以前我投200万元是我一个人的创业，我把它变成十个人投资200万元，十个人的智力和人脉都会成为这个项目的支持，所以我们鼓励创业者以众筹的方式解决资金的融资问题、合伙人问题、目标用户问题。

我们专门做了一个有关丝路的领投基金，看上你就投。不是我专业的我不做领投，如果是我专业的，我领投，你想领投我还不给你。每个企业偏好不一样，这是目前某某众筹正在做的一件事。一个是线上的活动，一个是线下的活动。我们会搞些社会活动；陕西省互联网大讲堂，不收钱，我们把它做成圈子。我们还和高新区创业园搞了一个众创空间，可以提供四个项目，免费提供。我把之前做的事情都说清楚了，某某众筹这个项目是我自己在做，其他项目都交给下面的人去做，总共有十个项目，这就是我的情况。

问：刚才你说创业者需要的三个方面：资金、合伙人、目标用户，你做这块已经很久了，你认为陕西省在这方面的政策怎么样，存在什么问题？

K：这个事情怎么讲呢，十年前我就提过，没用，首先要从根源上进行分析，陕西省的有钱人会干两件事情，一个是挖煤挖油，这个来钱来得快，第二个事情就是收房租，做房地产的很多人想的就是收房租，变着花样收房租。陕西省但凡有点钱的，没胆的把钱存在银行，稍微胆子大点的就放高利贷去了。类似（创业扶持政策的）调研之前做了很多，也都没有用。创业需要什么？首先，政府对待小企业能不收税吗？陕西省每年扶持创业的基金七八亿，一年给我2个亿，给我三年时间，我保证在这里出现一个全国顶级的企业。我怎么干呢？先弄个创业园区，我把办公室装修好，创业者拎包入住，我只有一个条件，员工工资你发，其他费用我全包，跟工商、税务的事情都由我来办，你只需要做好一件事情：把你的产品做好，把你的目标用户搞定。如果你做的产品能融资100万元，我再补贴你100万元。创业者只需琢磨自己的产品，自己的目标用户，一定能够做好。我是创业过来的人。到现在为止，我没法创业。因为我琢磨产品、琢磨客户市场的时间三分之一不到，另外70%的时间应付工商、税务的领导，你不接待，人家说你不尊重他。

问：刚才你说的那个政策，全国其他地方有吗？

K：成都当年就是这么干的，陕西省人就干不了？五年前，我就跟高新管委会的人提，人家说，我们不跟成都比，成都跟我们不是一个档次的。两年前再说，就说咱不说成都了，成都已经远远把我们甩到后边去了，这是我们的心头之痛。我说那你跟谁比，你是不是要跟兰州比？

问：成都是不是（创业）搞得比较好？

K：那当然，成都的城市中心要比 X 市的大很多。陕西省每年有七八亿的（创业扶持）资金，但是出了一批不干活，天天几个人写文案、报项目的企业。

问：现在本省搞的孵化器好像很多？

K：变相的收房租嘛，很多都是这样。不收房租的，省外有的是，举个例子，陕西省的土地，从上到下的思维不是地产的思维，而是收房租的思维，因为这没有风险，不用抵押。

问：现在创业者从政府贷款的难易情况如何？

K：我对贷款不感兴趣。我做企业这么多年，没有从政府手里拿过一分钱。

问：好多创业者开始没有经费，那怎么取得经费？

K：咱聊些具体的问题：创业者的痛点是什么？满天的创业大赛，这是不正常的。创业者首先是要创造财富的，怎么把钱赚回来，搞清楚要服务谁，我要服务你，我搞清楚你的需求，按你的需求我搞一个产品出来，我把产品做出来让你体验，你满意了，受益了给我钱。这样的群体越来越大，钱越来越多。这是最简单的商业模式。一个创业者只需要有一个安静的环境，把产品做出来，然后和目标用户对接，然后客户不断地满意，不断地给钱，我有钱不断地投入，这样才能形成一个良性的商业环境，这个商业项目就成功了。这个东西做成了，和政府的关系不大。政府少骚扰就行了。政府需要干一件事情就行，能不能让创业者安心做自己的产品，缺钱了提供钱，少去收房租，少去收他的电费，少去把他的门关了，少去查他的账。创业者赚到钱了，他肯定高高兴兴、老老实实去交税。真正的创业环境是要给创业者创造他只需要去搞定目标用户群体的环境；需要组织一个交流的环境，形成一个良性的循环体，这个创业项目就成了。其实，站在创业者的角度，政府你就好好当好保安就行了，不要骚扰创业者。到目前为止，政府需要做很多事情，因为太多的资

源被政府占着，创业者没办法，不得不找政府，政府掌握的资源太
多。政府有它的好处，它的影响力，社会的创业气氛需要政府的引
导。我们国家多出几个像比尔·盖茨的人，还需要政府引导吗？

政府做什么呢，做好大环境的保卫工作，让创业者安心去创业，
创业不能老找父母要钱啊！读了这么多年的书，榨干了家里的钱，
又鼓励青年去创业，让他父母去借高利贷。政府能不能给这些小孩
们提供一些帮助，把他的吃饭问题解决了，给他一笔启动资金，就
这么简单的事情。只需要把自己的产品做好，把商业模式理顺，
1000 家企业还出不了一家厉害的企业吗？只是现在的创业者在创业
一两年之后，创业的能力没有了，搞关系的能力一流，还会表演了。

问：你经常做创业导师，你接触的这些青年创业者怎么样？

K：我说话是非常犀利的，我经常骂他们。有些创业者听完之后
就和我干起来了。下去做一两年后发现我是对的。我浪费我的时间
又不拿你的钱，我才没有那么多好话哄你们，但我说真话。听不进
去的人肯定做不起来。导师协会，我是 28 个发起人之一，5 个副会
长之一。

问：近年来创业者的想法有没有什么变化？

K：真正的创业者需要你教吗？谁不会赚钱啊，他是需要学习技
能，但是教多了他就不知道干嘛了。政府能否给他提供相应的配套，
给他一个安静的环境，不要让他分心去做其他的事情。本来创业者
的创业能力还不够齐备，应付目标用户还不行，又要花 70% 的时间
去搞这种创业比赛。政府的推动是好事。我认为，最重要的是，政
府能不能给创业者提供启动基金；我做成了再把钱还给政府。有人
给你投资 100 万，政府再给 100 万补贴。

陕西省缺少产业链的思维。刚才提到创业的事情，创业不单单
是一个创业者的事情。创业者做好自己的服务，带好自己的团队，
搞定目标用户的需求，让目标用户受益。他赚钱了，把一部分钱给

政府。这就形成了一个正常的利益链：做项目的产业链的生态。现在很多创业者说，我的产品弄不好，政府为什么不给我钱，或者说我做了这么好的东西，政府为什么不给我钱。他们没有这种产业链的思维。政府可以做很多事情，可以让陕西省的企业家具有这么一个思维；这样的思维不是说有就有的，得有良好的环境。政府把配套提供，创业者用命赌创业这个事情，政府把政策引导做好，可以引导陕西省的企业家拿出几个亿来，建造一个创业园。三年也就 6 个亿，三年一定能出成果。成都早就有了政策，创业者拿到 1000 万融资，政府再给你配套 1000 万，这不是如虎添翼的事情嘛！五年前，合肥高新区管委会的领导没有跟陕西省打招呼，跑到 X 市来，把我们找来，说只要把企业搬到我们那里去，房租给你免五年，你投 100 万，我再给你 100 万。我们过去的逻辑就是盯着世界五百强。陕西省的资源本来不差，但是不把自己的本土企业当回事。傍大款，要什么给什么，把钱都给世界五百强了，把地都给了。结果他不给你创造什么东西。他一看你年老体衰，资源不够的时候，其他地方给他资源更好的时候，他拍一下屁股就跑了。招来的企业把当地的资源用得差不多了，拍屁股就跑了。一个地方的产业要想发展起来，就像一个家庭，你得养自己家的孩子。自己的孩子你得管，他再差，你得科学地养。其实，创业者创业，他不需要你当妈，你给他做好保安就好了，把资源放一放就行了。你把钱匀一匀，把钱给创业者就行；他们是用生命做产品。

对待创业，我觉得陕西省应该少一些花架子，少些形式，回归创业的本质。政府提供相应的配套，创业者需要一个创业区的，能不能不收他们房租；创业者只需要发自己的工资，有本事也可以找几个不要工资的人。伟大的公司就是这么干起来的，所以乔布斯和沃兹在车库里面创造了一个苹果公司出来。我们哪个资源不是被政府拿着；总理说放权了，那说明我们创业者还是很辛苦。

问：在找创业的合伙人这方面，政府能起到什么作用？

K：政府多引导就是了。政府的影响力一定会引导着社会更多的资源倾向哪个产业，引导更多的人才到哪个领域去，更多的社会资源也会到哪里去。好的资源、好的人才都跑到那里干一些没用的事情，这就是产业不公平。产业不公平的结果就是导致了某些产业发展不起来。政府必须公平。我希望政府做一个示范。它可能引导很多企业几个亿的资金；陕西省有钱人很多，但是没人引导。所以政府要做好保安，做好资源配套工作，少去插手，少去做和创业无关的事情。陕西省不缺创业者，那么多大学生。创业不是培训出来的，不是晒出来的，不是秀出来的，只要不骚扰创业者，让他好好做，如果他需要钱，你给他，最后还你政府就是了，创业者真正需要的是这个东西。

三、陕西省女子强制隔离戒毒所访谈[1]

（一）案例一

对象：聂某某，女，25 岁，未婚，大专学历，家住 X 市解放路。进入劳教所快一年，离劳教结束还有一年时间。

问：你什么时候开始接触毒品？

答：2008 年起，中间偶尔有停顿。吸冰毒、海洛因。

问：2008 年时你是上学还是工作？

答：工作是在世纪金花做销售。后在骡马市自己开了小店，因为刚开业，生意不好。

问：你和父母在一起住吗？

答：和妈妈一起，爸爸 2008 年已经不在了。

问：妈妈是做什么工作的？

---

[1]　调研时间：2012 年 10 月 24 日。调研者：褚宸舸、郝鹏涛。整理者：褚宸舸、宋雯。

答：她已经退休了，以前是个体户。

问：父亲的去世对你吸毒有影响吗？

答：有影响。我父亲去世后，我的男友给我毒品

问：男友是什么情况？你第一次为什么吸毒的？

答：我与男友相处 7 年，男友比我小三岁，是无业游民。我们两家距离较远。2007 年过年时发现他"抽大烟"。有一次他和朋友们出来一起玩，他的朋友就带着"东西"。我问他，他说"放心，没事，我的自控能力很强"。后来经过一段时间，他就上瘾了。2008年我父亲去世后，我心情很难过、低落，有一次我哭得睡不着觉，男友的朋友就劝他："你让她抽一口，就睡得着了。"于是，我抽了第一口，那晚确实睡得很香。后来慢慢就有了依赖，每天下班回家就希望找那种可以睡觉的感觉。

问：你在吸毒之前对毒品有了解吗？

答：以前不是很了解，只知道毒品是害人的东西。身边也有人因此进了监狱，有个亲戚因为吸毒而不在了。

问：你是什么学历？

答：大专，学的是酒店管理、导游。

问：以前学习的过程中，是否了解毒品的种类、危害？

答：毒品的危害我是了解的，只是一时冲动、交友不慎。环境也改变一个人，我家住的环境也不好，身边都是烟民。我刚开始也不接触海洛因，只接触冰毒、摇头丸、k 粉。吸海洛因加起来还不到半年。有时三个星期才抽三四口，我进到强戒所戒烟就没有一点烟瘾，但冰毒比较容易上瘾。

问：你的毒品是谁提供的？费用呢？

答：男朋友。一开始是用我的工资，男朋友也在社会上到处借别人，骗朋友，还倒卖过冰毒，这样还能过下去。后来慢慢地就不行了，工资不够花了，在外面倒卖也不够，再骗朋友，朋友也不借

钱了。上班挣的钱根本不够我们花，每个月为了吸毒至少得花上万块钱。

问：你们吸的量是不是比较多？

答：开始时确实抽的量比较大，后来为了省钱，男友就开始注射。但注射时间长了就没感觉，所以每天注射就得四五次，一针就得250元。我还是吃冰毒，从来都没有注射过。

问：你进强戒所之前是不是还和他在一起？

答：半年前就分手了，家里不同意。因为家里人发现他吸毒，就让我离开他，把我关在家里面。但是他没钱买，他总是给我半夜打电话，让我从窗户上把钱扔下去，但我的心里就会不平衡，"你拿了我的钱，我还没抽，你得给我留着点，藏在院子的哪个地方，我第二天早上遛狗时下去取"。

问：他的那些毒品都是从哪里拿的？

答：自强路。因为那里烟民很多，他就从朋友那里买。

问：你觉得毒品对你们身体有没有很大伤害？

答：有，记忆力变得比较差，有时刚说过的话我过一会就记不住。而且我吸烟时很瘦，感觉风一吹就倒。

问：你觉得吸毒对你的工作有没有影响？

答：其实刚开始，我不觉得有影响。刚开始我吃冰的时候，溜冰不影响我工作，甚至有时还挺有帮助。因为我平时早晨起不来，吃了冰后就会兴奋，可以三天三夜不睡觉，话也多。本来做销售的就要能说，所以见了顾客，我就可以一个劲地说。所以刚开始时就觉得挺好的，本来上早班就起不来，一吃冰也不瞌睡了，第二天工作也兴奋，也不想吃饭。

问：除了你男朋友，你有没有通过他认识其他的吸毒人员？

答：我不太接触其他的人，除了他，就是他的一两个朋友。所以，我抽烟从2008年到后来，从来都没被抓住过，这是我第一次被抓。

问：是家里把你送过来的吗？

答：不是。有一次，他朋友让我去拿东西，说女孩子比较安全。我刚从楼上下来，就有人把我抓住。

问：目前戒得怎么样？

答：现在好了。我刚到强戒所就没有烟瘾，隔三岔五才吸一次烟。

问：有关禁毒的书你有没有看过？

答：在这里看过。之前没有看过。

问：你和你男友有没有娱乐活动？看电影吗？

答：从来没有看过。他年龄小，只知道玩毒品之类的。我们最多就是去个酒吧，KTV 唱歌，其他的地方就没有去过了。其实我们在一起 7 年了，感情也深。

问：平时看电视吗？

答：不看。业余时间就是上上网，上网一般就是玩游戏。

问：你和他分手后你的毒品怎么买的？

答：他弟给我。其实我不经常抽烟，冰毒我自己也可以弄到。

问：其他毒品你用过吗？

答：K 粉，摇头丸，麻古。

问：一般是一个人吸还是和大家一起？

答：都是和大家一起，一个人吸没感觉。麻古、摇头丸都是在KTV，冰毒就在酒店。

问：一般你们聚会有多少人？

答：过生日就十来个，平时就四五个

问：KTV 一个月能去几次？

答：三四次，迪吧去得多，几乎天天都去

问：你是要天天吸吗？

答：冰毒多，三天一次。到最后这几个月，天天都吸。冰毒一包是 300 到 500 块钱，能玩三四天。

问：你知道不知道国家对吸毒有规定，吸毒可能会有法律后果？

答：知道，但是不知道吸冰毒会被强戒两年。我也没有看过法律。

问：报纸呢？

答：偶尔看过一两次，很少读报纸。刚开始还听听音乐，看看电视，后来就没兴趣。

问：上网时除了打游戏，还做其他的吗？

答：聊天。不认识的也聊，尤其是玩完冰后和那些不认识的人比较有话说。我们这个圈子也有自己群。有时我们上一些网站都是关于吸毒的内容，进去之后，我也见过视频中女孩裸聊的，还有吸毒后晕晕乎乎的。这些网站都是别人告诉我的，都要办会员的。我当时也好奇，她们那些人怎么不害怕，但是这个网站都是这样，也没事。

问：你们一般上这些网站在网吧还是在家？

答：在家，一般网吧不安全。

问：你进来以后有没有和其他学员交流过禁毒的知识？

答：队长说过这些知识，比如毒品的危害、分类，但学员从来不交流。其实在外面都不知道这些，就感觉无所谓，年轻时就玩一天是一天。

问：平时看杂志吗？

答：现在看，以前没有看过。来这里以后爱看书了，晚上睡不着觉就会看看书。

问：朋友圈子中有没有得艾滋病的？

答：我周围没有。我也知道注射后可能会得艾滋病，所以男朋友注射后，我心里也觉得不舒服。

问：他们是自己各用一个针管，还是大家用一个？

答：他自己用。我男朋友第一次注射时不让我知道，就躲在厕所里。

问：你没有劝过他吗？

答：劝过，不顶用。为这个我们经常吵架、打架。

问：他是不是刚开始只是吸？

答：是，可是后来花费大了，他就开始注射。但不管怎么样，他不会让我注射。以前我也提过给我打针，他说"你想清楚，你要打下去就完了"我晕针也晕血，好几次都差点打了，但都放弃了。

问：你知道注射和艾滋病有关，是听朋友说的，还是自己看的？

答：朋友说的，听朋友说过有人得艾滋病，但也没有看过书。

问：艾滋病传播途径懂不懂？

答：传播途径有血液、同床。

问：还有母婴传播。

答：我对这些从来没有关注过，因为我想我不会得。

问：别人尤其是家里人知道你吸毒后，你有没有心理压力？

答：有，其实我家人开始怀疑我，但我妈对我特别信任，我妈绝不相信我吸毒。我妈的好多朋友都给我妈说过，可我妈很敏感，甚至跟别人吵架打架，说我的孩子绝对不可能。有一次，我的阿姨看到我和男朋友在家吸毒，后来给我妈说。我妈就把我半夜叫回家哭着问我，我坚决否认。我妈就说带我去做尿检，我同意了。到了尿检的地方，却关门了，我妈说"我最后问你一次，如果尿检做了你就会被强制戒毒，那你一辈子就毁了，如果你说实话我就会帮你"，我还是嘴硬说没有。因为我不想让别人知道，尤其是我家人。我妈把我关在家一个星期，我也没有瘾，一周过去了我妈就相信我了。这次出事后，我到了派出所就坚决不给家里人打电话。但是我被送到强戒所后，强戒所通知家里人，我妈才知道的。最后我妈把电话打给民警，才知道我被送到了蓝田，我告诉她"你别给我打电话了，从此以后你也别来看我，这对我是一次教育，经过这次我会长大"。去了强戒所不到一个星期，就把我送到了这里。到我的生日那天，我妈来看我，我已经有两个多星期没有见过她。队长带我下去时，我心里特别难过，觉得没有脸见家人。我走到了门口偷偷看了她一眼，进去后我一直都不敢看她。

问：出去后你怎么面对家人？你以前骗过你妈。

答：我告诉她，我错了，因为没有这次经历，我可能都戒不掉，如果没有这次戒毒，我以后可能会毁了。我妈也搬家了。我们可以和之前那个圈子脱离了。

问：我看你手上有文身，文的什么？

答：文的我妈的名字，进来以前就文了。

问：你平时新闻看不看？

答：都市快报看，新闻联播都不看。

问：图书馆、博物馆去不去？

答：不去。

问：在所里平时都做些什么？

答：叠片，做一些电池。听说以前的工作量比较大，现在也不累，比较轻松，车间环境也比较好，还放着音乐。人的心态好了，也就比较轻松。

（二）案例二

对象：王某某，1987年6月生，老家在咸阳乾县农村，父母都是农民，文化程度初中，7年前和老公来X市打工。

问：你和你老公在X市做什么？

答：我老公是厨师。我什么也不做，在家带孩子，孩子4岁。

问：你是怎么被抓的？

答：吸毒、贩毒。有一次，我和朋友一起吸时，朋友让我出去取，就被抓了。

问：你要被强戒多久，现在已经执行了多久？

答：一共要一年三个月，现在已经九个月了。之前在蓝田强戒所被强戒两个月。

问：你吸了多久？

答：吸了一年多，主要吸海洛因。

问：你是怎么接触毒品的？

答：是朋友带我吸的，她在娱乐场所上班。一次我和我老公吵架，她就让我吸。

问：你朋友是男的，还是女的？他/她自己是不是也吸？

答：是女的，她吸得比较严重。

问：她给你时，你知道是毒品吗？

答：我知道是毒品，但没想到自己会上瘾，觉得自己自控能力很强，现在也比较后悔。

问：你多久吸一次，费用呢？

答：一周一次，一次 100 元。3 个月后觉得自己有瘾。

问：你老公知道吗？

答：半年后老公知道了，因为我吸毒患有哮喘，在医院查不出病因，但我自己知道原因。因为只有吸一口才比较舒服。

问：你自己戒过毒吗？

答：自己在家戒过，但后来还是忍不住。

问：你一般都和谁在一起吸呢？

答：只有那个朋友，不会有别人。被抓也是因为朋友说要上班，让我去取。

问：你觉得对你身体有伤害吗？

答：有，以前很瘦，现在胖多了。

问：你孩子知道吗？

答：小孩比较小，还不知道。

问：你没有工作，吸毒的费用怎么办呢？

答：问老公要，因为平时生活很节俭，剩下钱来吸毒。

问：你有没有朋友圈？

答：没有，尤其是吸毒后更不愿意与别人交往，感觉比较自卑。

问：那你在家都干些什么？

答：偶尔看看报纸、杂志，没事就去网吧待一两个小时。

问：你上网都做什么？

答：看新闻，听听流行音乐。

问：电影、电视看吗？

答：不看，老公平时忙也不看。

问：你知道吸毒是违法的吗？

答：之前知道是违法的，上网也查过吸毒的危害。但是抱着侥幸的心理，总想着这次吸，下次就不吸了，但是还是控制不了。

问：你老公和孩子来这里看你吗？

答：一般老公一个月来看一两次，也带过孩子，但我给他说过让他以后不要带孩子，害怕孩子知道。

问：你出去后有什么打算？

答：希望找一份稳定的工作，带好孩子。

问：你老公刚知道后，是什么想法？

答：老公知道后很生气，也很无奈。带我到了许多地方戒毒，老家、农村都去过，但是回来后就开始复吸。

问：你家住在哪里，那里有禁毒宣传吗？

答：住在土门的城中村，那里经常会贴禁毒的海报。

问：你住的那个地方有人吸毒吗？

答：我知道有不少人都吸，但是知道了也不会与他们来往。

四、陕西省少年犯管教所访谈[1]

（一）案例一

访谈对象：W，18 岁。

问：你进来有多长时间了？

答：一年半了。

问：在哪长大的呢？

答：老家是延安洛川的，但从小在 X 市长大。

问：判了多长时间？

答：六年。

问：犯的什么罪？

答：故意伤害致人死亡，在学校打篮球时把同学给打死了。

问：是你同班同学吗？

答：比我低一级，我当时高三。

问：你平时和同学关系如何？

答：挺好的。

问：为什么把同学打了？

答：打球时发生口角，一冲动我回宿舍拿了把水果刀把他捅了。

问：事情发生在哪？

答：洛川老家。我在 X 市上的学，户口在老家，为了高考回去的。

问：在 X 市成绩怎么样？有没有经常逃课？

答：成绩中等，逃过，但不经常。

问：社会上的一些混混你认识不？

答：我只是知道，认识，但我没有参加过他们的活动。

---

[1] 调研时间：2012 年 10 月 23 日。调研者：褚宸舸、郝鹏涛。整理者：褚宸舸、黄主君。

问：你在 X 市是和谁生活呢？

答：我妈和我姐，我爸工作忙。

问：你们家几个孩子啊？

答：五个，三个哥一个姐，我妈和我姐在 X 市，其他人在延安。

问：父母多大啦？

答：我爸 60 了，我妈 55。

问：你从小和谁一起长大呢？

答：我妈和我姐，我从一岁就到 X 市了。

问：你妈和你姐对你管教严吗？

答：和一般家庭差不多吧。

问：平时经常回延安吗？

答：不经常。

问：你父母干什么工作的呢？

答：我妈没工作，我爸是搞水泥钻材的。

问：在里面家里面人经常来看你吗？

答：妈妈姐姐经常来。

问：上学时你最主要的娱乐活动是什么？

答：喜欢打篮球。

问：喜欢看书吗？

答：爱看小说，喜欢看余华、吴克敬的小说，还看过贾平凹的小说，但贾平凹的小说看不太懂。

问：看报纸这些吗？

答：看，看一些娱乐新闻。

问：看时事政治这些吗？

答：不太看。

问：家里订报纸了没？

答：订了《华商报》。

问：经常上网不？

答：经常上，在家上的。

问：上网干什么啊？

答：看一些综艺节目，聊聊天，听歌，看电影，我不太喜欢打游戏。

问：姐姐上班吗？

答：不上。

问：她住哪呢？

答：姐姐、姐夫和我们住一起。

问：那你有没有感觉到不自在呢？

答：没有，我们关系都很好。

问：经常去图书馆吗？

答：去学校的，外面的不经常去。

问：学校的图书馆经常借书不？

答：借过，但不是很多，有时借一些小说，其他的胡乱看一些。

问：练过武术没？

答：没有。

问：这次打人动刀子了，你之前动过刀子吗？

答：没有，这次主要是在洛川，当地同学也不认识。在 X 市也和同学因为打球发生过口角，但旁边人劝劝就好了。这次在那边打架了也没人劝，一时就冲动了。

问：去那边多长时间发生的这事呢？

答：一个多月吧。

问：你们学校有法制教育吗？

答：在学校对法律有一些了解。

问：上网爱看什么电影呢？

答：喜欢看一些动作片，感觉打架很刺激，但我不喜欢看战争片。

问：想没想过出去之后干什么啊？

答：在这里面参加了工商管理自考学习，可能的话出去可以继续上学。

问：你的书是自己买的吗？

答：是的，家人在外面给买的。

问：你认为你这次进来主要是什么原因呢？

答：主要还是自身的原因。

问：上学时遇见困难一般找谁啊？

答：一般找同学，实在没法解决了才找妈妈、姐姐。

问：你觉得进来之后有变化吗？你自己的优势有什么呢？

答：肯定是有变化的，我在这里面可能文化水平算高点的，考虑问题会更全面一些吧。

问：你有哪些不足呢？

答：在人际关系这方面有待提升吧。

（二）案例二

访谈对象：C，18 岁。

问：你家是哪的啊？

答：LT 县。

问：犯什么罪了？

答：抢劫，强奸。

问：两案一起的吗？

答：分开的。

问：你家里面几个孩子？

答：还有个姐。

问：父母在哪住呢？

答：LT 县。

问：父母干什么的呢？

答：爸爸是包工程的，妈妈在家。

问：家是市区的还是农村的？

答：农村的。

问：你进来之前上了多少学？

答：初中。

问：你判了几年呢？

答：六年。

问：在学校成绩怎么样？

答：还差不多。

问：和父母关系怎么样？

答：挺好的。

问：父母管得严不？

答：严，回去晚了就问，让九点半之前回去。

问：逃过学没？

答：没有。

问：和哪些人一起犯的事呢？

答：同学，之前认识同班同学，都上学了。

问：你和这些人天天在一起吗？

答：是的。

问：你这事情是什么时候犯的。

答：初三。

问：之前一般喜欢干什么？

答：上网，打游戏，看电影。

问：主要和谁一起玩？

答：同学，一般周六周天去。

问：以前看过黄色电影吗？

答：没有。

问：犯罪那事是谁提议的呢？

答：我们 17 个人，其中有人提议的，我只是在旁边站着，什么都没干。

问：你们是临时性的还是有预谋的？

答：临时性的。

问：你们这些人有之前被抓过的没？

答：没。

问：你现在恨和你一起犯事的那些人吗？

答：不恨。

问：你抢劫、强奸了几次？

答：抢劫一次，强奸两次。我一直在旁边站着，什么都没干。

问：之前进过足浴、按摩店吗？

答：没有。

问：你知道你行为违法吗？

答：我以为在旁边站着，什么事都没干应该没什么事。

问：你之前看书多吗？

答：不多。

问：出去之后有什么打算呢？

答：还没想过。

问：家里人经常来看吗？

答：来，妈妈一个月来看一次，爸爸来的不多。

问：你认为你进来主要是受谁影响的呢？

答：家庭、学校关系不大，主要还是自身原因吧。

问：你和你那些朋友在一起，家里人管吗？

答：管。

问：家人打过你吗？

答：不太打。

问：老师管不管？

答：也管。

问：你们那些人里面有吸毒的吗？

答：不知道。

（三）案例三

访谈对象：H，19 岁。

问：来这里多长时间了？

答：一年半了。

问：因为干什么了？

答：抢劫。

问：判了多长时间？

答：两年，还有 3 个月就满了。

问：在哪抢的啊？

答：X 市。

问：几个人？

答：6 个。

问：最重的判了几年？

答：8 年。

问：之前上学吗？

答：上，上到初一就不上了。

问：为什么不上了？

答：和人打架，人家让赔钱，不想赔钱就不上了。

问：你主要和谁一起生活？

答：和姐姐一起生活。

问：父母呢？

答：他们在我小时候就不在了。

问：姐姐比你大多少？

答：大十岁，我平时跟着我姐。她到哪，我到哪。

问：你姐是干什么的呢？

答：她和我姐夫开台球厅。

问：那你给他们帮忙吗？

答：也帮过，但一般很少帮。

问：那你不上学后，大多数时间干什么啊？

答：在家上网。

问：你之前和其他同学打过架吗？

答：打过。

问：为什么呢？

答：一般是因为口角。

问：你朋友圈中那些人主要是干什么的呢？

答：有社会中的，也有在校学生。

问：你不上学后有多长时间发生的犯罪这事？

答：一年多吧。

问：你和你那些朋友是怎么认识的呢？

答：是在娱乐场所认识的。

问：什么娱乐场所？

答：电玩城，还有旱冰场这些。

问：你们那带头大哥有多大？

答：20多岁了。

问：你们有人上班吗？

答：都不上。

问：那你们出去一般干什么呢？

答：一般上网，打游戏，经常打穿越火线。

问：你之前知道抢劫是违法的吗？

答：知道，但不太了解后果，这次参与也只是因为一时的冲动，并且我也没分钱。

问：你平时花钱是谁给的呢？

答：姐姐给的。

问：够花吗？

答：基本上够。

问：有没有想过出去准备干什么？

答：准备做个什么生意。

问：你在这里面干什么啊？

答：做电子产品安装的。

问：你过去去过图书馆吗？

答：去过，但不在那看书。

问：平时看电视吗？爱看什么？

答：看，喜欢看一些武侠电影。

问：你有没有想过出去后学个什么技术，参加个培训？

答：想过一点，想出去后学个什么技术。

问：你和那些朋友在一起，你姐说过你吗？

答：说过，但不多。

问：你姐夫对你怎么样？

答：一般吧。

问：来这之前被抓过吗？

答：去了好多次派出所，但犯事的就这一次，也没小偷小摸过。

问：以前看过黄碟没？

答：没有。

问：你同伙中有吸毒的吗？

答：有，但我从来不吸，我爸就是因为吸毒死了的。

问：多大时你爸不在了？

答：11 岁。

问：那你妈呢？

答：在我小时候和我爸离婚了。

（四）案例四

访谈对象：Y, 19 岁。

问：你判了几年啊？

答：十年。之前因为抢劫被判缓刑，判二缓三。这次强奸和之前的抢劫数罪并罚，判了十年，

问：你们这次是几个人参与强奸的？

答：两个。

问：你老家是哪的呢？

答：B 市 Q 县。

问：爸妈是干什么的？

答：我妈是我们县医院的大夫，我爸在深圳做餐饮生意。

问：你和你爸妈关系咋样？

答：和我妈很好，和我爸一般。和我爸很少见面，交流也很少，平时也不怎么说话。

问：上学上到什么时候？

答：高一，之后上了一个技校。

问：在技校学什么？

答：学电子电工。

问：你们之前的抢劫是几个人？

答：五个。

问：抢了多少钱？

答：不知道。

问：为什么抢那人？

答：大哥说那人打过他，我们就先打了那人，然后就抢了他

的钱。

问：那你当时没想过后果吗？

答：没有。

问：抢劫是在上技校之前还是之后？

答：之前。在技校时，学校是封闭的。

问：那你平时都玩什么？

答：百分之八十的时间都在上网，白天睡觉，晚上就去网吧上夜机。

问：那你妈不管吗？

答：开始还抓得紧，后来就不太管了。

问：你们朋友出去花钱都是哪来的呢？

答：好多都是我出的，我爷爷给我的。我一般要多少我爷爷就给了，我爷是我们那的一个面粉厂办公室主任。

问：你上网聊天吗？

答：聊。

问：一般和谁呢？

答：什么人都有，有认识的，也有不认识的，男的女的都有。

问：不认识的是什么人呢？

答：打游戏认识的那些人。

问：什么游戏？

答：跳炫舞。

问：平时喜欢看书吗？

答：不怎么看。

问：去图书馆吗？

答：不去。

问：上网看电影吗？

答：我上网不喜欢看电影，我爱听歌，上网一般都听歌，晚上睡觉都戴着耳机听歌。

问：你爸妈之间关系怎么样？

答：他们老因为我吵架。

问：你爸没有在你抢劫的事之后管你管得更严一点吗？你爸平时打你吗？

答：没有。他也不打我。

问：判了缓刑之后去哪了呢？答：去深圳我爸那了。一次和我爸吵架，吵完我就回来了。

问：在深圳和你家乡的朋友打过电话吗？

答：没有，有时偶尔在 QQ 上聊聊。

问：你和被强奸的那女的之前认识吗？

答：不认识，我朋友认识，我不认识。

问：你之前和别的女娃谈过恋爱吗？

答：没有。

问：你平时喜欢看报纸吗？

答：不怎么看。

问：你朋友圈里有人吸毒、嫖娼吗？

答：有的，但我没干过。

问：平时和你家人关系怎么样？

答：和我爷爷关系最好了，我从小就跟着我爷爷过活。

问：你这两次犯罪，你恨你那些朋友吗？

答：我不恨，我家人很恨。

问：你觉得这两次犯罪主要是什么原因呢？

答：主要还是自身的原因吧。自己没管住自己。

问：出去后有什么打算。

答：不是去深圳就是留在 X 市，这辈子是不打算回 Q 县了。

（五）案例五

访谈对象：R，15 岁。

问：你进来多长时间了？

答：一个多月了。

问：之前上几年级呢？

答：初一。

问：为什么事犯罪的？

答：抢劫。

问：判了多长时间？

答：五年。

问：和父母一起生活吗？

答：是的。

问：你爸妈是干什么的呢？

答：我爸是干出租车生意的，有自己的车队，我妈在家。

问：你们是几个人抢劫的？

答：三个人。

问：都是你同学吗？

答：是的。

问：你们为什么抢劫呢？

答：考完试，我们和家里闹矛盾，然后一起离家出走，没钱花了，三个人就想到抢劫，在网上搜了一下抢劫的方法，然后抢的。

问：你们抢了多少钱啊？

答：一万多。

问：多长时间之内抢的？

答：一天，抢了三次。

问：怎么抢的啊？

答：在网上发布信息说卖手机，然后与当事人见面之后，说机子放在家里，把他带到家后，拿刀子逼着抢的。

问：抢的都是什么人啊？

答：都是几个男的。

问：那你没想过人家会反抗吗？当时不害怕吗？

答：没怎么想过，当时也挺害怕的。

问：你们学校有法律课吗？

答：有个政治课。

问：其他人判了几年呢？

答：那俩没判，都没满十四周岁，我刚过十四岁。

问：那你现在恨那两人吗？

答：不恨，主意是我们三个一起想的，路也是我们自己选的。

问：你平时爱干什么呢？

答：爱看小说，特别喜欢看蔡骏写的小说。

问：平时上网吗？上网都干些什么？

答：上网，聊天，有时也打游戏，喜欢玩 CS，穿越火线等。

问：图书馆、文化馆这些你经常去吗？

答：不怎么去。

问：喜欢看电影吗？

答：看，爱看一些国内片，国外只看大片。

问：出去准备做什么？

答：想出去做动漫设计，我对这还比较感兴趣，也还买过相关的一些书看，并加入了相关的 QQ 群。

问：平时都喜欢干什么？

答：喜欢打球。

问：之前和同学关系怎么样？

答：挺好的。

问：和你父母关系怎么样？

答：和我妈关系挺好的，和我爸不怎么样。

问：上网用微信这些吗？

答：用，还有微博，但不怎么上，QQ 用得最多了，班级群里面大家讨论学习，有时候有人也发一些有意思的段子。

五、X 市 G 中学（工读学校）访谈[1]

问：请您简要介绍一下贵校的基本情况？J（校长）：学校创建于 1960 年；现有老师 40 余人，学生 50 余人；初一"正常班"有学生 24 人，大多是留守儿童或者是孤儿；是西部最大，也是陕西省唯一的一个工读学校。生源以 X 市为主，外地生也有，还有克拉玛依来的。全部采用寄宿制，安排有老师值班，外聘了四个副班主任辅助管理、教学。借助 X 市教育局的行政支持，再加上我们自己的努力，搞了一些夏令营、军训、拓展训练之类的业务，全国都是如此。这也是为了多元发展，以便支持工读教育。

问：能不能介绍一下老师的情况？J：老师以外聘为主，包括教官以及服务人员。老师都住在校外；我们为了稳定师资，在教育局投资以及自己创收的条件下，正在建一座 11 层高的家属楼。现在，师资的整体稳定性比以前高了，现有 X 市教学能手 4 人，全国工读学校优秀班主任 3 人，心理二级咨询师 1 人。

问：学校的课程安排情况如何？与普通学校类似吗？J：我校初一 1 个班，初二 2 个班，初三 1 个班，课程以参加中考为目的设置，课程与普通学校相同；以兴趣小组为依托，加了心理、法制两门课，周六补课半天，有专人任教、辅导。同时依托陕西大学，在 XCC 心理咨询公司资助的情况下建立了一个心理辅导中心。

问：请问在课程设置方面还有什么特点吗？J：普通学校以成绩

---

[1] 调研时间：2012 年 10 月 22 日。地点：X 市 G 中学养成楼办公室。调研者：褚宸舸、郝鹏涛、冯伟。整理者：褚宸舸、李明恺、林显春。

为主，成绩好，什么都好说，可能会忽视一些做人之类的最基本东西的教育。所以我校对于升学考评方面看得比较淡，而有不少培养集体合作的项目，比如野炊、夏令营之类的。不过，目前没有技能培训，毕竟孩子还比较小。

问：现在学校里对于这些学生还是有些强制性吧？J：那肯定，要出门必须得班主任领着出去。周一到周五都不能离校，但是周末我们也会组织爬山之类的活动。本周末还有一次和老师一起的野炊活动。不过一般这种活动我们都会精心安排、周密组织，确保万无一失。

问：学校里的学生情况请介绍一下？J：好。这些学生进校前一般都是有些不良行为的。厌学啊，喜欢游荡啊，欺负同学啊，还有偷钱的比较多。不是什么大毛病，一般严重的都直接派出所处理或者进了少管所了。我们的设计规模是工读学生100人，但是在生源不足的情况下，也收外市甚至外省的学生。学生基本上都是独生子女，其实家长有些也有问题。所以，我们家长会都开得特别扎实。这些家长有的不管孩子，有的管得太严。还有一些是单亲家庭。家庭教育的缺失或者教育方式都或多或少有些问题，要不打骂孩子，要不溺爱。这些孩子有的还会学一些家长，还有一些孩子跟老师说话很客气；电话一响，一听是自己家长，那口气立马冲得很。所以我们建议家长至少让孩子在学校待一个学期，因为转变是需要时间的。

问：这些学生有自卑感吗？J：毕业一般都不说自己是这个学校毕业的。为了淡化工读学校的背景，学校还专门改了类似于普通学校的名字，而叫G中学。不过学生自己怎么看待这段经历十分重要。

问：现在招的学生还是只有男生吗？J：今年女生招了几个。原来家长考虑到我校条件、师资以及男女生交往的一些问题，送来的较少。我校也有十余年没招女生。现在招了几个，男生行为一下都收敛了许多，以前一些男生怪叫起哄、光膀子、打架之类的事都少了。

问：毕业生的情况如何？J：升学方面，目前个别孩子接近普高分数线；大多数人上了技校，学一些手艺以糊口。还有些学生，比如李某，部队提干。还有陈某，和大老板合开影楼，五五分成，人家出钱他出力，成了专业的管理人员。所以我刚才就说毕业生怎么正确看待这段经历很重要。大多数人会转普通学校，有的五年大专，或者去技校学手艺、进部队。一般家长在毕业前都主动接走了。如果思想稳定，有转变，会转回普通学校或重点中学。为了应考，有的也会去一些培训机构复习学习。

问：目前省、市对贵校的支持如何？J：财政全额拨款。按老师人头拨款，好像是一个人几千块钱。领导都很支持，每届市教育局领导都会给建一个两个教学楼。除此之外，我们也依托现有场地接一些外团来搞军训、夏令营、拓展训练等，甚至还包括港澳团。夏天，陕西省教育厅的国防夏令营活动，800 余人，6 天时间就是在我校开展的，省厅给拨的款。一般我们是 3—6 月搞夏令营，8—10 月搞军训。军官都由复转军人担任。

问：一般培训规模，贵校能承担得了吗？J：我们的常规设计是容纳两千四五百人，最多曾经接待过某校军训 3900 人。

问：那学校在经济上稍微好过一点啊？J：所以说啊，以前，我们是有社会效应，没有经济效应，非常依赖政府支持。现在有这些业务，好歹能够在日子上好过一点。几年前我们也还是被支教的单位呢！现在城市发展，交通比以前好多了，有公交直达。日子好过，最起码不用给领导添麻烦。

问：所以我看学校里现在建得非常漂亮，教学楼也不少。J：是啊，我们现在分 A、B、C 三个区，针对不同人群，建有多个教学楼。

　　问：现在公安部门对学校有支持吗？J：有公安副校长，由公安部选派、教育局任命；现在的公安校长工作主要是在 X 流浪儿童救助中心，不过人事上仍然属于我们学校。

　　问：您在这工作的时间也不短了吧？J：我在这一直工作了二十年了，经历了七八任校长。

　　问：那为了学校可真是付出了心血啊！J：这都没啥。我们的学生，现在有的是老板，有的是军人，我们也高兴。全国工读学校年会 11 月 19 日就要在我校召开，往届的优秀毕业生都要回来。

　　和 G 中学学生 3 人（A 同学 15 岁，男；B 同学 14 岁，女；C 同学 15 岁，男）聊天。

　　问：我们来这儿的目的就是了解一下你们的学习、生活，看什么书啊，学习情况啊，平时业余生活以及你们来学校之前的一些情况。你来了多长时间了？A：我来了两年多了。B：我这个学期开学刚来这里，原来就在 B 市的 X 中学上学。C：我是初二来的，现在一年了，原来在北郊某中学。

　　问：周末还回去吧？A：我们这规定是两个星期回去一次。B：我很少回家，他们回家我还在学校。

　　问：家里情况怎么样？跟父母一起生活还是跟爷爷奶奶？A：我跟爷爷奶奶一起生活。B：我跟父母一起生活。C：我小的时候跟爷爷、奶奶生活，在陕西省北部，现在跟我父母生活在一起。

　　问：回去后周末都做什么啊？A：打打篮球、踢踢足球、钓钓鱼。但是技术都不好。

　　问：你们在家上不上网？A：我偶尔才上上，主要感觉上网没啥意思。C：我在家上。

　　问：你们学校平时也不让上网，是吧？A：只有信息课上有时上，但是一般都教作图啊之类的。

问：图书馆你们去不去？C：我爱去长安立交的那个，一块钱待一天。

问：你们平时看哪方面的书比较多？C：探险类的小说，在学校里没事干就看一些作文书。

问：平时买书吗？C：买，一般在书店买一些书。

问：买哪一类书？C：买些跟学习有关的。A：我买的都是些名人传记，比如苏东坡啊什么的，介绍一类。B：我喜欢郭敬明的书，还有恐怖小说，鬼故事。郭敬明的小说买得最多。

问：为啥你会喜欢郭敬明的书呢？B：我第一次也是听人说他的书不错。后来有一次去书店买些卷子，顺便买了一本；拿回来看，觉得还不错。后来就缠着我妈每次去书店都给我买。

问：这些书是正式出版的还是在网上找的一些电子书？B：大多是纸质出版物。

问：这边晚上看不看电视？看什么节目谁说了算？A：晚上有时候可以看一下。在教室用多媒体集体看。还是少数服从多数，大家一起看。用喊的方式决定。

问：在家呢？C：我不看电视。A：我还看些。

问：那你们都喜欢什么类型的电视剧？A：《水浒》之类的连续剧比较多。最近在看《我是特种兵》第二季。C：我们家装了数字电视，但我只看电影。

问：动画片呢？都看啥？A：日本的居多。我看《火影忍者》，从两点播到四点。B：我一开始不爱看"火影"啊之类的男生的动画片。前年开始看了。C：我看《死神》。

问：电视节目呢？B：看"向上吧少年"和"快乐大本营"。看湖南卫视，SXTV4（电视剧频道）和SXTV8（西部电影频道）。因为偶尔会有鬼片，我爱看。越害怕，越想看。我妈不看，我就自己看。A：我也是。

问：在学校里，这些娱乐、综艺节目还看不看？A：一般现在不看，下棋的比较多。C：在学校看不成。

问：看些啥电影呢？C：美国大片啊。比如《生化危机》。A：我也是。给力。

问：看报纸不看？C：我今年开始看一些新闻栏目。

问：来这里之前你们业余时间都做什么？B：就是跟朋友逛街啊，唱歌啊。C：打篮球、上网。

问：在学校几点休息？A：都控制在九点二十之前，因为第二天六点四十就要起来。其实在家也一样。B：我晚上在家基本不睡。在家盯着电脑，白天睡。早上出去吃顿饭，然后回来继续睡。如果累了，吃晚饭回来继续睡；不想睡就出去玩。

问：朋友多不多？C：一起玩到大的朋友我有五六个。

问：以前的朋友还有联系吗？B：不好联系啊，还有些不太好的，不好好学习的朋友都没联系了。还有些朋友还算不错，所以还有联系，最起码放假回家跟他们一起出去玩，我妈妈放心。

问：那你们以前交的那些不好的朋友都是做什么的啊？B：（捂脸）有社会上的，有的也是学生，同学啊和外校的。都没什么工作。

问：你们女生宿舍容易闹矛盾吧？B：说实话其实只有一个女生跟我关系很好，其他的不怎么说话。

问：那你有没有跟这些社会闲人去打骂过同学或者打架什么的啊？A：我感觉打架没什么意思，老给家长惹事。B：反正他们打不过我。一般打男生，不过我都是很少上手，实在看不过了也打两下。

问：那你看到别人鼻青脸肿的，流血了，你害怕吗？A：我倒不感到害怕，就是感觉很傻。B：反正我不怕。C：我胆小，倒是被打过。

问：你们来这个学校之前上网多不多？B：我挺多的。每天都上，假如这一天没人约我出去玩也不上课，大清早7点多起来能一直玩到晚上。

问：都玩什么呢？B：主要是聊天、看电影，然后还玩一些网络游戏，比如炫舞。从今年开始就没玩了，感觉没什么意思。比较多的时候还是跟朋友一起出去玩。A：我会玩"英雄联盟"，跟魔兽一个性质。不过玩得眼睛疼，就看谁反应快。CS以前玩，技术挺高。

问：那你们出去玩这个钱从哪来啊？B：我爸爸、妈妈会给，跟朋友AA制。吃饭呢，猜拳，谁输了谁请客。

问：你主动想来的这个学校，还是你爸爸、妈妈把你送来的？B：我爸爸、妈妈送来的。因为一些事情，我爸就把我送来了。我一开始不想来，但是我爸爸说我只能来这里，但是答应我下学期把我转回去。

问：这边肯定要严一点啊。B：我感觉我以前的学校管得很松。

问：有的时候不想上课可以不上啊？B：不是啊，我以前还是重点班呢，老师管不住我。（笑……）

问：你以前在哪上网？上网你父母管你吗？B：在家里上。有的时候管我，我就会说"等一下，等一下啊"。

问：你是独生子女吗？B：我家里就我一个。

问：你爸妈年龄多大？做什么工作？B：我妈妈40了，爸爸比妈妈大两岁。我爸爸是包工程的，我妈妈在某网站工作。C：我爸妈现在分居两地，父亲是包工头，母亲送报纸。

问：爸爸平时不在家吧。B：我爸爸平时不在家。

问：那你害怕你爸爸还是你妈妈？B：我谁都不害怕。小的时候怕我爸爸，现在我才不怕。小的时候说说我，打打我，但是现在家里都说我爸爸不能冲动打孩子。

问：谁管你比较多？B：平时我爸都不在家。我妈一开始不知道我老出去玩。后来才知道，因为我们家附近住的人告诉我妈了。好像是看到我跟一些小孩在外面玩。我爸回来后就把我电话里的通话清单打出来了，一个一个打出去问，后来请了长假看管着我。

问：现在你父母来看你吗？B：差不多一个月来看我一次吧。

问：你们平时学不学法律的一些知识？B：我了解一些。

问：你们对这学校印象如何？A：总体来说印象挺好，比一般学校要求严点；不会放弃任何一个学生，如果你捣乱会说你，但是还是会关心我们。

问：如果一百分满分，你们打多少分？A：我打 90。B：70 分。C：我打 90。

问：小姑娘还是有些不满意啊？A：估计她不适应，我刚来也一样。

问：是太严了吗？B：其实也不是。有 10 分是因为数学课，我不喜欢。有 10 分是我妈来看我，我老师当着我妈的面批评我。还有 10 分是因为训练啊等其他的原因吧。

问：在学校你感觉是忙还是闲呢？B：我感觉闲呢，没事干。

问：跟外界怎么联系？A：来了后手机都要交上去，给家长打电话都要跟老师要手机。B：父母偶尔给我打电话。我妈说手机可以给我，但是必须得把卡抽走。她想抽走就抽走啊！我可以去办个黑卡啊，一样有用。

问：你们感觉是父母、家庭的教育对你们影响大，还是学校、社会上学到的东西更多？A：我感觉家里边的教育更多。考得好的会有奖励，考得不好会挨批评。B：我呢，我爸、我妈一个宠我，一个收拾我。考得不好，我爸说我，我妈就往我前头一挡。有的时候他们吵起来还挺激烈的。

问：那你更相信老师的话还是家里人的话呢？B：老师的话。

问：你原先学校的老师对你怎么样？B：对我还好。虽然我学得不好，但是还让我当课代表，自习的时侯还让我看着同学。我就拿着笤帚坐在讲台上，谁说话我就拍一下。

问：那除了文化课，你对社会的一些看法啊，为人处事啊，感觉在社会上学得多，还是在学校里学得多？B：我对这个还有点不清楚。A：那肯定社会上学得多。

问：你交朋友有没有一些基本的原则？B：光花我钱的，我不交；利用我，看我认识谁的，不交。但是如果能交心的话，也可以成为朋友。如果成为朋友，我会带给我妈看看，聊聊天，他/她走了以后我妈会告诉我这人应不应该交。

问：看来你母亲还可以给你提供一些建议。B：以前不敢让我妈知道，其实。现在还好，会让她知道。

问：你还挺信任你妈妈。B：（摇头）

问：不信任你妈还让你妈见啊？B：一半信任一半不信任，由于一些原因吧。

问：抽烟、喝酒这些你会吗？A：红酒算吗？我不行啊。B：我还是挺能喝的，经常跟朋友们去喝酒。C：我没问题。

六、X 市某小学安全问题访谈[1]

Q（该校校长）：学校现有学生约 1400 多名，其中有 900 名是外来务工人员子女，比例高达 64%，教职工 80 多人。

学校周边环境不好，因地铁施工，学校校门改建，导致学生上下学都要经过 B 村。B 村的道路狭窄，汽车摩的多，而司机安全意识差，有可能发生碰撞的潜在危险。校门口小商小贩比较多，有卖玩具、小动物的，尤其是卖食品的，看起来色彩很鲜艳、很吸引人，但都是"三无"产品，甚至有些带有有毒害物质，有损学生的健康。对此，学校向村里反映了这个情况，但小商贩们跟村里有利益关系（村里收取摊位费），一直未能解决。学校也向工商局反映这一问题，

---

[1] 地点：X 市某小学。调研者：单舒平、褚宸舸、郝鹏涛。整理者：褚宸舸、胡宝杰。

但工商局的答复是，他们对村内的道路摆摊问题没有管辖权。

　　校内安全事故，主要是孩子们无意识的伤害，比如在跑步过程中无意的冲撞，对低年级学生可能导致其骨折，再加之学校人多，而学校面积小，即使再三强调安全问题，但还是很难避免意外的发生，平均每年发生一起。处理方式是：学校为每一个学生都办了校园责任险（学生个人险的办理是以自愿为原则的），一旦发生意外，学生可以从保险公司获得一定的保险金，在此基础上，再由学校对学生双方家长进行调解。有时也可能会遇到不讲道理的家长，对此学校也很无奈。校长当的时间越长越怕出现安全问题（学校一旦出现安全事故，校长就会被免职），哪怕学校再乱、教学质量再差，只要安全没问题，学校就是好学校。只要孩子在学校受到伤害，甚至是上学、放学的路上受到伤害，一旦发生纠纷，家长、社会、媒体都会站在孩子一方，所有的矛头和指责都指向学校，现在变成了学校责任无限化，甚至对簿公堂时，法官也会站在"弱者"一方。法官可能基于各种考虑，学校领导、主管机关大多也会选择息事宁人，往往就赔偿了事，但一旦赔偿，就有了先例，再遇到相类似的情况，就发生连锁反应。学校用于赔偿学生的费用来自学校公用经费，学校的公用经费本来是用来正常办公的，一旦大量经费用来赔偿学生，那势必会影响学校正常的教学。

　　对家长而言，也许学校是处于强势地位，但学校相比其他单位可能就是弱势。以学校大门的改建问题为例，对于学校大门改建问题，家长都认为是学校自己的问题，村里的人对学校意见也很大，因为学生上下学影响村民的出行，而对于学校而言也很苦恼。改建大门是为了地铁的修建。地铁建筑公司给学校的承诺是，地铁一旦建成，大门就会改建回来，地铁建筑公司盖章的字据都在学校，但地铁通车后却一直未履行诺言。学校找地铁建筑公司，得到的答复是，建筑还没完工，还要建高层建筑。法律规定校门口建高层建筑，是需要一段间隔距离的。因此，学校找到规划局，规划局的答复是，这是市政重点项目，人家想盖就盖。反映到教育局，教育局长的答复是，这件事比较复杂，你再向更高一级反映。对于久而未决的大门改建问题，村民垒砖堵校门、家长也指责学校，没有任何人替学校说话，学校显得很弱势。对此学校采取的措施是：错时放学（每个年级的学生放学时间交错开），放学的时候有学校的保安、老师在校门口执勤。

学生中午托管问题，上级要求办证，但办证的条件非常高，要求学校有餐厅，但学校本身条件所限（校区比较小，建餐厅不现实），不能达到办证的要求。而部分中午不能接学生的家长又强烈地要求学校托管，现在学校也很为难。现在学校中午托管的学生有四五百，都在教室用餐；中午，学校可以提供供学生休息的地方（每人一张床）。因为没有餐厅，学校的托管证没有办下来，所以，每次上级来检查的时候，学校都是偷偷摸摸的。现在学校只有教职工餐厅的许可证。村子里面有小饭桌，由家长自己联系的。大部分老师中午在学校吃，少部分回家或者在外面吃。

学校要求放学后家长亲自来接学生，尤其是对一二年级学生。但是，有些家长没及时来接，没家长来接的学生由老师领回学校，一般安排在传达室等候。学校每天放学后，也安排了学习班（下午两节课放学后，学校特意加了一节学习课，由老师义务辅导），但有些家长，即使学习班结束后还是未能及时来接，老师可能还需要开会、完成教研任务，就顾不上这些学生了。

关于学生性教育，学校没有专门的课程。在六年级下学期的时候，将男女生分开，进行一次生理卫生的教育。由于学校没有这方面的专门老师，一般都是由校医来教导。由于家长的素质不是太高，没有认识到这个问题的重要性，因此，对孩子这方面的教育也是缺失的。六年级下学期再进行性教育，时间有点晚了，但在对学生进行性教育的时间点上，很难做到恰到好处。因为，学生们的个体发育程度是不一样的，而教育又面对的是整个群体，所以很难做到面面俱到。加之缺乏专业老师，不知道怎么跟学生讲，把握不好。对于孩子性方面的教育，家长应该予以重视，因为家庭教育是针对孩子个体，而学校教育则针对整个班级群体。鉴于孩子自身条件的差异，显然个体的家庭教育效果会更好。国外对孩子的性教育更早、更成熟。由于中西方文化的差异，加之中国传统文化的影响，中国对孩子的性教育更含蓄、更保守一些。而外国的一些经验就很好，比如从小孩子抓起，以童话故事的形式，潜移默化地培养孩子的自我保护意识；孩子们从 9 岁起就开始有教授性教育的专门课程。

对于学生的心理方面，学校有心理咨询室，但缺乏国家认证的心理咨询师，都是由一些有经验的老师兼任的。

安全教育没有开设专门的课程，五位班主任利用每周五下午班会的时间对学生们进行安全方面的教育。方式都是看一些视频，老师讲解一下，没有专门的有关安全教育的教材。学生校外伤害主要发生在放假的时间段，一般每学期两三起。学生受伤害的方式，主要是磕磕碰碰，偶尔也有发生车祸的。小学生几乎没有受到校外周边不良青年（小混混）的影响；小学生的年龄小，家长关注、保护更多一些，不允许孩子们跟不良少年交往。现在学校周围没有网吧了，由于家长、村民的反映已被取缔了。加之现在家庭生活水平的提高，孩子们在自己家里就可以上网了。家长跟老师的沟通不多，少数关心孩子学习的家长或者有事的时候家长才跟老师交流。

随机选择的五名六年级的学生（3 男 2 女）：都跟自己的父母一起生活。有关安全知识都是在学校里学到的。中午都回家吃饭，都是自己回家，不买校门口的零食。家长对他们放学后回家的时间都做了要求。回家后父母下班前这段时间，有两个学生做完作业后会出去玩，其他 4 名学生则基本待在家里。都没有受过伤。一位男生曾在地铁口附近，被几名比自己年龄稍大的少年抢走5元钱，他将遭遇告诉父母，父母说没事，未告诉老师。没有老师体罚问题，但有的老师会处罚学生写作业。关于毒品，学生们只知道这个词，但具体是什么就不知道了。对于吸毒的危害，有一个学生回答吸毒会上瘾，有一个学生回答吸毒会死；都是看电视知道的。老师、家长都没有讲过毒品的有关知识。孩子们都没有手机，但都记得住自己父母的手机号。学校每学期都会进行一次防火防震演练。

七、XHL 智障人士服务工作站访谈[1]

褚宸舸（以下简称褚）：你们的场所是残联提供的吗？

Z：这个地方是残联提供的（指 X 市 H 区残联二楼），其他的地方是租的。

郝鹏涛（以下简称郝）：你们和残联是什么关系？

Z：我们和残联是比较密切的合作伙伴关系。咱们所在的这栋楼是残联的，这边的场所是租给我们的，一年四万八，十块钱每平方米在同地段算是很优惠的。每年还有一些补贴款，补贴我们的"阳光家园"日间照顾中心；每个学员，残联补贴一百块钱。

褚：你们的学员有多少？是都在这个地方吗？

Z：一百一十多个，在这个地方的比较少，只有四十多个。

褚：你们现在一共是几个地方？

Z：三个日间活动中心，一个就业中心，晚上有一个托养中心，四个社区家庭一共是五个社区服务点。

褚：晚上托养是什么形式？

---

[1] 时间：2014 年 9 月 26 日。地点：X 市莲湖区残联二楼 XHL 智障人士服务工作站办公室。调研者：褚宸舸、郝鹏涛。录音整理者：褚宸舸、尚菲。访谈对象：Z（XHL 智障人士服务工作站总干事）、C（XHL 智障人士服务工作站行政总监）、W（XHL 智障人士服务工作站发展部负责人）。

Z：叫家庭式住宿服务，就和我们正常的家一样，一个家里面住六个学员。我们服务的对象都是这些智障的青少年，十四岁到二十几岁的多，但是也有到三十多岁的，最大的也有四十多岁的。

褚：这些智障人士，他们本身是没有家庭还是……？

Z：他们是有家庭的，是家里人送过来的；我们这边就是和家一样，里面的布置、生活设施都是一样的。

褚：他们过来是要收费的吗？

Z：收，白天我们有四百和六百两种（一个月），管一顿中餐；重度的收六百，轻度的收四百。

郝：这等于是像一个学校一样，是吗？

Z：对，你可以想象成一个幼儿园、养老院或是俱乐部，但是它不完全像一个学校，学校要上课，我们这里更多的是做一些活动和训练。

褚：你这里是只收 L 区的残疾人还是全市的？

Z：不只是 L 区和全市，包括全省的，有 YL 市的 YA 市的，周边 S 县的。即使有的人他们家里面经济状况好一点，在 X 市这边有亲戚，有监护人，我们也收了。

褚：请你先介绍一下你个人是怎么从事这个行业的？

Z：我个人学的是社工专业，在湖南那边读的。毕业以后应聘 HL，他们招收第一批社工，我就进来了。HL 是中国的一个民间机构，在广州发源，后来这个模式复制到北京，又复制到 X 市，然后到青海。我最先是在长沙民政（长沙民政职业技术学院）社工专业上的大专，后来考了湖南农业大学的本科。2003 年毕业以后先到了青海 HL，之后从青海调整到北京 HL 做了大概一年一线的服务，2005 年从北京调到了 X 市担任这边的代理总干事。HL 现在在全国有十三个地方组织，用"连锁"形容很恰当，但是民间机构一般不适用连锁模式。

褚：HL 总部和 XHL 之间是隶属关系吗？

Z：之前的二十多年里不是，我们是一个圆桌的关系。中国 HL 没有注册，但是有一个叫作中国 HL 服务办公室的机构在北京，实际上是进行协调，它并没有实权也没有钱。我们各地的 HL 都是独立注册的独立法人，独立财务运营，但是用的是一套服务模式。我们这种民间机构不能注册连锁，都是独立的。但是 HL 的创办人从香港引进这个模式以后，我们的核心团队归属感更强，所以我们一直在复制这个模式。我们在中国是第一批用社工专业的方法来做智障服务的机构，所以我们到哪里都是和当地有社工专业的大学、当地的一些机构来合作。XHL 是 2002 年开始筹办的，正式注册是在 2004 年 2 月，我 2005 年来时，这边初步的团队已经有了。

褚：你原来是在青海，后来为何到 X 市？

Z：我在青海是与当地的福利院和香港的基督教会合作，做了半年多的一线社工。之后我觉得很难发挥，那边的社工学习和成长都很不好。我就申请到北京培训学习，我跟了一个香港社工（那时候是北京 HL 的总干事），他是港大的社工硕士，是一个英国人。他不管是在筹款、专业还是在资源方面都特别活络。所以，我跟他学了一年。正好 X 市的总干事辞职了，就临时派我过来了。后来待久了就在这边安家了。几年以后发现原来学的知识不够用了，就在 2011 年的时候在 XB 大学读了社工硕士。

褚：你们 HL 的这个品牌最早做出来是在什么时候？

Z：1990 年在广州，那时候是全国第一家为心智障碍者提供服务的机构，是纯民间的。那个时候主要靠一些家长，是广州一些家庭很好的人，他们发现孩子上不了正常的学校，所以就 26 个家长集资了 260 万买了一栋楼，那个时候叫 HL 医校。

褚：你刚到 X 市的时候 XHL 是一个什么状况？

Z：那时候有十四个学员，七个员工，租的场地在糖坊街上，一直到 2010 年 2 月搬到现在这个地方。从 2003 年到 2008 年这段时间我们是"喝洋奶"长大的，主要依靠国外的基金会项目，核心来源是德国米索尔基金会、爱尔兰大使馆、美国使馆，还有一些企业，比如说耐克的项目。2008 年以前政府的补贴是零；一些社会大众的，例如爱心人士、爱心企业的慰问和捐赠，额度不太大。那时候我们自己筹款的能力也比较弱，基本上 50% 是靠国外的基金会，30%—35% 是靠家长的交费，另外的靠我们本土的筹款活动，包括企业和个人的捐赠。从 2008 年开始，残联的补贴就开始有了，但那个时候不规范；他们来慰问的时候给五千，我们搞大活动他们来讲话也给几千。我们注册的时候，市残联是我们的业务主管。

郝：目前咱们的资金主要是怎么构成的？

Z：最近几年国外的基金会比较敏感，国家监管特别严格；奥运会以后，外国发现中国很有钱，这个社会服务和社会福利，例如残疾人的救助本来就是政府的事，外国就不愿意给我们项目了。但是，因为我们合作了很长时间，他们也想如果他们一放手，我们又得不到政府的补贴，那么我们做了很多年的机构会死掉，很可惜。所以我们就谈能不能采用逐步后撤式，就是三年的合作，我们申请他们的资金越来越少，而跟政府争取的资金越来越多。他们就问我们，你们争取的策略是什么？我们就告诉他们，三年之内我们政府的资金能占到三分之一。达成这个协议以后他们又支持了我们三年。大概到明年，所有的国外基金项目就全部没有了。现在资金来源于政府（去年）是 24%，包括残联、民政和中央财政项目，总共加起来我们一共 300 万元资金里面，政府口上有 70 万左右。

褚：政府资金你们是怎么去申请的？

Z：像"阳光家园"工程（中国残联和财政部"阳光家园计划"——智力、精神和重度残疾人托养服务项目。从 2009 年起，中央财政每年安排 2 亿元专项资金，用于补助各地开展就业年龄段智力、精神和重度残疾人托养服务工作。——整理者注）还有托养中心这种集中托养项目已经有规定了，这种补贴是服务一个残疾人白天一个月给一百块钱，晚间一个月补三百。另外一个机构一年给补两万块钱的机构运营费。像"阳光家园"这种项目，我们每服务满十个学员，政府给补一个老师的工资；给公益岗位的工资一个月是一千块钱。还有中央财政项目，这个我们从去年到今年，我们全部都申请了，有二十几万，加上省财政再配套一半，就总共是三十多万；从政府口上总共就有六七十万。还有家长要交到一百万，家长这边永远是30%；政府去年是24%。我们发展部一年能社会募集20万左右。

褚：现在国内的慈善组织你们有合作吗？

Z：现在国外的资金进来监管得很严，像国安、公安也经常过来找我谈，但是我们有外币账户，还有项目书都要备案，什么钱用做了什么事都很清楚。慈善这一块基本上问题不大，但是基金会他不愿意这个样子，他会觉得这样我还不如投到非洲去呢，所以很多和我们合作的国外基金会把中国的资金全部撤掉，投到非洲去了。现在我们更多的是和国内的基金会合作，国内的基金会网上也有3376家，其实远不止这个数，咱们陕西省都有一百多家。

褚：宗教团体和你们有联系吗？

Z：以前有，像捐米、面、油之类的很多都是宗教人士，尤其是起先那几年我们在教堂后院，会有一些佛教、天主教、基督教的会来慰问。我们是开放式的，只要他来我们都接受，但实质性的合作没有。

褚：您这儿有多少员工？

Z：一共是四十一个员工，社工是十一个。我们现在基本上所有的社工都做到了中层管理，他们基本上都学过社工专业，有证的是十个，六个中级、四个助理。这四十个员工里还包括午餐阿姨和家庭辅导员这些一线服务的人员，他们的学历都不高，基本上是初中。

褚：家庭辅导员是做什么的？

Z：洗衣服、做饭，还有接送、训练和教导。白天的老师在学历上要高一些，因为要设计很多活动。学员上课，我们叫作小组活动，全部用的是社会工作的那一套方法；一个房间是圆桌式的，一个小组十个人，我们这不是一个班排排坐讲课那样。

褚：这个小组是固定的吗？

Z：分两种，一种是小组管理，是固定的，和家长沟通联系，做评估都是他们，因为比较了解情况。还有一种是开放式的，比如说艺术团，就是会唱歌跳舞的集中在一起排练节目。

褚：你们这个工作对家长也是一种解脱。

Z：对，我们的服务对象就是两个，直接对象是学员，家长是间接服务对象。

褚：你们的学员年龄最低的有多大？

Z：十二三岁。本来我们招收的最低年龄是十四岁，但是有些家长迫切要求。九年义务教育、初中毕业以后应该是进入职业教育，但是智障儿童很多人是没有上过学的，有的跟班溜，能溜到小学。

褚：你们招收学员时主要考虑的因素有哪些？

Z：十四到四十岁之间。我们用的是常人常态。九年义务教育结束以后国家就不怎么管了，你出来以后要么上技校要么学技术，或者去工作，但是他们因为智力障碍，所以很难实现就业。但你又不能把他们关在家里，这一辈子就是等吃饭没有别的事做，而且他们父母也会受牵累。我们做这个服务就是希望他们在这个机构里能够学到一些东西。对于学不到的，没有任何潜能的，我们就不提供服务；对于能学到的或是年龄小的，我们从职前培训到庇护工场，再到外展的支持性就业，给他们铺就一条路，使他们在机构的支持下能够走出去。

褚：学员就业情况怎么样？

Z：现在真正出去在外面就业的有十来个，在我们手里面支持性就业的有二十多个，就是在附近的酒店、大楼物业和附近的小区工作。他们主要是做一些物业和保洁，这种算是在老师的支持下的半就业，也会领到工资。

褚：咱们机构里好像是女性工作人员比较多一点。

Z：肯定的，我们这个行业，几乎所有的机构都是女性居多，工资太低了留不住男的。

褚：你们现在工资构成是怎么样的？

Z：第一个是基本工资，全机构的人大家都一样，每月是按照 X 市最低工资 1200 元，第二个是岗位工资，不同的职位，工资配比不同。比如总干事和底下的人，工资就分了很多的级。第三个是学历工资，本科和大专，有学历没学历肯定是不一样的。第四个是绩效工资，我们每个月都要用绩效去考核，我们有一套指标化的考核，每个人都有他年初定的任务。比如服务线的员工她的服务环境卫生、服务安全、服务满意度，还有服务的人头数；被服务的不能最后都走光了。还有就是比如她要做多少的评估，开展多少的活动，等等。这些是服务线上的。行政线上比如说筹款，一年筹到多少钱，组织多少大型的活动，媒体宣传要占多少，网站更新做得怎么样，一年要找到十家合作的新企业，这就是行政上的一些指标。

褚：你们平均工资一个人每月大概有多少？

Z：扣除保险等所有的拿到手的话，中层大概有三千到五千，大学生刚毕业到不了中层，肯定都在一线，应该是不到两千块吧。

褚：那你们这边是不是人员的流动比较大？

Z：还好。我们提供吃住，刚来的话比如员工没有结婚吃住都在机构里，这样的话看着少，比如两千块，实际上是三千块。因为他们开始基本上没有什么花销，以后挣得多了，在外面租房子或者结婚成家就好了。所以我们这些员工实际上是采用这样的方式留下来的。

褚：我看花名册你们这里有的人也是待了八九年了，时间也很长了。

Z：待八九年的能拿到四五千块钱，也不多。

褚：X市政府如果要出台一些办法支持你们的工作，你觉得应该是哪些方面的？

Z：这个支持我觉得应是三个方面的。首先，应该支持社工本人。比如说有一些会员协会，有证的人都能够进入。对于这些从事社工的人，应该是有一个数据库，可以采取会员制形式，这样，他们的一些培训、交流或是年会有一些信息的通道，能够找到组织。到时候你还可以分类，比如这些是残疾人社工类的，这边是老年人社工的，那边可能是矫正社工、戒毒社工、社区社工还有青少年社工，你把这些人组织到一块以后自然而然地就会分出几大块，这样做一些研讨会、沙龙或是请一些专家来做国家发展趋势的报告，就对我们提高业务水平是比较有益的。因为目前散落在各个机构的社工没有一条线或是有一个平台把大家集中在一起去学习或是去开开眼界。现在我们就是埋头在自己的机构里，然后自己机构在自己的领域里做一点培训，这个是非常少量的；现在专业的组织或是行业的协会都是没有的，大家都没有人牵头去做这个事情。尤其是社工是去年才注册的几家机构，以前没有达到那个高度，大家也没觉得这个职业有多重要，所以从广州、上海发展起来以后，我们这些做社工的才觉得这是一个契机，应该把专业的认知度提上来。比如鼓励员工考证，所以我觉得对个体来讲需要一个这样的平台，至少可以学习交流长见识。

另外，我觉得可以评选年度的优秀社工。实际上我们省并没有这样去做，国家民政部搞的"全国一百个优秀社工"，那个对于我们基层一线上的社工来说获奖概率是很低的，我们一个机构就有十来个人怎么顾得过来。所以说平台还是有点小，这个可以规模做大一些。

在专业方面、成长交流方面，大家写的一些感受或是做得特别好的一些方案，可以分享，印一些册子，这些都是在专业成长方面的一个平台，这是对个体来讲的。

其次，针对青年社会组织，尤其是以社工专业为主导的机构，在提升社工专业化或是提升服务专业水准方面，设立一些小型项目。比如两万到五万支持一个好的方案、策略或是改进创新的服务手法。这样就是支持社工团队。这些小的项目如果做成功了就可以复制和推广。

再次，在行业上我们从来都没有做过行业上的年会。行业问题、发展前景、遇到的困惑、跟企业或政府多界面的对话或是对接都没有。所以现在就是井底之蛙。有时候像我个人参加了"银杏伙伴"（即南都公益基金会发起的"银杏伙伴成长计划"，根据青年公益人才面临的主要问题，每年资助一批有志于公益事业的有潜力的年轻人，给予其基本生活保障，引导他们制定和实施三年的个人事业发展计划，利用南都公益基金会的优势搭建人才成长支持体系，使他们迅速提升自己的专业水平和领导力，成为其领域骨干或引领性人物，共同促进公益机构和专业领域的发展，推动社会良性变革，创建良性的公益文化。——整理者注）以后，与国际的和国内跨行业的交流多一点，所以我一个人出去开眼界了，我的团队还有其他机构里那些一线的社工都还没有这样的机会。

那些有社工专业的高校的系主任和老师，他们的年会和教育研讨会挺多的，但是和我们是分流的；他们研讨他们的社工教育，我们做我们的社工实务。实际上社工专业是教育和实务对接的。我们这么多年接收社工专业的孩子来实习，来了以后还需要我们重新培训，我们必须要经过 HL 班半个月的学习以后才能让这些学生知道怎么去做小组，怎么去接个案，怎么去做家访，怎么和智障人士沟通。职前教育和大学教育与我们的实务没有做对接。大学里的那些督导老师不一定了解我们做实务的运营、服务方法等。

所以，我觉得政府推动社工行业、大学教育培养人才和我们使用人才这三方面应有一些交流。这三方面也应该有一些制度设计，不然的话我们就是各玩各的，大学老师瞧不起我们，我们觉得他们都是空谈。社工专业不是讲出来的，一定是做出来的。香港要八百学时，我们大陆可能还不太够。而且学生放到机构里实习两个月到四个月，督导全是由我们机构人员来做，学校里的老师是做不了这个事情的。这方面我们的对话实际上是很难的。

褚：政府购买社工服务这方面您有什么建议？

Z：政府购买方面，我觉得还是以项目形式、以公开招标的方式进行较好。比如我们今年有很好的策划，而且执行团队也很好，可能就竞标上了。

褚：目前陕西省省政府购买社工服务做得怎么样？

Z：目前还没有。我们只有中央财政的项目。中央财政的项目是我们写了申请书以后，市民政局盖章推荐，省民管局有一个初审，找一些专家初筛，选完了以后报到中央。中央有十几个专家评委。他们懂养老、残障、社会服务，评完了以后会告诉我们。

褚：中央财政这个能给多少钱？

Z：它们分 ABCD 四类。A 类社区服务类是 25 万。B 类是 50 万，要求省直属机构才可以申请。C 类是公益行业人才培训，一年批两个，基本上就被民管局下面的社会组织促进会或者是社会组织服务中心申请上了，剩下的用于这些社会组织的领导人或者是项目官员的培训。D 类是全国示范项目一百万，全国大概就支持十来个项目。我们去年和今年都申请到了 A 类，因为这个 25 万全国支持的是最多的，全国能支持几百个，我们觉得中标率高一些。

褚：省上等于说还是没有给钱？

Z：省上还在探讨。中央财政的项目需要省上配套，他们不了解情况不愿意。规定要求省上配套是1：1，市上和区上的是1：0.5，但实际上都配不上来。

褚：中央的钱是直接就拨给你们吗？

Z：是直接的，先拨70%。项目结束以后，项目的审计、评估都通过了，再给你打30%的尾款。中央的款直接打进我们机构账户，省上起一个协调的作用。这对我们来说是相对比较公平的。如果说政府购买这是一种方式，另一种方式则是业务口上的。比如说我们做的这个项目可能和残联工作最相符，它们的系统里也有购买服务。残联采取的是"民办公助"，还有"公办民营"等方式。我们是"民办"，他来"公助"，比如我们服务一个人，他给一百块，用这种方式每年持续性地给钱。今年年初补去年的，明年年初补今年的，这个是补贴类的，还不算政府购买，但也算是资金支持。

褚：你们现在纳税是怎么一个情况？

Z：营业税这块是免税的，但是接待费还是要交一点税，基本上算是没有的。有一个条例规定社会福利机构是免税的，当时我们拿着这个条例和我们社会福利机构的设置书给税务一备案，当时就免了。

郝：机构里的300万，政府能给你到百分之十几，是吗？

Z：去年是24%，刚开始是百分之零点几，放到饼图里都看不见，可能就是几千块的慰问金。

Z有事离开，下面是对行政总监C的访谈。

褚：您是哪个学校毕业的？

C：长沙民政，虽然是一个大专院校，但是它比较重视实务，在整个社工专业的院校里是挺好的，我 2006 年毕业实习的时候就选择了 XHL。

褚：行政总监这个职务的主要工作是什么？

C：人力资源管理这一块我负责的工作比较多，另外基金会的项目我这边也负责一部分；和外面联系比较多的是发展部，负责外联和筹资，我这一块主要是对内。

褚：你刚过来的时候也是做一线社工的吗？

C：对，2006 年到 XHL 后先做了一年半的小组社工，后来调到中层，在社工部当主任，主要负责招生、家长沟通和志愿者管理。2008 年的时候去兰州筹办了兰州 HL，筹办好了以后在当地召到了当地的负责人。我因为在 X 市这边习惯了，所以回到了 XHL，回来以后的岗位是项目协调员，主要就是跟进项目，和基金会与我们其他工作部门对接。后来又做了半年的发展部主任，然后调整到现在的这个岗位。

褚：你现在的这个岗位算你们机构里比较高的吗？

C：我们机构现在的架构是一个总干事，下面是一个服务总监和一个行政总监，然后下面是各个部门，最后是各个服务点。

褚：你现在每个月拿到手的工资有多少？你满意吗？

C：一个月拿四千多，做我们这一行如果对薪酬要求太高就没办法，现在这个收入在 X 市买房，压力还是很大的。

褚：X 市你们这个行业里，你目前的收入算什么水平？

C：算是在中游，Z 老师出去学习的时候，和别的机构的负责人也会了解到这个问题，比较高的就是负责人，能有五六千。

褚：你们这个专业毕业以后的薪酬好像不算是特别理想？

C：2006 年我刚到 X 市的时候，一个月的工资是八百块钱，这个工资我拿了一年多。在我毕业以后这八年多，机构在发展，我个人方面也在发展，就有一些变化。

褚：我发现你们这里的员工所毕业的学校属于 X 市本地高校的好像不是太多。

C：我们和很多社工专业的学校建立有实习基地，他们在我们这里实习以后如果有就业意向，我们在做一些评估以后，双方都觉得满意的话就会留下来，我们基本上都是这样留下来的。

褚：实习的时间有多久，你们一年能接收的实习生人数有多少？

C：时间不一定。我们那时候是两个月。接收的人次也不一定，要看一年跟我们联系的院校有多少，还要看我们这边的接收能力。比如外地高校的学生来以后要给他们安排住宿，如果来的人太多，这边的住宿就安排不了；大概就是一批五个人，每年来个三四批这样子。除此以外，可能有一些同行机构的老师，他们不是社工专业，但是他们也是做成人服务的，如果他们觉得 HL 这边做得挺好的，就会过来实习半个月或是一个月。

褚：你现在主要是管招人这块，现在这个行业是女性比较多吧？

C：对。从事我们这个领域的一般都是女性比较多。比如我们41 个员工里男老师只有 6 位。其实社工专业里的男同学很多，但是很多人毕业以后没有从事这个行业，当时我们班是男女比例1：1，毕业以后大部分同学都从事非专业工作，有的男生也做了社工，虽然他很喜欢这个专业，但是最后迫于各方面的压力就只能选择离开。

褚：你们这个工作是全职的吗？

C：对。我们分为日间和晚间服务。家庭辅导员主要负责晚间住宿；服务的老师，他们年龄基本上就是四十到五十，有些是下岗工人。晚间服务中照顾的成分多一些，但是和保姆又是有根本区别的，他们除了要照顾以外，还要教我们的学员自理，比如刷牙洗脸。我们在附近的小区里面租了三室或两室的单元房，一个"家庭"里面住6 位学员和 2 位工作人员，男生和女生分开住。在我们的九个

"家庭"里，男生"家庭"多一些，女生"家庭"少一些。

褚：学员日间活动分男女吗？

C：我们的理念是常人常态化，让学员生活在两性的世界里，像正常人一样生活，我们一个小组里的学员有男有女。

褚：如果你们有一些员工很不错，但是别的地方想挖他们，你们怎么留下员工呢？

C：像我们这样的机构目前是很多的。如果他们要离开，是留不住的。像我们这些干了五六年或者八九年的，其实是对机构产生了归属感，觉得 HL 这个平台可以让自己成长，能让自己的专业得以发挥，才在这个机构待这么长时间。如果他们来了以后做一年觉得不适合，自然会离开；如果你不想让他们离开而给很高的薪资，多半仍然无效，一方面，我们没有这个能力，另一方面，他们的职业规划没在我们这一块。

褚：你们员工是合同制管理吗？

C：对，我们是一年一签。

郝：全国十四家 HL 的薪资是一样的吗？

C：不一样，北京、上海那边的生活水平要高一些，薪资肯定和我们是不一样的。

褚：你们的工作现在是和残联关系比较紧密，残联对你们的工作有约束吗？具体的，比如说资金，它们会监管吗？

C：我们注册的时候业务主管单位是市残联。所以联系肯定是比较紧密，刚开始我们注册的时候找主管单位，它们不知道我们是干什么的，它们怕担风险，所以都是不愿意的。我们就是先做项目，然后请他们来看，它们评估以后觉得可以才愿意做你的业务主管单位。我们现在的工作或是项目都要有一些总结报告，但是监管是很开放的，基本上没有因为境外资金而非常敏感。

褚：你们董事会是哪些人，董事会起到什么作用？

C：现在是五个成员，有我们 HL 的创办人，有一位 XB 大学的教授，还有我们学员的家长。董事会有顾问的角色在里面。我们的总干事实际上是各地 HL 聘请的职业 CEO，他们的经验很丰富，能够带动机构的发展。董事会对总干事有监督权；机构的重大事务，必须经董事会商讨。董事会一般一年开两次会，这些都是按照机构的章程办的。

褚：你们的股份和财产收益是谁在管理？

C：我们的性质是民非，所以没有什么股份，最早的注册资金是我们创办人筹集的。

褚：能把你们的内设机构介绍一下吗？

C：行动计划监督委员、教职委还有学习交流委员会，它们不是实际的工作部门。教职委相当于工会；学习交流委员会有专业成长、员工培训活动；还有经验分享，它会有一个方案，不一定是它去执行，但它是一个组织者。机构内培训其实很多，有我们组织内部的，针对培训的主题派相应的员工去参加。外部的主要是同行机构或者基金会主办相关主题的培训，给我们一个开放的接受培训机会。政府也会有，比如民政和残联一年也会有五六次。有管理的或者是服务的，这些主题都不一定。监督委员会就是监事会，我们这么多部门每一年的行动计划，它就会看一下这些工作大家都执行了没有。我们工作的核算，打分都是由它来监督。我们的架构现在有新的改变，现在更像是集团化管理，是"1+3+5"的模式，1 是总裁，下面有行政总监、服务总监和发展总监三个人，再下面分五大区域，西北、西南、华北、华南还有华东，Z 老师现在的角色就是西北区域的总监，管 X 市、SL 还有青海。

褚：慧心阳光家园是个什么项目？

C：在我们内部来讲是一个服务点，地点在铁塔寺那边，是 2008 年 XHL 和莲湖区残联合作成立的，这个点也是单独注册的，业务主管单位是区残联。当时残联在推"阳光家园"工程，服务的对象是 14 岁以上的残障人士，这个项目当时是残联定的。

褚：X 市现在的社工组织中，据你了解，水平和你们差不多的有多少？

C：X 市现在牌照是民非的机构有很多，但是 HL 做成人智障服务是第一家，服务规模也是最大的，社工也是我们这边最多。像其他机构虽然它们也是做残障服务的，但是就没有社工，或者就只有一个，每个机构情况都不一样。现在做残障服务的机构就有二三十家。

褚：你们之间的联系多吗，有没有建立 QQ 群之类的？

C：联系挺多的，我们组织活动邀请它们来参加的比较多；QQ 群，高校的比较多，社会组织本身没有建立一个群，但是残联有群，残联发一些信息在那群里面，我们都能看到。

郝：Z 老师刚才谈到一个问题，现在政府资金有 20% 多，家长交费占到 30% 多，那么剩下的资金是怎么构成的，是大众募集的吗？

C：近几年 HL 基本上是 3：3：3 的一个结构。另外那 30% 是境外的，它们在撤资，但是还有支持，以后会慢慢减少。社会捐赠有，但是比例不高。

郝：国外减少的资金咱们政府会补上吗？

C：政府会有一些补贴，数量不大，但是咱们国内自己的基金会也是以项目招标的方式，如果能申请上，和国外也是一样的。

郝：商洛还有一家 HL？

C：对，本来我们 HL 都是在省会城市，商洛为什么会有，是因为商洛残联的理事长和莲湖区残联的理事长在一起开会的时候聊起成人智障服务，莲湖区残联就介绍了我们 HL。当时商洛那边需求很大，但是没有这样的一家机构，所以我们 HL 就去那边办了商洛 HL，现在学员大概有二十个，员工有十个左右。

褚：你们这边有没有人出去自己做的？

C：我们这边有一些做了五六年的社工，出去到"阳光家园"那种条件很好但是缺乏专业人员的机构，然后把我们服务的那一套整个地搬过去。也走过一二位，刚开始也觉得很可惜，但是后来转变思想了。我们本身就是做智障服务的，他/她出去以后不管是在XHL还是别的机构，都是为这样的人群服务。实际上这样的机构越多，才能有更多的残障人士受益，这样想的时候你就会觉得很好。即使是他/她出去以后到企业里面，他/她会把企业的资源连接到我们这里，这实际上是用另外一种方式在帮助智障人士。所以说，只要是在我们HL工作过的人，她还是很乐意跟我们的学员在一起，只是帮扶形式不一样而已，因为生活有很大的压力，有些人只是被迫离开的。

郝：做社工还是很需要爱心的。

C：爱心、耐心和责任心是最基础的，你的专业基础不好都没有关系，做得久了就会有积累。

褚：你们的双休日有保障吗？

C：双休日基本上可以保障，但是有大型活动就需要全体加班。其实我们的工作是很辛苦的，别人也许看我们带着学员出去唱歌什么的很轻松，但是实际上责任是很重大的，是心累。就是你到了管理层，虽然没有时时刻刻和学员在一起，但是只要我们带学员出去，我们就得操这份心。

褚：家长把孩子送过来会和你们签合同吗？

C：我们有很严格的招生程序，第一步是咨询报名，然后需要做家访，然后是试读期，试读之前还需要做常规的体检，因为你进来以后是集体生活。试读期过后，有一个评估，如果家长、孩子觉得这个服务模式都适应，我们老师也觉得服务在我们工作的能力范围内，我们就正式招收学员，签订正式的协议书。

褚：学员最长的在你们这里待了多久？

C：我们 2002 年成立，就有 2002 年到现在的学员，因为我们这边不存在毕业一说，他在我们这刚开始可能是职前训练，然后是庇护性就业，然后二十多岁又到支持性就业里面了，他每一个阶段的需求不一样，我们给他提供的服务也不一样。

褚：学员的父母能经常来看他们吗？

C：可以随时过来，智障不太严重的，可以走读，早上来下午走。能力好的，自己坐公交车来回；能力弱的，家长接送。住宿的学员周一到周四要住在我们的社区家庭里，如果家长中途来看望或者接回去都是可以的。我们也乐意邀请社区的邻居到我们这边了解情况，他们就会打消顾虑。

褚：这个"阳光家园"实际上是政府在做吗？

C：不是，实际上是第一年提供硬件和租赁场地，第二年开始就是自负盈亏了。也可以说是政府的一个项目，比如慧心阳光家园，政府只给提供五个公益岗位的工资，一个公益岗位是 760 元，实际上是不够的，差额需要机构自己来补。

褚："阳光家园"就等于说是政府的一个项目？

C：对，"阳光家园"在 X 市有很多家，但莲湖区是做得最好的。

褚：你们的工作人员住在机构里吗？

C：不一定，有些住得很远，比如长安区。

郝：那些小的机构是不是资金来源比较少一些？

C：它也会收费，比如我们 HL 走读的，中午管一餐，轻度的是四百，重度的六百。但收费其实是很低的，因为，如果我们把服务费提上去，有很多服务对象是连这个四百都交不上的，还需要我们这边帮他找爱心资助。所以我们并没有把太多的压力留给家长，而是留给了我们自己，实际上这也是公益机构的一个特点。

褚：实际上现在有爱心的人士很多。

C：对。比如我们这边就有一个房地产老板很支持我们，作为一个老总他有这样的心就会带动下面的员工。另外，还有一些有爱心的企业家，他们的关注点并不是在残障，而是在保护环境、妇女、儿童等。有的企业专门有这个部门，但也有企业并没有这种文化部门，你去找它也是没有用的。

褚：你们社工专业大学学的专业知识，在你们的实际工作中有用吗？现在社会上有一些误解，会觉得不是学社工专业的人随便培训一下也可以胜任社工，那么社工专业的专业性体现在哪里呢？

C：肯定有用。最起码，理念、价值观这些很有用。如果我们社工专业的人来到这个领域，那些价值理念你不用再去培训，一点就透，上手很快，我们这边也有一些代理社工，他们虽然本身不是这个专业，但是自己很用心，很喜欢这个群体和工作，做久了自然就会积累到经验。有的人虽然是社工专业，但是不一定能达到社工的要求。这个专业性就看你怎么去看了。

下面是对发展部负责人 W 进行的访谈。

褚：你做这行的过程中有没有想过要转行？

W：我不知道转行以后干什么，这是一个很大的问题。很多人不转行，对这个行业热爱是一方面，另一方面就是不知道转行以后做什么，可能还是做这一块的工作比较得心应手一些。

褚：你们的工作，社会大众能理解吗？

W：社会上不理解的会有，有些人就会说你一个大学本科生每天就和这些智障的孩子在一起，有意义吗？但是，实现人的价值是多方面的。

褚：你目前的工作主要是什么？

W：最主要的工作是对外宣传和募集款项。

褚：你们现在主要合作的国内基金会有哪些？

W：壹基金、西部发展基金会，还有香港嘉道理慈善基金会我们都有合作。

褚：这些基金会是你们一一去找它们谈吗？

W：有的时候它们有一些项目招标，它们会发布公告，我们去申请就可以了。

褚：台湾那边有没有合作？

W：台湾启智和我们是伙伴关系，我们会派老师过去学习。

褚：你们现在对考社工证有热情吗？

W：在南方，如果你有这个证，每个月是可以加钱的。但现在陕西省这边还没有这个政策。南方有政府购买服务，政府每个月就会把钱加进去，初级是三百，中级是五百，这等于是政府购买你这个项目，连人力也给到了。

C：考证会成为一种趋势，北方考证也会兴起。比如现在残联和民政会问到你这社工有多少，有证的有多少。大学毕业可以考初级，工作三年（全职）可以考中级。

褚：这个考试难吗？你们这些社工专业的还需要准备吗？

W：肯定要准备，中级都是案例分析题，要考很多内容。

褚：现在国家有一个中国社工协会。你们的证书每年还需不需要继续教育，要学多少门课才可以注册？

W：证书要注册，但是不需要再培训和学习。现在考证没有专业的培训机构，需要我们自学，而且从 2008 年开始考试系统越来越完善，越来越不好考。

褚：HL 这边对有证和没证的员工待遇有没有差别？

C：暂时没有。我们工资构成里面学历差别不是很大。很多人在考证，因为随着我们"1+3+5"的模式推广，以后慢慢地会有差别的。

八、FYH 培训中心访谈[1]

郝鹏涛（以下简称郝）：我们到这里来就是想做一些个别的访谈，想把情况了解得更详细点。如咱们的一些状况、队伍建设、目前工作中出现的问题和困难，以及对政府支持和需求的了解。你说咱们的工作人员是 16 名是吧？请您把咱们成立的时间、发展的历程给介绍一下。

Z：对，咱们整个机构的工作人员是 16 名，我们这里具备社工资格的工作人员有 4 名，还有一名无社工证，但是学社会学专业的。从从事实际的社会工作上来说，我们都是在从事这方面的工作。我们这里还有一位从美国华盛顿大学获得了社会工作硕士学位，我在美国也进修过社工课程。FYH 培训中心，实际上是 2008 年建立起来的，是从陕西婚姻家庭妇女研究会中分出来的；建立后，它在国内根据 NGO 发展的状况，独立注册成一个民办非企业组织。

褚宸舸（以下简称褚）：FYH 是在民政部门注册的？现在和妇女研究会是什么关系？人员有多少？妇女理论研究会是妇联下属吧？妇联有没有相关投入，它们会不会给你们一些项目？员工主要是以年轻人为主吗，平均年龄有多大？现在所利用的资金来源国内跟国外的比例是多少？

Z：FYH 是在省民政厅注册，现在和研究会是分开的，人员基本上没有交叉，仅有的交叉在财务管理上，是同一个财务主任，但是会计、出纳是分开的。妇女研究会不属于妇联，附属在社科联，主管单位是社科联。我们的主管单位是妇联（组织部）；虽然主管单

---

〔1〕 时间：2014 年 9 月 23 日。地点：FYH 培训中心会议室。调研人：褚宸舸、郝鹏涛、靳宇。访谈对象：Z（FYH 培训中心执行主任）、L（FYH 培训中心儿童发展部项目经理）、R（FYH 培训中心儿童发展部项目经理）。录音整理者：褚宸舸、刘治学、邓胜吉、尚菲。

位不同，但都属于在民政厅注册的组织。妇联在我们这边没有投入，它只是我们的一个主管单位，我们目前的项目经费 99％ 都是从基金会、NGO 拿到的。目前我们机构的法人是 G 老师，拥有正式员工 16 人。员工基本上都是年轻人。平均年龄我们还暂时没有统计过，但大概是 35 岁左右，年轻人居多。我们的人员流动还是很快的，完全按照规章来管理，而且我们人员的资金来源主要还是从项目中来的，90％ 以上的资金都来自于基金会、企业、国际组织等。国内外资金比例，国际的比重稍微要大一些，大概占 68％。资金项目包括联合国等不同国际机构，比如说我们现在的项目里有"国际计划"的、我国台湾地区家扶的，还有"乐益汇"的。政府这边项目，省民政厅在前年借中央购买社会服务的项目专门成立了一个社会组织促进部，我们就从那里（民管局）拿到了一些培训的项目，大概只有这么一个。

郝：民管局的这个培训项目是每年都有还是……？

Z：我们做了一年。

刘："家园"项目做了一年，主要是针对"好家长"课堂、孩子的同学庆生会、电力设备的配备。

褚：咱们这个项目，我看在城市的不是特别多，主要是面向农村的。上次我们开会小 NGO 的一些负责人原来也是在咱们（FYH）这边工作，这样你们就相当于一个孵化器，培育了一群人。现在你们税收方面是按照企业来计算还是有专门的政策？

Z：因为这个机构的使命就是扎根社区和妇女工作，特别关注妇女的发展，目前来讲主要是三大项目领域，第一，妇女和农村的可持续发展，特别是关注妇女和农村生计的发展；第二，儿童的发展；第三，公益组织促进，主要给一些本土 NGO 以支持。我们的定位，在枢纽机构，就是建立一个网络；然后从公益链上来讲，先是基金会，然后我们在中游、下游还有一些项目，我们就定位在帮助这些小 NGO。但我们的项目和小 NGO 有些不同，一些小 NGO 就是服务的运送，或者慈善的救助，而我们这边的定位是发展，我们自己认为，我们是一个发展类的机构，而不是一个慈善救助类的机构。但目前来看，政府的很多项目还是慈善类的，所以我们和政府在定位上还是存在差距的。我们这边作为民非，是可以开具捐赠的发票的，但不一定具有抵税的功能，我们员工的个人所得税是有的，但是目前没有营业税。有些机构给我们捐赠以后要求我们出具营业税的发票，但是我们现在不具备，因为我们都是公益的捐助发票，这样我们就得去税务局专门开具税务的票据把税补上。

褚：咱们这个工作主要面向基层，我看你们网上，是不是有些地方还成立了一些分支机构？那里的工作人员基本上是当地的工作人员吗？你们在宁强是自己直接下去做的，还是在下面再找的一些基层人员？合作伙伴大概有多少人？你们十几个人有那么多项目，人员够不够用？

Z：对，在 N 县有分支机构。它也是跟着项目走，因为当时乐益汇支持宁强做那个"早教"的项目，所以我们就在宁强注册了宁强 FYH，它主要是提供些早期养育和发展的项目，特别是针对那些山区里的没有办法到乡镇里的中心幼儿园的儿童，所以我们给他们做了个流动的"早教"，做得还不错；现在 N 县 FYH 已经分出来，彻底独立了，跟我们不再是那种隶属关系了。

现在项目的管理基本都在我们这里，但在社区的层面上，我们在下面的项目是有合作伙伴的。合作伙伴大概有多少人具体要看是什么项目，比如我们做的壹基金的项目，我们就起枢纽机构作用，给孩子们做一些小课堂、培训，那么我们的合作伙伴大概有 40 家。在西北地区甚至西南地区，我们给一些本土的小 NGO 培训，然后他们再把服务交出去，还是要根据项目的情况来定的。我们有时候还可以对那些小的 NGO 起财务的代管作用，因为有些小的 NGO 压根就没有注册，但是他们有这个公益情结去做项目。根据项目的情况，我们一般做一线的项目，在设计项目的时候跟涉及政府采购的项目还是有区别的，因为我们所确定的问题不是一个直接提交服务的问题。比如说，在有的小区里有居家养老，它可以找一些协会如养老协会把服务递交出去，但我们一般选取的问题往往都是政府服务甚至连民间组织的服务都可能不具有的，然后我们才会把它变成项目。举个很简单的例子，比如我们现在做的蒲公英家园，在小区里没有专门为进城务工的农民工的子女服务，我们所关注的就是这样的一些服务，都是一些弱势群体而且往往是政府最后一公里还没有覆盖到的，像这样的项目都是我们的员工在一线做。我们的人员确实有点紧张，但是要看我们去怎么调整。比如说我们现在做的"无忧校园"的项目，这个项目是从国际那边拿到的资金，主要是预防校园的暴力，因为大家都知道现在学校里面对孩子的伤害、身体虐待、情感虐待、性虐待严重忽视，那么我们在学校里面就跟教育局合作，跟学校的老师、校长合作，然后设计活动看怎么能够把校园的暴力伤害发生率降下来，这往往需要跟政府的职能部门合作。

郝：你们是自己设计的项目，然后在操作层面和一些单位合作的？

Z：我们设计完了以后也是想让政府的最后一公里能够覆盖到一些人群，所以一定要和政府合作，而且从政府的角度来讲，一旦它成了政策，它就是刚性的、改不了的。所以在这种情况下，在政府还没有出台政策之前，我们做项目设计的时候尽量是模拟政府的采购。

褚：现在在做这些项目的时候跟政府之间的沟通情况怎么样？

Z：这要看是跟什么样的政府，比如我们在山阳，山阳的妇联对我们的工作就特别支持，包括帮我们去挑选那些被救助的孩子。

L：山阳有3个镇在做，主要针对村子里面家里特别需要、家庭条件比较差的儿童，他们属于留守儿童，他们跟着爷爷奶奶在一起生活，或者是单亲家庭的孩子，或者是他们生了大病，经济条件很差，山里面经济条件也不好，很多孩子就存在营养不良或者贫血等状况，我们就给他们营养资助，每个月会有物资的帮助，改善他们的生活状况。另外，我们还组织在家的妈妈、奶奶，学习一些教育孩子的知识，与孩子进行沟通，做营养搭配，我们把这个叫做"妈妈学堂"。每年的暑假也会开展夏令营，让这些孩子暑假也能够接触到更多的东西，缩小与城区孩子的差距。在有条件的村子，我们会建活动中心，我们的社工会定期下去在村子里面讲一些知识。

褚：这个项目做了多长时间了？

L：从 2011 年做的，一直到现在。

郝：叫什么名字？这个项目要做多少年？

L：叫"山阳家扶儿童发展项目"。只要孩子们有需求，我们就会寻求资源来做这些项目。

褚：现在被服务的小孩大概有多少人？"家扶"那边提供的项目资金大概有多少？你们具体操作，是亲自下去，还是在当地找一些社工或者人员？

L：目前是 160 多个。对于资金每年会不一样，它会根据村子的数量、孩子的数量、活动的项目和内容而不同，没有一个标准说一年多少钱。之前是我们自己做，现在妇联很有心做这个项目，所以它们给我们协助，然后我们在村子里面会招"爱心妈妈"，每个村子里会有"爱心妈妈"的组织，我们会给她们提供支持，她们也会来协助做一些工作。

褚：你们这边接收学生的实习，平均一年实习的学生有多少？

Z：蒲公英家园要多一些，因为现在跟很多学校学生会、志愿者协会建立了联系，比如建筑科技大学等。

郝：蒲公英家园这个做了多长时间了？那里有多少孩子？平时

都是课业辅导等活动是吧？

　　L：是从 2011 年 5 月 12 日开始的；来接受服务的孩子很多，因为小学有 500 名，但是每天固定来的有 50 个。因为我们场地毕竟有限，要保证学生的安全。家园涉及的孩子都是父母进城打工者，有的在外面摆摊，有的在工厂做一些零工，有的孩子是 3：20—4：00 放学，回家的那段时间是他们的真空期，他们不回家，可能就在街上溜达。所以我们设立这么一个家园的初衷就是给这些孩子一个比较温馨而且安全的活动场地，解决真空期孩子的安全问题，发现孩子的真正需求，然后邀请大学生志愿者给他们做一些课业辅导。课业辅导在家里可能是家长没有精力做的，我们这边就是针对孩子需要的服务。除了这些，我们的社工也有一些社工专业类的服务，如儿童成长类的小组，对于孩子自信心不足、团队协作能力有待提高、交流和沟通障碍等问题，我们会根据孩子的需求去设计儿童类的小组。同时，也会根据孩子的兴趣，如绘画、手工去设计小组。这从名字上听起来可能跟一般的辅导机构相似，但是我们社工开的小组并不是说教他们把绘画、手工技术学得怎么样，而是在这个过程中，一是去引导孩子的兴趣，二是提升他们的参与度，三是在小组中和孩子会有沟通和互动。他们就慢慢地学会了怎样去和身边的人交往，怎样去合作做一个事情。我们近几年每年都有针对儿童的夏令营，今年的夏令营设计的一个目标就是引导孩子学会尊重，让孩子学会对自己负责，形成归属感、边界感，促使他们遵守规则，包括我们家园的规则、家庭规则、学校规则，学会在规则下成长。同时，还让他们学会发现自己身上的优点，同时能够欣赏他人。我们还有专门针对家长的"好家长课堂"，包括家长教育方法培训、青春期子女的相处和沟通培训、营养学指导。我们也会根据学校的反馈，对老师进行一些培训，比如我们开发出来的一些运动类的游戏，那些老师可以带入课堂。

褚：你们的场地是怎么解决？你们自己也有场地吗？你们在联系学校或者街办村镇中，他们的态度怎么样？你们选这个点是经过什么考虑选的这个地方？

L：一些活动是跟学校合作；一些活动比如课后或者周末的活动，老师会很有压力，所以就放在家里。我们家园有一个三层的小楼房，有院子。学校那边因为之前有很好的沟通和协作关系，所以很顺畅。街办我们之前走访过，它们对家园工作是很支持的。当时选点的时候，在各个地方都做了一个详细的调查，一是要确认点上流动儿童要比较多，二是交通方便，三是当地的收入情况，最后我们进行综合评估。

褚：我知道你们这个组织已经成立多年了，不知道你本人在这里工作多少年了？您一开始学的是社工专业？

Z：我今年3月份才过来。以前在陕西教育学院教书，然后在国际计划做过项目顾问，在国际计划做了有10年。我一开始学得是学校教育，在学校教教育学、教育心理学，算是跟社工的有些专业特别是应用心理学的一些知识有些相关。2006年，我获得福特奖学金，赴泰国留学学习区域与农村发展规划；在此期间我到华盛顿大学布朗学院进修半年的社会工作课程。

褚：你们现在最希望政府拿出什么政策来帮助你们的发展？

Z：从政府的角度上来讲，现在需要解决的主要问题是身份的认同问题。从民政角度来讲，注册登记是越来越容易了，但是主管机构还存在，需要向它们报告我们项目的进展、资金的来源等，但政府在这个过程中只会获取这方面的信息。你们可能也知道，NGO资金的来源很多也是来自国际组织，真正咱们的政府也是近年才开始购买社会组织的服务，而且购买的服务还不一定是我们这个机构所有的服务。因为有很多购买的服务属于慈善和救助服务，但是从我们的角度来讲，从发展的眼光来看，这可能是水平很低的阶段。目前政府购买服务这一块发展类的少，而且资金运转没有基金会灵活，这就容易忽视很多社会问题。为什么我们要把地方放在等驾坡，因为这里有需要解决的社会问题。社会在变，问题在变，项目在不停地变，所以我们的定位是找到解决办法。政府方面是不会提供资金做这个的，它可能给你钱，要你去解决 20 个老人的养老服务等。有时候也有政府的政策不涉及的孩子，例如在 DJ 坡，我不需要把它做成培训机构，因为培训机构现在多的是，我们想做的是把它做成一个给孩子提供保护的机构。政府各部门，民政、妇联等都有权益部，你会发现它们的服务是碎片化的。我们在它们碎片化的基础上解决了碎片化的问题就很好。一是由于政策碎片化，当问题出现后你会发现，各部门都不管。二是等你政策出来后，政府就会发展政府所期望的那个服务，这是不存在的。比如一个孩子的父母都去打工了，孩子行为越轨，可能是高风险的服务，但是这在政府的购买清单中是没有的，只有等到孩子被判、被教养后才会想到购买相关法律服务。

郝：团委近些年一直在做重点青少年群体的服务。按照你说的应该怎么去做，怎么去服务跟进，这个确实手臂太短，所以我们的这个服务是需要社工来补充的。

褚：你们现在有没有做在政府政策出台前向政府提交建议，我们叫民间智库的？不知道本省的社工组织有没有去做这些事情，去干预政府政策措施的出台，说服政府制定政策和法律。不知道现在全国社工组织有没有专门做这种推动政府工作的？

Z：不大有组织能看到这一点。因为有很多小组织是从生存的角度觉得政府给了钱采购了服务即可，而且有很多比较专业的，比如专门做自闭症的、做智障的，这类的服务比较多。但是，针对这种做智库的比较少。我们这个机构就不一样。我们一开始做的时候就模拟政府的采购。政策一旦出台就可以复制，一个好的项目是可以复制的，那么在这种情况下是可以参与的。有时候政府会参与进来。假如纯粹做倡导，有些机构在国家层面上做倡导的，比如有些机构专门倡导妇女权益、儿童权益就成了一个维权组织。但据我做项目的经验来讲，我不喜欢这种方式。因为这个有点太大而全、高而上。做项目一定要有实证的，能够去证明自己的做法，才能够去跟政府去说，我们在跟乐益汇的合作项目，跟张家港的政府、民政部门合作的时候，例如他们给我们3万元钱，去帮助一些属于个案的孩子。一个孩子的社工服务到底需要多少成本，需要提供什么样的服务，从NGO的角度看，就需要把这些做完之后才知道怎么给政府提建议。这都需要规范化而不是空喊要维护权益。所以，我们要是想去影响政府的话，就需要证据去论证。

褚：我看到有人写文章研究你们机构。你觉得你们这个机构的运行，别的机构有没有可能按照你们的模式来做，能不能做下来？

Z：从目前公民社会组织的发展状态上来看，是完全可以的。我们组织也有比较大的转向，比如这个机构在2008年做的时候，也就是那一年汶川地震，公益意识提升，包括大量的投入都是井喷式的。但是等它尘埃落定后，你会发现，终究国内的人们越来越富，以前是政府什么都管，现在政府倡导回归市场了，泛化市场了。有一拨人已经富起来了，公司、企业占有的资源甚至比政府都多，所以怎样去让这些资源能够回归社会？这个时候从社会的发展上来讲，公益组织也是越来越多。在2008年之前，很多的公益组织的存在都靠国外的基金会和组织，特别是世博会以后，大家才发现NGO是这么一种运作和管理。现在来讲，我们的有些基金也越来越多地从国内的基金比如像壹基金，从它们那里获得一些扶持。但从机构的定位来讲，有的机构就愿意慈善的、救助的，但像我们这个机构就定位是发展的。

褚：从法律的层面上，我知道现在捐款这一块是卡得比较严的。

你们有没有感觉现在的法律有不合理，或是需要作出修改的？

Z：法律有些地方是模糊的。比如从营业税上说，有些企业需要我们开营业税。现在法律模糊的是营业税改增值税，所以我就不知道是地税给我开还是国税给我开。地税局和国税局给的解释不一样。比如他说你这个机构是培训的应该在地税开，如果机构是咨询的就得在国税开。但是我们这个机构是有咨询又有培训，就很难单纯讲我这个机构做咨询还是培训。

褚：从你们这个名称上，不了解的人一看这个"培训"，以为是一个教育机构。对于社会上不了解的人，你们怎么给他们介绍自己的工作？

Z：一般来说，我们都是从这个机构的使命开始介绍。比如，我们机构的使命是"扎根社区、为了妇女、为了困境中的妇女和孩子"，先告诉这个给我们要工作的对象人群，然后再告诉他们，我们工作的边界和领域，哪些事我们做，哪些我们不做。比如我们做妇女和农村的发展，特别是有关生计的和可持续发展的。我们瞄准的是困境中的或者是有特别需求的，而不是所有的孩子的工作我们都做。把这些愿景、使命和我们的工作领域说清楚，然后再讲一些我们具体的活动，比如说我们的蒲公英家园是怎么做的，就很容易理解了。

褚：现在陕西省社工行业管理这块儿有没有一套比较规范的做法？你们这些民非组织，民政局是怎么管理的？

Z：我们都会有审计的报告和年度的报告交给民政局。

褚：妇联对你们有些什么要求？你们每年也要向它报告吗？

Z：不是每年，是每个季度报告。目前一些基金尤其是国外的基金，它们会要求我们经常性地报告这些基金的来源、投入。本土的NGO所有的收入来源，包括人员的工资、房租、水电都是来自项目上的。目前来说政府又不给我们项目，中国的社会问题又是现实存在的，我们只不过是想找点解决办法，用国外的钱来解决一下中国社会的问题。

褚：据我了解，现在民间组织为了防止政府检查，在财务上都做得非常正规。

Z：财务上正规是正常的，我们项目上也没有什么藏着掖着，政府要什么我给什么。

褚：你们主管单位比如妇联，会不会对你们有一些约束，比如你们接项目需要经过它们的批准。

Z：这个倒是没有。但是，如果我们拿到了项目，因为它是我们的主管单位，所以我们会向它提交报告。我们还有一个理事会，每一年开会的时候我会向理事会提交报告。理事会里面就有妇联的主席、副主席在里头。

褚：理事会是相当于董事会吗？

Z：对，相当于董事会。

褚：那么一些重要的决策是它们作出的吗？

Z：方向性的决策是它们作出的，日常的管理在我们这边。

褚：妇联对你们的约束是通过理事会来进行的吗？

Z：那倒也不一定，不算是通过理事会。因为理事会一年召开一次，通过一下新一年的工作计划、去年的工作报告、审计报告，管一下方向性的内容。妇联这边基本上是两个月或者一个季度就要给它提交一个报告。我们是在妇联组织部下面，不是在权益部下面，我们直接汇报的部门是组织部。

褚：你们挂在妇联下面。一些和妇女、儿童没关系的社会工作或者项目你们能不能做？

Z：那倒没有不能做。就像我们在合阳、在灵泉村，我们从嘉道理基金会拿到一笔资金，做原始村落、习俗文化、古建筑的保护，仿制了一个小区。那个实际上和妇女、儿童没有直接的关系，但是县委书记一看什么时候这里冒出来这么一片古村落，全部是按照传统的关中民居建造，有些村民已经搬进去了，所以他就想把它变成他们旅游的一个景点。妇联也不会说你跨越边界。

褚：民政部门你们也要和它们经常打招呼是吗？

Z：对。本地的公安部门也会到我们这里来检查一下。

褚：现在你们内部管理分哪些部门。

Z：内部我们有一个行政部门，包括行政的管理，还有财务；人力资源是一个大的部门。然后是儿童工作部，还有一个妇女和农村可持续发展工作部，还有一个社会组织促进部。

郝：您刚谈到组织资金主要是来自一些国际组织，如果政府购买力度将来加大的话，对咱们组织的发展是不是会有很好的推动作用？

Z：这实际上是一个很好的机会。我现在的策略有改变，国外的基金会资金在下降，国内的资金在增加，比如壹基金、南都基金。国内的很多基金会我们也在跟它们积极地联系。我用基金会的钱主要做什么，就是找对社会问题，我要做对那个药方。有很多基金会愿意拿钱让你去做这个药方，因为它们也需要有创新。但也有一些基金会就会说你就给我照顾好这些孩子，就是从慈善救助的角度讲。我们就是想如果开出药方，它是可复制的，那么政府来采购的时候我已经有一个产品了，而且它能够治病，也就是它能够解决一些比如蒲公英家园这些孩子们的问题。政府愿意采购，这个时候它的意义就出来了。它在蒲公英家园是这样，换到了小寨还是一个样，这样的话就是更成制度化、体制化地解决社会问题。政府现在很难拿钱让你去做药方这种项目，它只愿意你已经有一个好的产品了，你这个项目给我，我就能解决社会问题。政府的采购是一个很好的机会，比如说"家园"，政府愿意把它作为一个试点，我可以拿国外的钱和政府合作去做药方找解决办法，如果政府觉得这个方法好，那么政府可以再出台政策或是发文件去做，我觉得这是一个比较好的路径，而不是一些专家什么都没做就拍一下脑袋说这个问题国外都有药方了，拿到中国来可能会水土不服。所以，我觉得政府在采购服务的时候，这些服务到底有效没效，是不是瞄准了那个"病人"或说是瞄准了哪个服务的人群。目前来讲，我觉得没有一个详细的界定。

郝：今年陕西省政府出台了政府采购目录，就是说在确定这个目录之前应该是有一些考察和调研的，比如咱们有一些比较好的、成熟的项目，政府愿意把钱往里面投，效果可能就更明显了，咱们这个项目的作用可能就更容易发挥出来了。

Z：对。政府的采购清单里应该鼓励一些围绕社会问题去做尝试的项目。因为中国社会现在变化那么大，肯定会带来一系列的社会问题。政府拿出钱来去做那种开发和做药方的项目，实际上就是找社会问题解决办法的项目。然后你觉得这是一个成熟的项目了，你再去复制，再去采购。而现在来讲，慈善救助的项目比较多，你这个小机构自闭症的有多少，一个孩子多少钱我给你，你就把这五个孩子给我照顾好就行了，这是最基础的慈善救助，没有从发展的角度来看，没有全面解决社会问题，只是在补漏洞。你在团省委权益部，你可以看到比如说农村的孩子实际上辍学的很多，又是留守又是辍学，整天不务正业偷鸡摸狗。这样的孩子已经影响到社会的稳定了，而我们的政府只有等他按照社工的方法来讲成了个案了，出了事了，才去找法律援助，才去请社工帮助，那个时候已经晚了。如果从一个良性的社会发展来讲，比如我们现在在做的这种儿童保护项目来讲。首先，所有的孩子不管有病没病，基本的卫生保健知识是要知道的，如何自我保护，如何跟人沟通交流，这些健康的心理应该有。其次，是重危的，比如说留守的孩子、事实孤儿，父母都去打工了爷爷奶奶带着，这样的孩子农村是很多的，他们也需要社会的、心理上的支持，那么在社区有没有这样的服务？等到孩子真正出事了，比如有些孩子他把别人打了，实际上他也是受害者，他也是被别人打过的。怎么给这些孩子帮助？比如需要法律援助的你给援助，需要心理辅导的，你给他做辅导。而目前没有一套机制，也没有这一类的项目去摸索。这个时候，如果我从国外的基金会拿到一笔资金想做这个探索，政府就敏感了。把问题找到了，却又不能做。比如我要做未满十八周岁青少年犯罪，你政府又没有这方面的预算来给我们做，我们做社会工作的又想来解决这个社会问题。这个时候如果我拿到了国外的基金，比如我拿到了福特的基金，那政府就敏感得不得了。从这一点上讲，我觉得政府的眼光可以看得更远一点，不要把这个 NGO 的工作看成是慈善救助类的。它做自己的项目，你也不要把它看作是慈善救助类的。

褚：民政本身负责慈善救助这一块，而且社会组织管理也在它们那，它们可能就把这块儿作为一个大头来做。

Z：但是你不能只去做慈善救助。你要解决社会问题，你不能等问题、结果已经出来了，这个时候你政府再去干预，你的成本和负面的影响都很高。

褚：据我了解，现在基层社工组织的主要精力都是放在申请项目、筹集资金上，因为它们要生存；剩下一小部分精力才是真正在做这个项目，还有一些在做的过程中就转为一种盈利性的。也就是说它是想做社会组织、社会工作，但是在做的过程中可能发生一些变化，有一部分是营利的，有一部分是不营利的，搅在一起。你怎么看现在面临的这个问题，对这种不规范的操作，政府应该拿出什么样的措施。

Z：实际上这是一个公平和效率的问题。因为对做公益的来讲，首先他强调的是公平，你看到社会有不公平的时候你就想要改变它，在做的过程中你又怎么提高效率呢，你怎么把做商业的一些方法用到做公益中来提高效率呢。我的看法是，任何一家机构都有自己的使命和自己的服务对象。对我们来讲，我们瞄准的对象就是那些最贫困的家庭中的妇女和孩子，这一块就是绝对需要公益的。因为她们本来就是贫困的。然后还有很多人愿意和你一起来帮助这些贫困的家庭，在这个过程中，有些技术可以使用的范围更广，比如我们现在做的夏令营就是想让孩子们学会情绪管理，怎么和别人沟通，怎么管理自己的情绪，怎么把攻击性的行为降下来。如果这一套做法是有效的，比如运动游戏，包括用一些社工的方法做这种夏令营，就有人愿意出钱购买它。因为很多富人的孩子，他们同样有很多问题，甚至比农村的孩子问题还要多，那是更可怕的。这个时候如果他愿意来购买我们的服务，我觉得完全可以。你购买了我的服务，我花更多的精力帮助那些困境中的孩子，实际上它不矛盾。但是一定要清楚它的目标，因为从一个 NGO 来讲，你只要紧扣住你服务的对象和目标，即使你去做一些营利的事情也是可以的。因为基金会会给我钱来帮助那些贫困弱势的孩子，那么我的服务如果有钱人愿意买，我完全可以卖给他。政府愿意买，也是一样的。因为这样的话你受益的面是最大的，这个不矛盾。

褚：您在做主任之前有没有和 FYH 这边合作过项目？

Z：有项目联系。原来我在国际计划做，FYH 当时就算是合作伙伴。

褚：因为当时合作过，所以你对 FYH 的这个理念就比较熟悉，很快就能进入这个状态。

Z：对，实际上大家就是一回事。

褚：人力资源这块我听高老师说，你们很多人都到国外进修社工专业，国内我们本身有也有一些社工组织，还有一些学校开设社工专业，你觉得国内大学现在开设这个专业面临一些什么问题，比如你们培训一般到国外去，那国内的社工教育为什么不能给你们一些智力支持?

Z: 目前从这个机构来讲,一些人是来到这里之前就已经在国外接受过培训的。比如我们的教育顾问,他就在华盛顿大学学过社工专业,而且是硕士。我觉得要看两个层面,如果在国外受过好的学理上的教育,对国内开展工作是有指导作用的,因为国外的很多做法,特别是做社工的逻辑、理论、学术上的东西是很有作用的。比如说我在华盛顿大学进修的时候,研究生专业的两千个学时中有一千个都得是社会实践活动,那一千个学时你都得把它做下来。就我们这边社工教育来讲,咱们大学里实习很少,北师大只有八百个实习的学时,而且是三年的研究生。从这一点上来说,就是做得少,没有实践的经验。还有一个是咱们这边的大学与社会问题太脱节。它不去想在中国社会中,实际的问题是什么,在一个村庄里留守的孩子、妇女、老人的问题在哪? 这一类的研究很少。所以,虽然有一些理论,但是我们做项目更多的是需要解决现实问题,我们即使在做研究也是在做行动研究。在解决的过程中,一个办法不行,我们再找另一个办法。就像可能有四种办法,我不停地去试哪一种有效,然后把它记录下来。国内社工专业毕业的孩子,他可以说有理论,但是真正具体到怎么做,他是没有想法的,而且他对当前中国社会问题的一些理解和假设,你会发现不是那么一回事。所以,我们这边一方面是理论的学习,还有一部分是实习。比如说我们这边和台湾"家扶"是合作伙伴的关系,我们也有员工到台湾去看看台湾的社工到底是怎么做的,基本上也是一个实习,甚至有时候我们也会请台湾的社工来这边做一些工作访问。这样的话,对我们员工的能力提升比在大学里接受一些课程学术训练要有效得多。一个是做中学,一个是陪伴成长。我们的员工在做的过程中,我们会请一些专家来陪伴着我们员工的成长。

褚: 目前和你们联系的陕西省高校是不是 XB 大学的比较多一

点，他们每年大概有多少人过来？

Z：他们是有实习的要求，在大三的时候会过来，但是待不了几天。我感觉他们来了以后还没找到感觉就走了。

靳宇（以下简称靳）：他们是有他们的一个时间安排，而不是说跟一个项目，只是说来上几天，把实习的课程上满了就走了。

褚：他们来了，你们一般都让他们做些什么？

L：这个要看他们的时间，因为他们可能平时还是有课的。比如一周他只有三天可以来，那如果他跟我的项目，我们项目不可能配合他的时间。项目计划我可能年初就做好了，我肯定得跟着项目计划走，那他们就是能做什么就做点什么，如果能配合一些项目就会安排他们一些工作，主要是时间上的问题。

靳：就是说咱们这边项目有它的计划，而学生那边还会涉及大学的一些管理，所以这个时间不可能是完整的。

L：另外，他们来了以后就想把各个部门的东西都学一些，所以他们这个时间段就很分散。

郝：我今年八月份的时候在北京开了一个会，是关于青少年社工队伍建设的。年初的时候，团中央和民政部、财政部、人力资源部联合发了一个意见，就是关于青少年社工队伍建设的一个意见，其中有一个规划就是到 2020 年咱们这个队伍的人数要达到 20 万，这 20 万的任务分解到每个省，要根据每个省现在各方面的基础和条件来完成，分配到陕西省这个数量可能就是五六千，这个任务是挺艰巨的。根据我们目前的摸底，这个差距是非常非常大的。在这个意见里还有一点就是在全国要选一些青少年社工的培训机构，团中央每年都会给予支持，作为试点。咱们这个机构因为做的时间比较长，比较成熟，基础也比较好，将来如果我们有项目，咱们可以积极申报，尽量申报到国家的培训点，这样每年会有一些比较好的支持。有一些培训会到高校，也有一些是社会上的培训，不是一个学历教育而是一个职业的培训，这种，咱们也是可以做的。

Z：我觉得比较好的一个做法实际上是，咱们这边还是跟着项目走。比如你的学生到我这里来，我不是说简单地让你走马观花在我这里做打杂的事情。要么你来给我评估一个项目，比如上次香港中文大学来四个到我们这来，我就让他们到等驾坡去，在待的这段时间，除了要给孩子们提供服务，还得写个评估报告。这样的话，这些孩子们会从大学的角度，从香港人的视角里来看我们这个项目。这可能和我们真正做项目的人的感觉是不一样的。他写出来的报告不是批评我们员工做得好不好，而是让我们来看从另一个视角看到的项目，所以你要给他任务。

褚：刚才你提到的你们项目的评估，是你们自己在做还是有其他人来给你们做？

Z：基金会是要求第三方独立来做。这个第三方评估有的是请大学里的专家采用快速收集数据的方法，从我们自身来讲，既然是做发展，就希望是通过参与式的方式来做评估。

褚：陕西省现在每年有一个社区工作者的考试，每年大概招两千多人，是一些大学生毕业以后考这个然后到基层社区去工作。社工资格考试如果通过，这个考试就可以加十分。所以现在很多人想去做社区工作者也会去考社工证。上次听 G 老师说，这个社区工作者和社工的工作模式各方面都是不一样的，那你们有没有一些想法去和社区工作者做一些对接，去开展一些合作？

郝：G 老师有这样一个观点，社区工作的行政化和社工工作的专业化其实是有冲突的。但是，我们有一个思路就是在咱们陕西省，这些社工组织发展相对比较滞后的状况下，全部依靠社会组织去推动社会问题的解决可能还是需要时间的。我们就有一个想法，能不能在社区里设立一些社工的岗位，比如社区里面有一些需要我们社工专业的去解决问题，包括社区戒毒、社区矫正，包括一些青少年的问题等。这些需要专业知识解决的问题，如果设置了比较专业的岗位，让咱们的社工去做这样的一些工作，这之间会不会有矛盾？

Z：谁来组织这些社工呢？

郝：这个问题我们也正在考虑。

Z：从你这个角度上来讲，就是行政化了。我们从 NGO 的角度来讲，它是独立注册的，我们每个员工压力都很大，如果你的项目做不出彩来，资助人不给你钱，你马上就失业了。如果你从行政的角度，在社区里设置社工岗位，你也可以叫公益岗位，这样的行政化的另一个后果是，如果我有权力来决定谁做社工的话，很有可能近亲繁殖，最后大家只是为了那个工作岗位谋一个职业而忽略了服务的对象和社工的使命。比如在我们这里的员工中，也许一开始你不是一个很合格的社工，但是你来了以后会想一定要专业化，因为我要靠我专业化的服务才能生存下来，如果没有这种专业化的服务，就不会有基金会购买我的服务，不会有政府购买我的服务，这是我理解的高老师说的专业化。我们一直在喊要去行政化，如果你行政化以后等于政府机构的服务又在扩大化，最后你会发现一旦进入这种服务的官僚中，哪怕是技术的官僚，这个时候他也会忘掉他服务的群体和社会的使命。

褚：可以用一些社工的方法来做一些社区的工作，因为现在很多社区的工作是有专业要求的，不是随便一个社区工作者可以去做的。

Z：他有可能是居委会里面一名干部，也有可能成为类似于大学生村官这样的一个角色。

郝：在社区设立这个工作岗位，又有社工的工作方法，这样的一种方式在当下是不是行得通？

Z：我了解到的，在社区层面上有的人在做试点。比如我们在张家港做的项目里，民政部有一个福利督导员，后来发现他本身提供不了专业化的服务。那些福利督导员都是拿到社工证的，有很多还是通过了等级考试的。但是，如果让他们给这些孩子和家庭提供服务，他们是做不到的，他们能做到的是在一个上万人的小区里做到摸底清楚，至于谁去给谁提供什么样的服务，就不清楚，因为需求是不一样的。在这个情况下，他能摸清楚这个小区有多少事实孤儿，民政部门能给他们一些什么帮助，这就又回到行政管理上面了，但是真正提供社工服务，他们做不到。

郝：这个工作必须由专业的社工去做，还要有专业的团队管理。

Z：实际上 NGO 这种社会组织也要专业化，但是现在很多社会组织专业化体现在哪里呢？比如一个小的自闭症组织，或是脑瘫的，那些脑瘫妈妈们做的一个组织，但是那些脑瘫妈妈们组成的组织因为她是为了给自己的孩子治病，她跑了各大医院，跟着她们做康复训练的时候，效果甚至比医院里还要好。所以目前的社会组织专业化还是针对那些有特殊需求的群体。比如，一个脑瘫妈妈和一个在医院里专门学过康复治疗的人来做，他们的用心程度是不一样的。所以你可以让这种组织变得专业化。从你刚才说的社工来讲，在基层设一个职位或是岗位，我很担心会出现张家港那种情况。因为张家港政府真的有钱，所以不是钱的问题。我在给福利督导员做培训的时候，教他们怎么去识别个案的时候，比如一个孩子被性侵了，谁给这个孩子提供社会心理的支持。当然法律援助是说我可以把罪犯绳之以法，但是这个孩子怎么回归社会，这个福利督导员就说他们没有时间去做这个。一定要沉下心来做这个个案的支持和辅导。

靳：如果设立这种岗位，它只能做一些基础性的工作，专门负责收集信息。当需要个案辅导的时候，再把它推荐到专门的社会组织。（褚插话：是不是因为这种个案辅导耗费很大人力？）能不能这样，就是我在社区里面，我不是说设这样一个岗位，而是设立一个部门，人员数量稍微多一些，有一定规模化是不是好一点？

Z：也做不到。

靳：我了解到的是香港学校的社会工作这一块，也有一套社工的制度，在他们那种学校里面一个社工就能够解决问题，为什么我们的社工就不能解决问题？还有台湾地区的学校社工，像现在我们学校心理辅导老师一样。

R：深圳采用的是香港的模式。2007—2010 年期间，深圳最初推出社工的时候，也和咱们刚刚讨论过的思路一样，推出的是岗位社工，包括教育领域也是一校一社工。这从公办学校开始的。每一个社区都有一个社工，包括政府的职能部门，像妇联、残联、司法所、戒毒所，都配有社工，每一个岗位都有社工。这些社工不属于政府的单位，不属于学校，也不属于社区，是由一个专门的社工机构来管理。比如，我在这个机构，可能就只做儿童和青少年方面的工作，当政府购买这个服务的时候，可能只要承接教育类的服务。这个机构做老人服务，可能承接的是老年人这一块的服务。因此，这是有倾向的，社工不是政府直接购买并由政府管理的，他们有机构归属。机构负责管理并培养这些社工，尤其是培养他们在实务方面的能力。当时深圳政府聘请了香港的督导，一个督导可能承接培养一线 20 个社工，在这个机构负责 10 个，在另一个机构负责 10 个，和机构对接起来，负责社工在实务方面的成长，有督促作用，避免社工在岗位上的行政化。第一，社工一个人在一个很大的社区，他本身又不属于这个社区的工作人员，这样就存在一个归属感的问题。第二，社工背后没有一个支持系统，待的时间久了，可能也和社区工作人员一样抛开了本职工作，转而做一些行政性的工作，因为背后没有支持系统。所以，才有社工管理机构以及督导机制在背后支持社工。

我记得 2010 年，我做了一年学生社工，除了岗位式的，也有项目式的运作。他们有专门负责青少年网瘾项目，也有做低保家庭发展性的项目，政府在运作的过程中会发现一些问题：一是每个政府职能部门都设置了社工岗位，造成了运作成本高。二是社工的流失率很高，他们被边缘化了；他们被派出去之后，就不属于那个地方。

郝：他们最后都被派出了吗？

R：他们被派到社区、学校、有驻点的一些地方。

郝：您说的设有社工的岗位，它的管理还属于它的机构。政府购买了这个服务，社工机构把他们派驻到社区单位。他们不属于公务员或者事业编，但是就这种模式也不是很成功吗？

R：这种模式最大的问题就是运行的成本太高，并且之后探索出来了更好的模式。从 2011 年开始，政府开始购买社区综合服务中心。比如说，一个社区有两个学校，并且分别都有社工，这个社区还有社区社工、老人社工，大家都比较分散，各自单独发挥作用，相互之间的连接不好。如果在这个社区设置一个社区综合服务中心，逐步将原来的岗位都撤掉，这个社区服务中心六个人，配备四个社工、两个行政辅助。这样建立起来的服务中心就负责整个社区的社工服务。

郝：我是这样考虑的，服务中心这个岗位可能负责青少年、养老、助残、禁毒、社区矫正等事务，与社区有关的，需要专业方法去做的工作，都需要交给他们去做。

R：如果初步在一个社区设置一个社工岗位，像你刚才提到这么多岗位，社工不是全才，涉及不到这么多的领域。

郝：你刚才说的那个社区服务中心，一个社区里面有一个工作部门，这个部门里面有两个专职岗位，其他的由社工来补充是吗？

R：社区工作站既要做一些行政性工作，政府还要鼓励社区工作站做一些服务。但是行政和服务结合在一起的时候就会出现两种情况：一是没有精力去把服务做好；二是服务质量有待考证。所以，社区工作站就把服务功能，像对老年的、儿童的、妇女的服务，分解到社区服务中心。社区服务中心主要做服务，居委会主要负责行政，两边同时合作，共建社区的服务。

郝：但是，还是需要给社工另设岗位，这个社工岗位最终还是属于社工机构来管理？

R：社工机构是政府购买的一个项目。

郝：那它的成本呢？

R：成本相对来说是很高的。这在台湾地区来说也是很高的。

郝：上海成立了一个青少年工作部，隶属于团省委，是一个事业单位，在各个区也都设有相关机构。我认为它可能就相当于社区的社工机构；每个区还设置了工作站。

R：但是青少年工作部和工作站可能提供不了专业的服务。（褚插话：它专门有一个服务总社，禁毒、青少年、社区矫正都分别设有一个总社。）如果社区出现个案，我知道找到谁能购买这样一个服务就可以了。我觉得它本身可能提供不了这些服务，我见过的一些福利督导员，他能够把整个这片区域的问题摸清楚；相当于一个中介，他能给你提供中介服务，把服务转介出去。

郝：你说的是深圳吧？

R：深圳到现在至少有了五百家社区服务中心。

郝：它一个社区的社工岗位大约有多少个？

R：一个社区有四个社工加两个行政辅助。

郝：我们做这个调研就是想推动政策的出台。一旦我们推行现有的这个政策，在社区设工作岗位这个思路虽然出来了，但我们收效甚微，行政化的色彩可能更多。虽有这个社工的岗位，但是他们的主要精力不是做社工的工作，而是去做行政工作，因为社区的工作内容确实很多，有的甚至达到上百项的工作，一个人平均就几十项的工作任务。因为多了一个人，社区的很多任务可能也要压在你的头上，我们很担心将来会出现这种情况：我们只是给社区增加了工作人员，而我们的专业服务还是没有人来做。如果我们走了这条路，其实是绕了很大一个弯。

Z：最后的落脚点还是能够为特殊的群体提供服务。从香港的经验上来看，儿童被虐待的比例，据统计大概占总人口的5‰，从我们这边社区报上来的个案来讲，不管是虐待、情感的问题大概也占5‰。如果是上万人的小区，一年中出现的个案也就少数的几个。如果我是这个社区的社工，没有办法提供专业化的服务，那可以找专业的服务机构购买服务。我们一直和台湾"家扶"合作，"家扶"是一个很大的社区组织，它推动了一个强制性亲职教育的项目，实际上就是家庭教育的问题。如果我们在社区发现家长对孩子的教育方法不当，既不能对家长采取监护措施也不能剥夺其监护权。在这种情况下，台湾地区就采取强制家长到"家扶"接受亲职教育课程。这种制度很简单，只要小区的警察发现有类似的情况，就可以强制家长自付费用到"家扶"去接受培训课程。这就等于政府没有花钱，但还是解决了问题；而且"家扶"就可以提供专业化的亲职教育。如果让社区的社工来做思想政治工作，就解决不了问题。社工的方法，个案的都可以通过这个方法来提供服务。一个小区按千分之五来算，大概就可以算出这个小区需要服务的数量和种类。"家扶"就主要是提供这个服务。它可以计算出成本是多少，收费是多少。我觉得就是要建立这样一套服务的机制。

靳：Z主任能不能这样来做，就是我们在社区来配备专职的工作者，而他是没有办法来开展具体工作的。但是我们也可以这样考虑，我们的社工定位不是在具体问题上开展工作，而是定位在发现问题上。就像香港这种外展式工作，他就可以介入社区来发现和协调问题。社工就是负责发现问题和联系政府或者专门的服务机构。

Z：社工还有督导的功能。

靳：这不是说社工一定要参与个案的解决，在发现问题的层面还是很需要的，是吧？

Z：很需要。张家港目前每个社区都有一个儿童福利的督导员。我们在河南洛宁做试点的时候，基本上就是把村主任或者妇干作为儿童福利主任。如果把香港的那套机制用在那里，儿童福利主任起的作用就是去识别高危、中危、低危的人群。识别完之后上报到当地的民政部门。但是，他们现在遇到的困境就在这里。我发现一个孩子是中危的，已经面临被伤害的风险了，但是，没有办法来处理这个问题。我可以报告到民政部门，但是民政部门也没有办法。也可以上报到共青团、妇联。但是，这些部门可能会认为，危害还没有现实发生。这个时候，的确需要社工服务介入。目前的问题就是没有这种服务。现在我们的情况就是，连这种福利员和督导员都没有，因为有了福利员和督导员，必须得让他们清楚职责所在。在洛宁我们做试点的时候，每个月给一个福利主任 400 元，张家港的福利督导员等于是在政府的编制里面，拿政府的工资。但是，目前在政府中还没有人担任这种角色。我能够重新换一个更宽的视角或者从政府提供服务的视角来发现问题。现在我们还是以管理的视角，怎么去控制已经被性侵的女孩。但是这时候负面影响已经出来了。我们在张家港、洛宁做试点的时候，政府的民政局都很配合这个项目。在运作的过程中他们就会发现：一是没有人来具体解决问题；二是设置了这个岗位之后，发现不具备解决问题的专业技术；三是如果判断出要解决的问题之后，还缺乏解决问题这样一个环节，这个时候就需要有个专业的机构来介入。

褚：这还需要有个专业的机构来提供支持吧。

Z：对，需要专业服务。目前来讲，我们的专业服务也是碎片化的。例如，儿童的医疗服务需要找一个专业的儿科医生，像陕西省防虐协会，实际上陕西省人民医院焦主任就是一个儿科医生；主要就是做治疗，如果需要法律的，那就再找一个未保委或者志愿者的律师团体。现在的服务团体是散落在民间的。我们从"家扶"的经验来看,"家扶"就相当于一个组织。本来是散落在民间的个人,现在集合在一起,成为了一个组织。政府设置的福利督导员知道去找专门的机构来购买它的服务,他们能发挥一种判断问题的作用就可以了。如果期待他们变得专业化会很难,因为他们本身就在行政编制里面了。行政部门里面的人,不可能再做专业服务。如果在社区有专门的社工负责针对家暴、吸毒等家庭、社区问题作出识别判断,在个案管理上发挥识别、做评估、做转介、督导作用,直到个案的解决,在这个过程中就需要组织专家联席会议、专业组织提供服务。政府可以提供今年有多少个孩子需要社会心理支持的信息,提供社会心理支持的组织可能是 FYH 或妇女研究会。之后政府会把预算拨给专业组织,并通过督导专门的机构让孩子回归社会。因此,很难让社区工作者提供专业的服务,他们的主要作用就是协调和督导。

"家扶"现在是全球范围内提供儿童和家庭方面的综合服务机构,在台北设有一个中心,设有不同的部门。台北每一个县都有一个"家扶"中心,负责整个县的关于家庭和儿童的服务,只要有需要的孩子就可以找到它们。县"家扶"中心服务都是全套的,有专业的社工。购买"家扶"服务的包括个人和基金会,如果认养孩子则需要把钱支付给"家扶","家扶"把钱用在孩子的身上,一个孩子大约每天帮扶十七美元,其中有四个美元是属于行政的,有五个美元给孩子买东西,再就是服务费用,所有的用途都分得很细。"家扶"很清楚它服务的对象就是身处困境中的孩子。它选择这些孩子是有标准的,即使还没有发生危害后果,它也在家庭提供相应的社工服务;还包括福利,像 X 市等驾坡有一个拾荒的女儿得了肺结核,我们就通过"家扶"给小女孩提供了紧急医疗帮助。还有一部分是通过政府购买的,像强制性的亲职教育,当警察发现父母在虐待孩子的时候,可以强制性地把这些孩子送到家扶中心进行强制教育。

我们可以这样设想，如果邻居虐待孩子我们该怎么办，警察就是要么没有办法处理，要么是针对严重的问题通过行政处罚或者拘留几天，但是仍没有解决根本问题。如果按照"家扶"的构想就会多出一个选择，出现类似情况的时候，警察可以咨询社区的福利主任，平常这个家庭是什么情况，福利主任就可以把前期了解的情况说出来，证明这是第几次打孩子了。警察便可以强制家长接受亲职教育课程。虽然对其不进行罚款，但是要承担培训的费用，这样和直接强制人身处罚措施相比更能解决问题。因此，不仅基金会和个人购买它的服务，政府也要购买它的服务。

我们在 SY 县大约重点帮扶了 200 多个孩子。我们从 5 岁一直认养到 18 岁，每一年都会给孩子钱，只不过这个钱直接给了"家扶"，通过"家扶"来帮助这个孩子。认养人可能不知道怎么帮助孩子，但是我可以直接和孩子进行显性的沟通，通过孩子可以看出"家扶"给孩子带来什么样的变化，这就是社会购买的社会服务。不仅仅是给孩子买营养品，促进孩子身体健康，家庭乃至整个社区的环境都可能得以改善。从这个角度来讲，"家扶"就成了一个专业化服务的提供者。政府很清楚社区有多少个家庭、多少个孩子需要这样的社工服务，只要政府作出了第一步判断，通过购买社会组织的服务便转介出去。

褚：在提供专业服务这方面我们是不是不缺这样的人才？

Z：很欠缺，可以说基本上没有。举个例子，在张家港有一个外来务工人员，他反映到政府建立的儿童保护机构，有个孩子的父母离婚，并且父母有一方有精神障碍。离婚以后父母对孩子就没有再管，孩子的叔叔担任监护职责，剥夺了他父亲的监护权，他的父母也不再承担抚养费。现在叔叔将问题反映到民政部门，民政部门不仅设有独立的督导员，也有专门的福利热线，基础设施也相当完善。但是，问题就是服务谁来提供？这个孩子马上就要上学了。小女孩平时都在他叔叔那里，有没有社工来帮助这个孩子，甚至是帮助她叔叔的家庭。在制度上政府也想帮助她，给这个孩子提供服务，平常给她辅导一些作业，平时放在亲养家庭里面，实际上这个小孩已经成为事实孤儿了。很遗憾，这样的终端性服务我们没有。张家港的社工基本上都有社工证，但是在洛宁就没有。最终面临的问题都是当我们找到对应的人群之后，却找不到对应的服务人员。

褚：为什么会缺乏这种人呢？

Z：我们的服务机制没有细分，张家港需要专门做心理咨询服务的，可以到学校或者医院去找，他们一般都是直接找民政局。现在的情况就是，还需发生现实危害结果，才予以服务；而我们需要预防，甚至看到情况属于中等风险了，没有到被伤害的情况下，对于被评价为中危的这些孩子可能是需要社会心理支持的，就用社工的方法来解决问题，而不是用医疗的方法来解决。我们没有这方面的人才。

褚：我们现在是缺乏专业的制度还是缺乏专业的人才？

Z：都缺。制度上是碎片化，就是大家都做儿童、妇女权益，但是结果你会发现，已经被政府的职能部门切得七零八落，服务不统一，所以要形成一种机制。政府做的正式机制与社会做的非正式机制是互补的。政府一定要有一个补缺的制度。而我们现在的政府在这块是欠缺的。张家港和洛宁也遇到这样的情况，我想购买服务，但是这种服务没有，这终究不是政府组织正规的职能。

郝：是不是还需要专业组织或者专业职能的发展？（褚插话：现在好多社工学生都转行了。）

Z：但是，政府在这方面没有搞清楚。学校里解决的是教育的问题，教育问题用教育学方法，心理的问题用心理学的方法，法律的问题用法律的方法，医疗的问题用医疗的方法。但是，现在个案出来以后，学校会用教育的方法来解决家庭和社会的问题。医院针对的是已经被伤害了的人，用医疗的方法来治疗。而在孩子、妇女被伤害之前，没有用社工的方法。社会的问题应该用社工的方法。目前，看似有很多人都在做社工，在用社工方法回应社会问题。但我们既没有机制又没有这种专业的人。只有人被伤害了才开始用医疗的方法来做社工，这明显不能解决问题。我们要考虑用社工的方法来解决社会问题的机制。现在的社工机构基本上是，一个脑瘫者的妈妈去组织一个脑瘫的协会，自闭症的妈妈去组织一个自闭症的协会，都很原始。但是，从政府的角度来讲，政府肯定要有一套正式的机制，能够把碎片化的东西整合到一起。比如，在一个上万人的小区有一个社工的福利主任或者福利督导员，他只要能把政府的民政、教育、卫生等部门的最后一公里接上，已经非常伟大了。

郝：他们如果有这样一个角色的话，我们社工的生存问题也解决了。需要服务的人可以到政府部门去登记，提供服务的社工机构也不怕自己找不到项目，是不是这样？

Z：对，社工不需要找项目。政府各部门的社工就把最后一公里这种碎片化的东西在社区的层面上整合到一起。比如，我这里有残疾的孩子，残联的服务你该给。社区里有残障的孩子没有上学，政府教育部门的两免一补、蛋奶工程该给的都给到。如果小区里还有事实孤儿，如果给不了，那么民政的"五保"能不能给。政府工作最后一公里，政府民政的社工在我这里能不能接上。

郝：其实社工在这里起到的是政府与专门组织之间的桥梁作用，社工问题最终还是一个社工的地位问题，是吧？

Z：这是一个正式的机制。社工机制碎片化的东西在该机制下整合起来。

郝：社工掌握这些信息，需要服务的群体有些就没有渠道来了解这些信息，我可以把这些信息渠道提供给你，就是需要搭建政府和个人之间的服务的桥梁，服务是存在的，就是没有这个渠道，是吧？

　　Z：整个机制分为正式的机制和非正式的机制。正式的机制里，政府是让那些困难的弱势群体都能享受到应享受的权益。简单的例子，残疾的孩子不上聋哑学校又不上正规的学校，但是政府的确有两免一补、蛋奶工程。学生在所有学校都没有注册，我怎么能得到政府给我的福利？如果我是一个残疾人的父亲，我跑到学校问校长去要这些福利，校长肯定不给我。但是如果有一个社工的督导员，他在帮助我的家庭，他去找该给学生的福利。虽然他没在上学，但他的爸爸在帮他上学，"两免一补"也该给他。如果是福利部门的孤儿、事实孤儿等，有的还不在这个边界范围之内。在张家港就看到这种情况，孩子是外来务工的，户口不在这里，不属于社工管辖的小区，怎么给他提供服务？社工怎么去帮他？这就需要相关的社工找到政府，说明务工人员在这打工、纳税，在这建设城市，理应受到相同的服务。政府能不能在制度上把这块接上，这是正式的机制。

　　还有一部分是非正式的。大学里也有社工，但终究目的不一样，你是做教学，顶多把这里当成你的教学医院，但最终提供的服务肯定不是专业的。一定要让NGO中的公民组织或者公益组织变得常态化。比如说，我这个机构负责被虐待孩子的服务，按总人口的千分之五来算，大概可以计算出来，每个社区每年大约需要购买多少这样的服务。例如，一个社区20个孩子需要机构的帮助，无论20个孩子受伤害的原因是体罚、情感虐待还是被忽视，都可以通过正式机制下的社工了解基本情况。政府的正式机制可以与这些服务机构交叉互补，政府每年可以购买20个被伤害孩子的社工服务，不仅使受伤害孩子得到社会心理的支持，还包括家庭问题的解决。

　　正式的机构与非正式的机构进行互补，通过专业化的组织做专业化的服务，政府可以购买这个组织的服务，这个组织的生存问题就解决了。我有20个受伤害的孩子需要非正式组织提供专业化的支持，这个组织里面又有专业化的社工岗位，由政府督导专业化组织帮扶受伤害孩子。

郝：政府其实是起两个方面的作用，一是发现、报告问题，二是对社工服务组织的评估。

Z：对，政府购买并转介到专业化的服务组织中。

郝：这些岗位是固定的，并且需要专业培训，是吗？

Z：这是肯定的。他要了解政府各个职能部门的政策。在社区里身处困境的孩子假如是千分之五，那这千分之五的孩子和他的家庭有的就需要教育服务，有的就需要医疗服务或者康复服务。

郝：因为社区也有很多专业的功能在里面，但是没有专业的人员来做，包括社区的助残。

Z：是的，民政部门来了之后就报一下有几个孤儿，残联来了就报几个残疾人员，问题就这样处理了。

郝：那您说的这个工作岗位或者工作内容，它不是由政府部门来设置的，是吧？

Z：不是。

郝：我觉得我们今天讨论的这个问题还是有结果的，还是需要这样一个岗位，关键是这个岗位的职责怎样去规范，包括管理和培训。

Z：我觉得还是社会的问题用社工的方法解决。我们现在的思路是，社会的问题用法律、医疗、教育的方法，最终没找到病根。现在很多社会的问题需要社工的方法，我们可以大体划一个边界，社工的方法能解决什么样的问题；管理的范围也不要太宽，以致影响到教育、卫生部门的工作。我认为，的确需要一套"最后一公里"的整合机制，把各个政府职能部门该有的服务串起来，还要指导政府从哪里能够购买到这个服务。政府的"最后一公里"的问题解决了，然后是非政府的补缺机制与政府正式机制互补。因为社工有专业化的服务，这是政府的官员做不到的，也是医院、学校无法提供的。

褚：我国在校的社工专业学生比较多，您能向教育界提供一些建议吗？因为从现在的社会发展来看，不管是从全国还是陕西省来看，社工人员的缺口是存在一些的，也缺乏一些专业化的培训。您对高等教育社会工作专业的教学有什么样的建议，如何能让我们的学生一毕业就很快融入社工工作中？

Z：在学校的教育里面，从学科的角度来讲，我国学校的社会工作专业基本上是从社会学中分离出来的，缺乏社会实践。课程本身分得也不是很细，我在华盛顿大学，所有的课本我都看过，有的关于孩子、老年人的都分别有一套专门的课程，每门课程都有实操性部分，学了之后能解决问题。2000 个学时中有 1000 个学时来参与实践，例如，老年人的课程学完之后，还需要去养老院和他们住在一起，这样一毕业走上工作岗位，整个的工作方法、分析方法就全都有了。我也接触过学校派来的社工专业的学生，他们连问题都找不到，并且不会分析，就更谈不上解决办法了。在大学里面，一些大学生还是尝试用教育的方式来解决问题，而不是在操作层面，学了以后我就能用。R，你是社工专业出身的，在深圳还做过社工，到这边也一直在做，现在台湾地区有资历的社工正在对你们进行辅导，你可以谈一谈。

R：其实四年大学教育，我觉得理论课程学得是蛮扎实的，但是真正走上工作岗位在实操方面是一张白纸。我是 2010 年 7 月毕业的，大四第一学期就正式走上工作岗位了。虽然个案、小组都有框架，出去活动也有框架，但是放在学校社工服务的具体系统里面就像一片白纸，什么也不清楚。好的方面是每个社工的背后都有一个督导，你不懂怎么去做，他会在后面鼓励你去尝试，并指导个案、小组具体怎么做，怎样做是有效的，怎样去评估，怎样分析。我就在那一年练习实务操作，才跟大学中的那些理论结合起来。

褚：从我们目前的教育来看，还是缺少实务领域的培训？

R：我接触的时候是四年前，与现在相比还是有差距，老师大部分都是社会学领域转过来；对社工实务老师也不是很清楚，包括在学校模拟的个案、小组与现实中的个案、小组都是有很大差异的。当时我们在大学的模拟中没有那么严肃，没有那么紧张和害怕。

郝：也就是说我们的理论还是可以的，是吧？如果把实操加进去还是能达到一个比较理想的效果。

R：对。

褚：如果走向工作岗位，可能还有本土化的问题，国外的理论在中国能不能用上也是一个问题。

R：支撑个案、小组的理论基本没有变化。

褚：你认为国家组织的社工考试有什么问题存在？我们了解到很多人，在实际做社工的工作，但是没有去参加考试，有些拿到证之后，也没有实际参加这个工作。全省拿到证的人也不是太多，有些人拿证的目的是为了加分。

R：我觉得社工专业或者临近专业考社工证是有必要的。首先是对这个专业的认可。随着我国对社会工作的推动，必然会有一个门槛。不是所有人只要有一腔热情就可以从事这个工作，当然，不是说他考到了社工证他就有能力去胜任社会工作。

褚：这个考试是不是很简单呢？

R：其实是有挑战的，不仅要考综合能力，还要考社工实务，中级有中级的社工实务、政策法规；必须对考试内容认真学习。

Z：据我的经验来看，我觉得那个考试作用不大，考完之后也都是大同小异。我见过很多一直在做发展这一块的，实际上核心不是方法技能上的，有时候是价值观。我也看到过来我们这实习的，我发现很多孩子没有做社会工作的情结和价值观。我倒不怕员工频繁更换；他可以去尝试。但是，如果还有一套机制，像一些社会组织因为价值观指导着他的活动和项目，有人愿意做，做了之后不是要通过考试，而是他天天去琢磨，他做得可能要比考试拿证的人员还要好。我见到过很多学生，感觉好多学生不是方法的问题，而是价值观的问题。

褚：他们可能不适合做这些，大部分只是为了完成自己的学业。

Z：或者为了找一份工作，我觉得没有必要。从 NGO 的角度来讲，在现实中存活下来能够继续做的，有相应的价值观和理念在支撑组织的存在。如果你愿意做，就来这里实习，让学生体验一下他合不合适做这一个行当，但是从学校来讲，我认为更重要的还是要加强从价值观进行教育。社会问题到底在哪里，更加地贴近生活的现实，学生们的价值观可能会发生一些改变的。国内国外的方法都大同小异。

R：现在深圳政府要求持证上岗，将来有可能要规范这个行业。对于我们来说，不存在加分的问题，但是不同的职称级别，工资会有区别。作为社区的工作人员，如果把我放在那里，我也愿意多拿工资。我们希望这个行业也越来越规范，真正能够起到门槛的作用；进来之后就能去做并且很好地服务。

褚：现在这个考试政策对社工发挥专业技能是不是有好处？

R：不是，它并不是针对实际工作的门槛。这个就类似于司法考试，虽然没有实务，但是有些学生他就可以考过，这都是一些门槛。

后　记

　　承蒙共青团陕西省委及权益部领导同志的邀请，我有幸从2010年秋天开始至今，每年9至12月，参与全省"面对面"调研，并在此基础上撰写2—4万字的资政报告。这项工作由团省委提供经费，通过团组织渠道，协调人大代表、政协委员、团干部、预防青少年犯罪研究会专家学者、实务工作者、研究生参与，从研究制定调研方案、发放调查问卷、实地走访，到座谈研讨、撰写、修改报告，一步一步扎扎实实。每年和团干部一起调研，看到一些领导同志，不仅亲自主持、组织相关座谈会，深入基层了解情况，而且不厌其烦、多次审阅、修改报告，这种真抓实干的作风，对青少年问题研究的热情，使我深深感动且受益匪浅。

　　本书的不少调研主题填补了省情研究空白，个别章节的摘要以送阅件形式上报省委、省政府，两次获得陕西省主要领导同志的批示。在团中央组织专家对全国30余个省级报告评选中，有三年被评为一类报告（一等奖），有两年被评为二类报告（二等奖）。部分内容曾发表在《改革内参》《中国青年研究》《预防青少年犯罪研究》《青少年犯罪问题》《中国青年政治学院学报》《厦门大学法律评论》《社会福利》等重要学术刊物上。通过课题研究的锻炼，我身边凝聚了一大批有志于从事青少年法律政策问题研究的专家学者和青年学生。

　　团省委也为我和团队成员的成长提供了广阔的平台。2012年和2015年我先后被团省委推荐进入陕西省预防青少年犯罪研究会、陕西省青联担任领导职务，并被推荐为全国青联委员，这使我能够借助青联和研究会的平台，更多地关注青少年事务，为研究和推动青少年权益工作发挥学者的作用。在此特别感谢商洛市常务副市长、共青团陕西省委原书记李豫琦，陕西省预防青少年犯罪研究会会长、陕西永嘉信律师事务所主任韩永安，陕西省交警总队办公室主任、预防青少年犯罪研究会原副会长马随法，陕西省法学会研究部主任、预防青少年犯罪研究会原副会长魏清利等领导的鼓励和信任，多次调研都是在他们的指导支持下圆满完成的。

众所周知，实证研究主要是靠"团队作战"，本书也不例外，根据每一章的主题，团队成员稍有不同。本书撰稿人（以姓氏拼音为序）是：

褚宸舸（西北政法大学教授，陕西省预防青少年犯罪研究会副秘书长）

崔梦社（陕西金融控股集团党群工作部部长，共青团陕西省委权益部原部长）

段小龙（共青团陕西省委书记）

邓胜吉（青铜峡市人民检察院检察官，市政协常委）

樊彩霞（西安文理学院副教授，陕西省预防青少年犯罪研究会理事）

冯　伟（共青团陕西省委农工部副部长，陕西省预防青少年犯罪研究会秘书长）

冯　雪（西北政法大学教授）

郭军营（西北政法大学研究生）

郝鹏涛（共青团陕西省委权益部调研员）

胡宝杰（山东易济律师事务所律师）

靳　宇（西北政法大学讲师）

李德旺（西北政法大学行政法学院学生）

李　君（西北政法大学招生就业处科长）

李明恺（山东省聊城市人民政府法制办干部）

林显春（陕西大唐律师事务所主任，陕西省预防青少年犯罪研究会常务理事，民盟陕西省委法制委员会副主任）

任娟娟（西北政法大学讲师）

任荣荣（共青团陕西省委权益部副主任科员）

单舒平（共青团陕西省委副书记，陕西省青联副主席）

王　龙（西北政法大学研究生）

杨建科（西安交通大学副教授、陕西省预防青少年犯罪研究会副秘书长）

朱　骞（西北政法大学讲师）。

本书由褚宸舸、郝鹏涛、林显春统稿，褚宸舸负责后期修改和校订。各章的具体写作分工如下：

第一章：褚宸舸执笔，段小龙、崔梦社、郝鹏涛审阅修改。

第二章：褚宸舸、任娟娟、李君、李德旺、王龙、郭军营执笔，单舒平、郝鹏涛审阅修改。

第三章：褚宸舸、郝鹏涛、樊彩霞、李明恺、朱骞、胡宝杰执笔，单舒平、崔梦社审阅修改。

第四章：褚宸舸、郝鹏涛、李明恺、朱骞执笔，单舒平、崔梦社审阅修改。

第五章：褚宸舸、任娟娟、靳宇、郝鹏涛、邓胜吉执笔，单舒平、杨建科审阅修改。

附录一：褚宸舸、任娟娟、郝鹏涛、李君、冯雪、樊彩霞、李明恺执笔。

附录二：褚宸舸、单舒平、郝鹏涛、任荣荣执笔。

附录三：褚宸舸、林显春、郝鹏涛、冯伟执笔。

西北政法大学已经毕业或在读的研究生尚菲、李明恺、刘治学、鹿前、宋雯、胡宝杰、黄主君、冯典，西北大学安雨康等同学参与了本书一些章节的调研和访谈录音的整理，他们的贡献在各章节题注中有具体说明，此处不再赘述。

因为本书后期修改过程较长，有些资料是几年前收集的，我虽尽可能做了更新，但因为要照顾整体叙述，并且考虑到历史资料也能够反映青少年权益工作的进程，仍然予以保留。对于本书的不足和缺陷，希望各位领导、读者予以指出并赐教（联系电邮：chuchenge@163.com）。

感谢西北政法大学陈京春教授、刘璞副教授、李岚林博士，西安文理学院粟滢副教授，渭南师范学院屈琦教授参加本书部分章节初稿的讨论。感谢共青团陕西省委农工部魏延安、共青团陕西省委城工部李宗际等同志提供有价值的资料。感谢庞从容、唐仲江和程王刚三位编辑的工作，以及葛洪义教授、冯健鹏副教授的大力支持和帮助。

褚宸舸

2016 年 10 月 1 日于西安浐河东岸

《地方法制文丛》
征稿启事

华南理工大学广东地方法制研究中心是广东省人文社会科学重点研究基地，是我国率先从事地方法制理论与实践研究的重要科研平台。自2007年以来，中心围绕"地方法制"这一学术创新点开展了一系列基础理论和制度实践研究，在国内法学界和实务界具有一定的学术影响力，成为创新地方法制理论研究、服务地方法制建设、推动我国法治发展的重要科研学术机构和新型智库。自2015年起，中心规划出版《地方法制文丛》系列著作，热忱欢迎海内外相关领域的研究者与我们合作，共同推动地方法制研究的发展。

一、作品要求

丛书内容包括：与地方法制相关的学术著作、研究报告、翻译作品、学术论文集，以及具有学术价值的评论集、资料汇编或编著等。

作品文责自负，没有知识产权争议；翻译作品请附寄原文以及版权人（原作者及出版者）的翻译书面授权许可。

作品请以电子邮件附件的方式提交，并请同时提交200字内作者（著作权人）简介以及作者（著作权人）的详细联系方式。

华南理工大学广东地方法制研究中心长年接受来稿，择优出版。来稿时如作品尚未完成，须在确定纳入丛书出版计划起一年内全部完成。

二、联系方式

来稿请以电子版发送电子邮件至 fengjp@scut.edu.cn，冯健鹏收。